O PRIMEIRO LEITOR

LUIZ SCHWARCZ

O primeiro leitor
Ensaio de memória

2ª *reimpressão*

COMPANHIA DAS LETRAS

Copyright © 2025 by Luiz Schwarcz

Grafia atualizada segundo o Acordo Ortográfico da Língua Portuguesa de 1990, que entrou em vigor no Brasil em 2009.

Capa
Alceu Chiesorin Nunes

Preparação
Márcia Copola

Checagem
Érico Melo

Revisão
Huendel Viana
Ana Alvares

Dados Internacionais de Catalogação na Publicação (CIP)
(Câmara Brasileira do Livro, SP, Brasil)

Schwarcz, Luiz
   O primeiro leitor : Ensaio de memória / Luiz Schwarcz.
— 1ª ed. — São Paulo : Companhia das Letras, 2025.

   ISBN 978-85-359-4074-9

   1. Ensaios brasileiros I. Título.

25-250867   CDD-B869.4

Índice para catálogo sistemático:
1. Ensaios : Literatura brasileira   CDD-B869.4

Cibele Maria Dias – Bibliotecária – CRB-8/9427

Todos os direitos desta edição reservados à
EDITORA SCHWARCZ S.A.
Rua Bandeira Paulista, 702, cj. 32
04532-002 — São Paulo — SP
Telefone: (11) 3707-3500
www.companhiadasletras.com.br
www.blogdacompanhia.com.br
facebook.com/companhiadasletras
instagram.com/companhiadasletras
x.com/cialetras

Para os meus colegas de trabalho e para os escritores que inventaram a minha vocação.

Para Lili, por tudo.

A epígrafe é comumente utilizada em textos literários, científicos e teses universitárias, contribuindo para o enriquecimento do conteúdo. No entanto, são poucas as pessoas que conhecem sua real função...

Site da Faculdade de Direito da UFMG

Sumário

Introdução: O último e o primeiro, 11

1. O livro dos acasos, 17
2. Caio, 33
3. A ousadia dos sonhos, 43
4. Ainda Caio, 52
5. A quem pertence este livro?, 78
6. Zé Paulo, 84
7. Sua majestade, o silêncio, 92
8. Francis, 100
9. O começo de tudo, 114
10. Susan, 125
11. Até onde podemos ir, 138
12. Zé Rubem, 150
13. Orgulho e poder, 179
14. Amos, 190

15. James Joyce encontra Adelaide Carraro, 211
16. Oliver, 226
17. O escritor no palco, 233
18. Jô, 245
19. A cara das capas e o papel do papel, 257
20. José, 267
21. A espera, 277
22. Jorge, 288

Agradecimentos, 295
Notas, 297
Referências bibliográficas, 301

Introdução

O último e o primeiro

Pensei por muito tempo em chamar de "Cartas de amor aos livros" este que o leitor ou a leitora tem em mãos. O título me ocorreu por conta de um post que fiz em 2018, quando da recuperação judicial das livrarias Saraiva e Cultura. Aquela carta, que teve grande repercussão, era de fato uma declaração de amor, que conclamava as pessoas a também declararem seu amor aos livros, num momento delicado para o mercado editorial brasileiro. Na concepção inicial deste volume, apenas passei para o plural a palavra "carta" do antigo nome, seguindo o formato múltiplo e fragmentário do livro.

Mas, como se vê, nem o título alterado sobreviveu. Na época em que ele encabeçava o livro, os textos sobre pessoas falecidas, através dos quais eu fazia um esboço ou flerte com o gênero memorialístico, vinham no formato de cartas fictícias, que ocupavam os capítulos indicados por números pares. Antes de mudar o tratamento desses capítulos, iniciativa que resultou do diálogo com meu editor Otávio Marques da Costa, eu já me sentia um tanto desconfortável com certa estranheza que os textos causavam e que Otávio soube enxergar muito bem. O título "Cartas de amor aos livros" carregava ainda um toque entre o doce e o apelativo. Assim, as cartas acabaram virando perfis, em que procurei fugir de um tom formal ou acadêmico. São superficiais e, como eu, valorizam o aspecto pessoal.

Nos capítulos ímpares eu busco alguma reflexão sobre temas ligados ao mundo editorial, deixando, vez por outra, a memória se insinuar. São textos leves e despretensiosos, a partir de temas nem sempre tratados na bibliografia acerca da literatura e da sua história. A origem de tais escritos está nos artigos que publiquei no blog da Companhia das Letras em 2016 para celebrar os trinta anos da editora. Esses artigos foram modificados e ampliados significativamente, podendo agora ser chamados de ensaios. Aproveito-me de duas das acepções do termo para evitar maior pretensão no que me diz respeito. A separação entre capítulos com ideias e experiências serve como forma de organizar o volume, mas no fundo são parte de uma coisa só, já que ideias sobrevoam os perfis escolhidos enquanto experiências sempre me fizeram pensar. Por isso me decidi pelo subtítulo *Ensaio de memória*, que representa a mescla encontrada no livro, e mostra também o caráter não definitivo, de esboço, que caracteriza *O primeiro leitor*.

A seleção dos perfis (que dão nome aos capítulos pares) se deu por dois critérios principais. Em primeiro lugar eu não quis falar de autores brasileiros vivos, com os quais minha relação subsiste. A escolha de um e não de outro escritor ainda no exercício da profissão seria impossível e injusta. Nesse sentido optei por pessoas falecidas que tiveram grande importância na minha vida, e na vida da minha editora. Alguns autores e personagens contemporâneos são mencionados quando têm a ver com o desenrolar do perfil em questão, ou por estarem ligados a situações específicas.

A ideia do editor como primeiro leitor aparece em várias partes deste texto, e dá conta de um desejo meu de buscar a discrição na minha trajetória pessoal e profissional. Que enorme contradição é escrever algo memorialístico, tendo uma proposta existencial que valoriza o silêncio e a reclusão. Tentei aqui me equilibrar nessa tarefa, mas não sei se fui bem-sucedido. Um livro, mesmo que só parcialmente memorialístico, pode ser discreto e modesto? Talvez não, embora eu tenha buscado essas qualidades com toda a minha vontade.

No blog, depois que encerrei a divulgação dos textos em formato digital, recebi sugestões para reuni-los e publicá-los como livro. Mas somente no dia em que atinei a combinação atual com os perfis concordei em aceitar a ideia. Precisei também achar tempo para mexer bastante no que escrevera.

Um segundo motivo foi a queixa de amigos e leitores segundo os quais minha história profissional deveria ter feito parte de *O ar que me falta*, no qual eu trato exclusivamente da minha depressão. Nunca imaginei ser factível a junção dos dois temas. A minha experiência como editor é apenas o pano de fundo de *O ar que me falta*, ou a depressão é o que está por trás da minha carreira profissional. Mas unir os temas continua me parecendo impossível. Encontrei, no entanto, uma forma de ceder aos reclamos e me sentir à vontade na narrativa.

Estas fragmentadas memórias de editor são também, de muitas maneiras, uma história coletiva. Certa vez, creio que na celebração de um dos aniversários da Companhia das Letras, falei que todos ali presentes éramos editores — editores da limpeza, editores de vendas, editores de imprensa etc. O comentário servia tanto para dar relevo ao aspecto verdadeiramente colaborativo da profissão quanto para agradecer o cuidado aplicado em todos os elos da cadeia de produção dos livros. Por isso, para representar todos os colegas com quem tive a sorte de conviver em minha jornada, neste relato cito apenas alguns que não trabalham mais comigo. A essas ótimas pessoas e profissionais, deixo aqui minha homenagem e gratidão.

Quando eu já havia escolhido o novo título, um amigo me perguntou:

"É uma homenagem ao Ricardo Piglia, que escreveu *O último leitor*?"

Fiquei chocado. Piglia foi um bom amigo, e esse livro do grande escritor argentino é dos meus preferidos de todos os tempos, ou dos meus favoritos entre os publicados pela Companhia das Letras.[1] Mesmo assim, havia me esquecido dele. Ao reavivar a memória de *O último leitor*, me ocorreu que o título era ligado a uma descrição linda de Che Guevara lendo numa árvore, criando um intervalo na perseguição que sofria na Bolívia. A literatura existia, dessa forma, como suspensão da vida, o oposto da guerra. Mas a "última leitura" de Che não se dá exatamente na árvore, enquanto a vida real caminha para um fim trágico. Ela acontece, aponta Piglia, em outra situação, minutos antes de sua morte. O guerrilheiro fora baleado no combate e levado a uma sala de aula, onde finalmente foi assassinado. Na lousa estava escrito: *"Yo se leer"*.*

Ao voltar à obra de Piglia, constatei que o título também servia como metáfora de muitas vidas e cenas. Além das imagens de Che Guevara, quatro outras me parecem muito potentes. A primeira é uma foto em que Jorge Luis Borges tenta ler quando já incapacitado pela cegueira, e para isso cola o livro no rosto, procurando decifrar as palavras pelo toque dos olhos no papel. O último leitor é o que ficou cego de tanto ler, e que criou um mundo descrito, repetidas vezes, como uma grande biblioteca.

Duas outras metáforas no livro de Ricardo Piglia são vividas pelo célebre personagem de Miguel de Cervantes, o Quixote. A primeira mostra esse que é um aficionado pela leitura recolhendo papéis na rua, para, assim, nunca parar de ler. Quixote leu tudo e viveu tudo. No entanto, na narrativa não aparece lendo livros de cavalaria: apenas ao se debruçar sobre um romance a respeito de um falso Quixote, de Avellaneda, no qual são contadas aventuras que ele jamais viveu. Catando folhas para compor sua leitura, ou lendo, por

---

* Consta que a última frase dita por Che teria visado corrigir o erro de acentuação na palavra *"sé"*.

último, um romance falso sobre ele mesmo, Quixote é outro *último leitor*. Há também o caso de Robinson Crusoé, que recolhe entre os despojos do navio naufragado um exemplar da Bíblia e livros em português — já que ele vivera no Brasil — a fim de levá-los consigo para a ilha deserta.

Mas este meu livro é muito mais simples. Os perfis dos *últimos leitores*, Borges, Quixote, Robinson Crusoé e Che Guevara, feitos por um escritor magnífico, servem para dar uma dimensão épica à leitura. O que tentei fazer aqui pouco tem de grandioso. O último leitor é, assim, um herói. O primeiro leitor, apenas um homem comum.

1. O livro dos acasos

Muitas vezes me indago por que alguém decide seguir a profissão de editor ou editora. Em que momento da nossa vida o destino mostra a sua cara? Quando é que nossa história pessoal começa a ser traçada? Será que eu virei editor durante meu estágio na Brasiliense, no fim da década de 1970, ao decidir que não seguiria com o plano de me tornar um professor de sociologia, especializado nas teorias disciplinares, de controle social, aplicadas ao mundo das empresas? Ou quando percebi que não me realizaria profissionalmente como um seguidor mequetrefe de Michel Foucault? Será que tudo teria começado muito antes, no ensino fundamental, ao ouvir um conto de Lima Barreto na leitura dramática de um professor do Colégio Rio Branco? Naquele dia a leitura foi interrompida no meio da trama, o livro, fechado ruidosamente, enquanto o mestre anunciava que o restante seria lido na aula seguinte. Não consegui fazer nada durante a tarde, à noite quase não dormi, o mistério dominando a minha mente. Com o tempo, me esqueci completamente de que o conto se intitulava "A nova Califórnia", texto que marcará o início das minhas atividades como editor.

Acho também que uma questão de saúde na família, durante a minha infância, contribuiu para o meu destino profissional. Por vários anos minha mãe passava as tardes deitada, tentando manter os filhos, que duravam pouco em seu ventre e invariavelmente eram perdidos, fora do termo. Ela prometera irmãos para mim e muitos filhos para o meu pai, mas eles lhe escapavam, em série. Enquanto via minha mãe sempre na horizontal, ocupando seu tempo com a leitura de romances, eu a imitava, sentado a seu lado, com as pernas trançadas e um livro nas mãos. Por vezes interpreto esse meu hábito de ler enquanto cuidava da minha mãe como um prelúdio da minha escolha profissional. A leitura com o olho enviesado, compenetrado em proteger um ente querido, não é um ato qualquer. "Ler" e "cuidar" são verbos que se combinam no trabalho de edição. Aprendi a lição bastante jovem.

O acaso tem enorme papel em nossas decisões vocacionais. Assim como terá na vida de uma editora. Profissionais que se gabam de seus feitos tendem a desprezar os fatores imponderáveis, tão presentes em nossa vida. Contar mais vantagem do que dar crédito a terceiros ou mesmo à sorte é sempre desrespeitoso, sobretudo no mundo dos autores e dos livros. O "fantástico tino" de um editor, em muitos casos, é bem menos fantástico do que a loteria dos encontros que a literatura propicia.

Tendo aberto este capítulo com um dos meus temas prediletos, o acaso, preciso acertar o rumo da escrita, falando de outras vidas e histórias — essas funcionam como a melhor introdução para o que tenho a dizer.

O primeiro livro impresso do mundo ocidental data do século xv. Gutenberg e sua Bíblia é o caso mais conhecido de todos, mas Aldo Manuzio, que viveu entre o século xv e o xvi — sendo contemporâneo de Gutenberg por poucos anos e sobrevivendo a este —, é considerado por muitos o grande pioneiro da edição. Teria sido ele quem editou o romance precursor *A batalha de amor em sonho de Polifilo*, que segundo Roberto Calasso — o lendário publisher da Adelphi — foi o *Finnegans Wake* de seu tempo. Calasso, usando o exemplo de Manuzio, acreditava que editar é um exercício artístico. Talvez pela justa consciência da sua própria genialidade, o editor italiano atribuía à profissão algo que ela não tem: arte. Fomos os dois convidados para um debate sobre edição literária em Berlim. Sem sabermos o que o outro diria, apresentamos ideias opostas sobre o tema. Com uma narrativa brilhante, meu colega defendeu que havia arte na edição. Citou Manuzio e Kurt Wolff, o primeiro editor de Kafka, como exemplos. Numa explanação bem mais simplória, defendi o contrário. Ainda hoje acho que eu estava certo.

Para os que querem empreender no ramo dos livros, conto a seguir a história de algumas editoras, que surgem nos primórdios da edição moderna, dividindo com vocês o exemplo de muitos homens, e infelizmente de pouquíssimas mulheres, em grande parte de classe alta, que resolvem, no primeiro quarto do século xx, abraçar a profissão — em vários casos sem pensar em lucros, anunciando diletantemente que só iriam publicar livros que atendessem a seu gosto pessoal. Foi o que ocorreu com Alfred Knopf, uma figura curiosa, tão conhecida pelas lindas capas de seus livros como pelos ternos que trajava, bem cortados, porém em cores por demais chamativas. Na época da fundação da sua editora não havia edições de bolso, clubes de livros, que dirá leitura em aparelhos digitais, e os livros eram compostos em linotipia de metal, impressos em máquinas offset não digitalizadas, e eram sempre costurados, nunca colados. Não havia leilões ou disputas entre editores pela aquisição de direitos autorais, até porque o manuscrito teria que ser todo redatilografado para que se obtivesse mais de uma cópia. Assim, o mundo da edição era povoado por gentlemen e, de acordo com os preconceitos de então, abrigava poucas mulheres nos cargos de direção. Se um judeu, como Alfred Knopf, quisesse galgar a um desses postos, teria que abrir sua própria editora. Dessa forma, o aparente esnobismo na escolha dos primeiros títulos da Knopf diz menos respeito à personalidade de seu dono, e mais ao antissemitismo reinante na época, quando muitos autores se recusavam a ser publicados por um editor de origem judaica.[1]

O amor de Alfred Knopf pela tipologia e pelo acabamento sofisticado dos livros, e a amizade de sua mulher, Blanche Knopf, com autores europeus como Thomas Mann e Albert Camus, darão à editora uma aura muito forte e permitirão a criação de um dos selos mais perenes da história editorial de todos os tempos. Blanche, inicialmente secretária de Alfred, será crucial para a marca que carregava o nome do marido. Entre seus contatos futuros estarão Jorge Amado, Gilberto Freyre e Guimarães Rosa, cujos livros editará, nem sempre com boas traduções. O casamento de Blanche e Alfred, vale dizer, não foi tão feliz quanto a parceria editorial. A Knopf foi dirigida durante um século apenas por três homens, Alfred Knopf, Robert Gottlieb e Sonny Mehta, mas hoje se encontra nas mãos de uma editora, Maya Mavjee, a primeira mulher a comandar a "casa dos borzóis" — cachorro esguio que virou a marca da editora mas que frequentou apenas por um curto período a existência de Alfred Knopf. O editor não simpatizou nada com a raça. Transformados em logotipo, no entanto, os borzóis permaneceram para sempre na vida do famoso publisher.

É engraçado que, sete décadas depois, em 1986, ao criar a Companhia das Letras, dei uma declaração muito semelhante à de Alfred Knopf, involuntariamente usando o slogan do editor norte-americano para definir o critério de escolha dos livros que fariam parte do futuro catálogo da editora: "Só editarei livros que eu gostar de ler". Eu acreditava nesse mote, mas ao longo do tempo conscientemente o abandonei. Diferentemente de Knopf, esperava ter um resultado comercial aceitável, num mercado elitizado como era o nosso no final dos anos 1980. Fui criticado por um dos mais importantes editores da época, Alfredo Machado, fundador da editora Record, que declarou: "Ou o gosto desse rapaz é muito ruim, ou ele vai perder muito dinheiro".

Não era comum, mesmo entre os grandes editores da época, acreditar no bom discernimento e nível dos nossos leitores. Alfredo sempre foi muito gentil comigo, mas publicamente não me poupava. Em outra ocasião disse que eu "botava ovos como galo, e cantava como galinha". Até hoje não sei com precisão o que ele quis dizer, mas isso não impediu que houvesse entre nós enorme cordialidade.

A realidade do mercado hoje, no entanto, é bastante diferente daquela de 38 anos atrás. Atualmente leitores de classes menos privilegiadas movimentam as vendas, as feiras e os festivais. Tudo isso se deve às políticas mais justas de distribuição de renda e às ações de formação de bibliotecas e entrega de livros para a população mais pobre, ambas oriundas dos governos Fernando Henrique Cardoso, Lula e parcialmente também Dilma Rousseff, antes que a crise econômica se fizesse sentir, no fim do seu primeiro mandato, afetando as ações governamentais ligadas ao livro. Um mercado de livros bem mais plural é algo que emociona.

A grita que houve quando resolvemos editar livros "comerciais", em selos separados, dirigidos ao público juvenil ou adulto, em parte pertencente às classes com baixo acesso à escala educacional, vinha não só de fora, mas também de dentro da Companhia das Letras.

É bom que meu slogan tenha ampliado a sua abrangência, que uma editora que cresceu através de escolhas majoritariamente certas para um público mais elitizado hoje publique para todos os tipos de leitor, sempre com qualidade editorial. Meu antigo refrão mudou de sentido, o que ainda choca muita gente, mas me dá um orgulho danado. O movimento no sentido de ter uma editora menos elitista, com livros voltados não apenas para leitores tidos como cultos, foi uma decisão importante que tomamos, e que causou espécie. Além disso, se mostrou importantíssima para nossa expansão comercial. Foi um exercício que serviu para que entendêssemos o quanto tínhamos que aprender com quem não costuma frequentar os círculos da, assim chamada, alta literatura. Curiosamente muitos dos críticos, internos e externos, da criação dos selos populares e comerciais do Grupo Companhia das Letras eram eleitores de partidos que representam as classes trabalhadoras, ou mesmo filiados a tais partidos. Na cabeça deles, contudo, os livros deveriam continuar sendo editados para poucos. O elitismo cultural infelizmente pode andar junto com ideias políticas progressistas.

Lembro bem que Caio Graco Prado, meu primeiro chefe na editora Brasiliense, na década de 1970, acreditava, àquela altura, ser contraproducente enviar livros para jornalistas. Seu pressuposto era o de que quem lesse uma resenha não precisaria ler o livro. Teria adquirido conteúdo suficiente para conquistar alguém ou fazer bonito numa festa com o resumo do texto, transcrito nas seções culturais dos periódicos. Havia nessa crença uma boa dose de preconceito contra os leitores de livros no Brasil. Não demorou muito, porém, para o Caio Graco mudar de opinião.

Antes da Companhia das Letras, outras editoras já acreditavam na inteligência do leitor — como a Zahar e a Nova Fronteira, e sem dúvida a Brasiliense em sua nova fase. Na Companhia resolvemos levar isso às últimas consequências, e mostrar reiteradamente ao nosso público que o respeitávamos nos mínimos detalhes, incluindo a capa do livro, o papel, o tamanho da letra, a mancha e a entrelinha

— e que a partir dessa atitude pautávamos as nossas decisões. Apostávamos que a consideração com o leitor estava presente em todas as resoluções editoriais, tanto nas menores como nas que aparentavam ser as mais importantes.

Nos primeiros tempos da história moderna do livro, o que aconteceu nos Estados Unidos e na Europa foi um pouco diferente dos primórdios da edição, como a conhecemos, no Brasil. Na América do Norte os editores pioneiros eram em grande parte membros da elite, alunos saídos de boas universidades; alguns se conheciam, e tinham até certa camaradagem. Bennett Cerf, um dos fundadores da Random House, conta essa história num livro delicioso chamado *At Random*,[2] compilado a partir de gravações feitas por ele para o programa *Columbia Oral History*, e publicado após a sua morte, em 1971. Cerf, de família rica, relata como, depois de formado pela Universidade Columbia — a mesma frequentada por Alfred Knopf —, começou a trabalhar na editora de Horace Liveright, famosa por ter criado a coleção de clássicos contemporâneos The Modern Library. Bennett descreve o ambiente do escritório de Liveright, com garrafas de uísque espalhadas e aventuras sexuais nas horas extras, numa época de mescla entre profissionalismo e muita farra. Foi essa conduta que levou Cerf a comprar os direitos da lucrativa The Modern Library. Liveright, em meio a aventuras de todo tipo, encontrava-se insolvente, tendo que vender seu melhor ativo ao funcionário dono de uma fortuna pessoal. Foi o primeiro passo para a criação futura da Random House, já que Bennett Cerf e seu sócio Donald Klopfer decidiram, com o tempo, que, além de manter a coleção de clássicos modernos, iriam editar livros *at random*, ou seja, ao acaso. E nomeiam a sua editora com base nessa proposição. A Random House, hoje parte do maior grupo editorial do mundo — ao qual a Companhia das Letras está associada —, foi, no início, A Casa do Acaso. Por certo o nome da editora dizia respeito à intenção diletante de seus proprietários. Mas inconscientemente também poderia homenagear a maneira como os dois sócios se conheceram: foram sorteados, na fase da universidade, e premiados com tíquetes para um concerto. Nunca tinham reparado um no outro, mas desde esse episódio se tornaram inseparáveis.

O começo das editoras contemporâneas no Brasil talvez não tenha sido tão elitizado — ao menos no sentido de que um bom número de seus publishers não eram milionários diletantes. Aqui tudo se inaugurou com forte conexão com o mercado livreiro. Muitas editoras nasciam a partir de livrarias, das quais no futuro iriam se descolar. Assim, grandes editores do nosso tempo iniciaram sua carreira como livreiros. É o caso de José Olympio e o de Jorge Zahar, entre outros. Algumas casas se originaram de revistas de ensaios e de engajamento político, como a Brasiliense de Caio Prado Jr., que depois também unirá o comércio livreiro à prática editorial. Caio Prado Jr., apesar de ser de origem quatrocentona e de família bastante rica, não se comportava como um membro diletante da aristocracia econômica brasileira. Não tinha hábitos típicos da alta burguesia, atuava como intelectual devotado às classes oprimidas e era membro do Partido Comunista do Brasil. Nesse sentido, seu filho Caio Graco Prado terá postura mais ambígua, aproveitando os prazeres da vida mas nunca de maneira esnobe. Era chamado por alguns, injustamente, de "playboy de esquerda".

Jorge Zahar é o caso mais próximo que conheço e talvez um dos mais bonitos. Menino muito pobre, sempre foi leitor voraz de literatura francesa, sendo conhecida a cena em que ele lê *O lírio do vale* de Balzac, bastante jovem, no trem que o trazia de mudança de Vitória para o Rio de Janeiro. No banco, ao lado dele, estava a sua mãe. Jorge conta que não conseguia conter as lágrimas por conta do livro, e não pela longa viagem empreendida com seus três irmãos e a mãe, recém-separada do pai, que ficou em Vitória. No Rio, Zahar trabalhará como camelô e office boy numa ourivesaria, até acabar se juntando ao irmão, que arranjara um emprego numa livraria e distribuidora de livros importados, de propriedade de um anarquista espanhol. Anos depois Jorge e seus dois irmãos criarão seu próprio comércio de livros, e ele passará a viajar para a Argentina em busca de produtos para importar — que mais tarde o fariam percorrer várias regiões do Brasil. Zahar, no entanto, nunca foi exatamente um comerciante, sempre foi um editor. No futuro, da importadora, distribuidora e livraria se faria a editora. Sua escolha profissional surgiu ao acaso, provavelmente no trem que o trouxe para a cidade onde se estabelecerá para o resto da vida. Nesse caminho seu primeiro mentor foi Balzac.

Também é curioso o caso de Ênio Silveira, editor por décadas da Civilização Brasileira, casa fundamental na história do livro no país, tanto pela qualidade de suas publicações, como pela revolução gráfica nas capas de livros, comandada por Eugênio Hirsch. Não menos importante foi o papel de resistência de Ênio e sua editora durante os tempos mais sombrios da ditadura.

No começo dessa história, Silveira era um estudante de sociologia em São Paulo que buscava se emancipar financeiramente. Com tal objetivo foi trabalhar na corretora de imóveis de um tio. Ao realizar sua primeira grande venda, imaginou que seria premiado com a tradicional comissão, coisa que lhe foi negada por ser novo na firma. Homem de princípios, de imediato deixou a corretora. Procurou então Leonor Aguiar, uma senhora culta, bem mais velha, com quem mantinha estreita relação. Leonor se propôs a apresentá-lo a seu amigo Monteiro Lobato, um dos sócios fundadores da Companhia Editora Nacional. O encontro se dará em condições no mínimo extravagantes. Ao chegar à casa de Leonor na hora marcada, o aspirante a um novo emprego foi encaminhado ao banheiro, onde a anfitriã ensaboava e escovava as costas do autor de *Reinações de Narizinho*, que se encontrava na banheira. Ao sair dali, enquanto apanhava uma toalha, Lobato se propõe a encaminhar Ênio Silveira ao seu sócio na editora, Octalles Marcondes Ferreira, principal executivo da Nacional. Octalles veio a simpatizar com o rapaz e a empregá-lo, além de transformar-se mais tarde em sogro do jovem editor. Sem o calote do tio corretor e o espetáculo do banho de Lobato, a editora Civilização Brasileira não teria existido.

Todas essas histórias soam estranhas nos dias de hoje. Embora o acaso siga fazendo parte da vida editorial e livreira, vivemos um mercado de livros cada vez mais profissional, e agora uma boa editora já não pode começar sem um projeto editorial definido e uma visão de mercado clara. O nome da editora poderá até ser A Casa do Acaso, pelas coincidências que estão na base da boa literatura e que fazem leitores e escritores se encontrarem. Mas suas escolhas não serão como as de Cerf e Klopfer, na década de 1930 — pescando livros, no início de luxo, aqui e acolá, para acompanhar a mais que rentável The Modern Library.

Há editores como Roberto Calasso e o próprio Kurt Wolff — membro da elite alemã, criador da editora que levava seu nome, uma das mais icônicas da história — que acreditavam resultar a linha editorial de suas casas do gosto pessoal acurado do editor, no caso eles próprios. Assim, uma editora seria o retrato de seu dono, uma pessoa culta que deixa a sua marca em cada livro, criando uma unidade absolutamente subjetiva.

Na minha opinião isso já não basta — nossos dias exigem mais do que a propalada "arte" de editores geniais. Espero que novas editoras tenham sempre um conceito prévio, uma visão de quais serão os leitores que desejam atingir, uma noção mercadológica e uma identidade visual — este último item era também muito importante para Kurt Wolff e para a Adelphi de Calasso. Não menos importante é a consciência do papel social das editoras em países como o Brasil. Até mesmo casas puramente comerciais deveriam se preocupar, no seu dia a dia, com essa questão. E também se acostumar com os mais modernos instrumentos de marketing, incluindo análise de dados, um fantasma na vida dos que acreditam unicamente na intuição dos seus publishers. Assim, munidos de uma coerência que tocará todos os seus atos, os jovens editores deixarão de depender apenas da sua imensa criatividade enquanto fundadores de novos empreendimentos.

A Companhia das Letras foi pensada dessa forma, como o oposto do reino da intuição genial. Preferi buscar o profissionalismo e reconhecer a existência de outro reinado: o do leitor. A Companhia é fruto de um momento em que a cadeia de produção do livro começa a se profissionalizar por completo, quando o marketing aplicado à edição deixa de ser um palavrão, quando a prática editorial se revela como o exercício da atenção à minúcia, ao detalhe — um potentado do que parece ser pequeno mas não é. Hoje os alicerces financeiros também são de maior monta. Quando iniciei, com 140 mil cruzados — 100 mil advindos da venda do apartamento onde morávamos e 40 mil emprestados pela minha família —, a concorrência era bem menor que a de hoje. Três anos após a fundação, minha família vendeu sua participação e os irmãos Moreira Salles entraram como sócios. A partir dessa data passei a contar com quatro grandes amigos, em especial Fernando Moreira Salles, que os representava e se tornou, mais que um sócio, um companheiro em decisões importantes sobre o futuro da editora.

Começar uma editora para entrar no jogo das grandes empresas pode custar muito mais agora do que em 1986. No entanto, meu intuito nunca foi ter uma empresa de importância comercial. Imaginava que escolhendo bons títulos poderia me sustentar, com livros de longa duração. A história foi outra, e pode se repetir com jovens editores, apenas com a dificuldade adicional relacionada ao número de concorrentes e de publicações lançadas dia a dia. Porém, as casas pequenas têm crescido, e forçado os rumos da edição no Brasil, criando um ambiente mais democrático. Esses novos empreendimentos literários trazem alternativas ao modo comum de conceber o ofício, atuam muitas vezes carregando, com forte convicção, a agenda das políticas de identidade, mostram enfim um caminho possível e original, que afinal os grandes acabam seguindo.

Para concluir este capítulo, termino de contar uma história que deixei incompleta algumas linhas acima. A noite sem dormir quando eu tinha por volta de onze anos, depois que o professor José Caricatti, do Colégio Rio Branco, leu metade do conto "A nova Califórnia" de Lima Barreto, acaba se juntando de maneira original ao começo da minha carreira. Entrei na Brasiliense como estagiário de administração de empresas. Mas com meu amor aos livros fui crescendo e mudei da área administrativa para a editorial. Como uma grande deferência do Caio Graco Prado — o primeiro profissional a ver em mim um potencial editor —, ganhei uma sala onde foi colocada a mesa usada por Monteiro Lobato, que no passado saíra da Companhia Editora Nacional para se associar à Brasiliense. Atrás de mim havia uma estante, e nela ficava uma coleção encadernada da obra completa de Lima Barreto.

Certa vez sugeri ao Caio Graco que convidássemos um crítico literário prestigiado para organizar uma coletânea de contos do escritor carioca. Nunca esqueci que terminei de ler *Triste fim de Policarpo Quaresma* no estádio do Pacaembu, no dia do meu juramento à bandeira, coisa que fiz chorando de raiva contra todos os tipos de nacionalismo e rituais militares. Na época eu não lembrava que o conto que me assombrou por dois dias no colégio havia sido escrito pelo mesmo escritor.

Fiz muitos convites, mas nenhum acadêmico topou a missão. Todos eram ativos no absurdo Fla-Flu entre Lima Barreto e Machado de Assis. E torciam sem exceção para este último. Caio, com sua coragem e insolência, me incumbiu então da tarefa de montar a coletânea. Eu tinha, na ocasião, 23 anos, não era formado em literatura, mas para ele o meu apreço por Lima Barreto, e pela literatura em geral, bastava.

Lendo a coleção avermelhada que morava na minha primeira sala de editor, deparei, cheio de emoção, com "A nova Califórnia". Foi aí que me dei conta de que minha vida de editor de fato começou naquele dia remoto no Colégio Rio Branco, com o barulho do livro se fechando e o professor dizendo: "Amanhã eu leio o resto".

A nova Califórnia: Contos foi, assim, meu primeiro trabalho como editor. Até hoje guardo o exemplar autografado pelo Caio Graco, que diz:

> *Luiz: Este é o primeiro dos muitos livros que você vai editar. Desejo que todos reflitam como ele, e tão bem, o cuidado e o amor que você lhe dedicou. Ambos imprescindíveis para realizar coisas bonitas. Também te expresso o quanto tem sido gostosa e agradável essa nossa convivência.*
>
> *Com um forte abraço do seu amigo e colega, Caio Graco Prado*

A minha história de editor começando nos bancos escolares aos onze anos, ou na beira da cama da minha mãe; a do meu grande ídolo Jorge Zahar, nos assentos de um trem; e a de Ênio Silveira, entre a ganância de um tio corretor de imóveis e o voyeurismo não intencional de um banho peculiar mostram que, ao lidarmos com literatura e com vidas humanas, o imprevisto sempre terá um papel fundamental.

É claro que há um fator que une todas essas coincidências. Antes delas, na vida dos meus mestres e colegas, bem como na minha, já havia uma base de afeto inconteste ao misterioso produto chamado livro. Mesmo assim, é preciso desprendimento para reconhecer que há algo imponderável ao criar uma boa editora sem nunca nos colocarmos no centro das ações.

Quais terão sido, para outros editores, os eventos como a leitura, no banco de um trem, de um romance de Balzac, tão ocasional como emotiva; ou o conto interrompido ouvido por um menino mesmerizado numa carteira escolar? Seria divertido coletar narrativas como essas e escrever uma história da edição no Brasil com o título de "O livro dos acasos".

2. Caio

Aquele foi o maior chá de cadeira que tomei na vida. Caio Graco Prado atrasou quase três horas ao nosso primeiro encontro. Certamente se esqueceu da hora marcada. Para mim era um dia importante — só vim a saber o quanto anos depois. Minha vida profissional começava ali. No horário em que devia estar comigo, Caio participava de outra atividade, muito mais relevante que a de receber um candidato a estagiário. Acontecia a reunião inaugural do *Leia Livros*, jornal de resenhas que ele decidira criar, tendo convidado o jornalista Cláudio Abramo para dirigi-lo.

No saguão do 13º andar da rua Barão de Itapetininga, 93, a secretária, Nazareth, olhava para mim, um garoto magro, cabeludo e tímido, e se desculpava, sem dizer nada, só aproximando o ombro levemente da cabeça, uma vez de cada lado, enquanto torcia os lábios.

Eu havia solicitado o encontro para pedir um estágio de seis meses, que era obrigatório para a obtenção do diploma no curso de administração de empresas na FGV, faculdade que frequentei sempre almejando estar em outra. Eu era um ótimo aluno, desde criança, muito temeroso de desagradar meus pais. Mesmo crescido, continuei assim, tirando as melhores notas na faculdade, depois de ter sido aprovado no vestibular em décimo lugar. Não sei como consegui essa façanha, pois aos dezoito anos minha capacidade para adquirir qualquer conhecimento em matérias como química e física, que constavam do vestibular da FGV, era quase nula. Algum tempo antes, quando fiz um teste vocacional e de QI, tive uma avaliação de inteligência medíocre. Em todos os exercícios que exigiam raciocínio espacial, abstrato ou técnico, eu simplesmente deixava a resposta em branco. Nos de desempenho verbal ou lógico, eu compensava. Deve ter acontecido o mesmo no vestibular. Acho que acertei todas as questões de história e português e fiz uma boa redação, para contrabalançar o que era mais que uma fraqueza: um verdadeiro bloqueio no exercício do raciocínio abstrato não verbal, nas provas de física e química. Em matemática eu me virava. Os números tinham uma concretude e lógica que eu conseguia alcançar, ao contrário do que ocorria em relação às outras matérias de exatas, que funcionavam como uma ficção que eu não compreendia.

Durante o curso da FGV me dediquei às matérias ligadas a sociologia e economia, atuei como monitor do Departamento de Ciências Sociais, e também como auxiliar de pesquisa num trabalho sociológico que visava traçar o perfil dos pequenos e médios empresários. Eu tinha certeza de que esses dois empregos — que me preparariam para um futuro acadêmico, como professor de ciências sociais, se possível na própria FGV — contariam como o estágio obrigatório de seis meses. Quando soube que estava enganado, comecei a pensar em trabalhar numa livraria ou editora. Já sonhava em vir a ser um pequeno livreiro, atividade que complementaria minha carreira universitária.

No verão que antecedeu a ida à Brasiliense, saí de férias com minha namorada, Lili, e um grupo de amigos. Fomos acampar em Meaípe, uma praia no Espírito Santo, onde armei as barracas de forma a ter sombra constante entre uma e outra, para ali me instalar com meus livros. Minha intenção era me proteger do sol e do mar, ambos símbolos burgueses, dos quais queria distância. Estava lá para ler em tempo integral. Na sombra. Naquela época eu consumia exclusivamente obras de ciências humanas.

Durante os dez dias em Meaípe, devorei vários dos livros de Michel Foucault e Pierre Bourdieu. Acreditava que a literatura, assim como o sol e o mar, era um prazer superficial, que em nada contribuiria para a minha vida, ou para a mudança real da sociedade. Eram outros tempos, mas, apesar disso, eu era um verdadeiro imbecil! A futura convivência com o Caio me ensinaria, entre outras coisas, que a busca do prazer pode ter conteúdo político e tem lugar importante na vida, do mesmo modo que o idealismo social. O editor da Brasiliense sempre valorizou tanto o engajamento revolucionário como a disposição de buscar o prazer individual.

Quando voltei das férias, minha mãe, exultante, me contou que havia atendido cinco ligações com propostas de estágio. Era assim que funcionava: as empresas tinham acesso ao currículo dos alunos do segundo e do terceiro ano da FGV, e buscavam contratar os que apresentavam as melhores notas.

Sem dizer a ela que queria ser professor de sociologia, falei que nenhuma das empresas me interessava, deixando-a sem compreender as minhas constantes recusas.

Na classe, formávamos uma turma de quatro amigos inseparáveis, todos anarquistas, para os quais eu passava cola em inúmeras provas. Mesmo com o culto à desobediência política, eu não imaginava tirar uma nota ruim e chatear meus pais — que, aliás, àquela altura, mal saberiam da minha avaliação nesta ou naquela disciplina.

No centro acadêmico me associei à agremiação que unia os alunos próximos do PCB aos sociais-democratas, a Refazendo. Éramos o grupo rival da Libelu, de linha trotskista, em que estavam todas as cabeças mais brilhantes da minha geração. Por que cargas-d'água fui me juntar àquela combinação do Partidão com a social-democracia, se me pretendia anarquista? Até hoje não sei responder.

No grêmio eu cuidava das palestras e atividades culturais, e foi lá que conheci o professor Eduardo Suplicy, chefe do Departamento de Economia da faculdade. Mais adiante ocuparei uma sala colada à dele, como monitor do Departamento de Ciências Sociais. A intimidade advinda desses dois contextos permitiria que um dia eu viesse a pedir ao Eduardo a indicação de um editor ou livreiro para abrigar meu estágio obrigatório. Foi quando ele ligou para o Caio Graco e disse:

"Aqui tem um rapaz que eu conheço do centro acadêmico e do trabalho no Departamento de Ciências Sociais. Ele é bacana e quer um estágio em sua editora ou livraria. Topa falar com ele?"

Pelo que vim a saber anos mais tarde, a resposta do Caio foi: "Eduardo, cada uma que me apronta! Mas ok, manda o garoto falar comigo".

Naquela reunião, após o atraso de Caio, conversamos, sem compromisso de tempo, sobre assuntos gerais depois de ele me contar longamente do projeto do *Leia Livros*. No fim do papo lembro que Caio disse não ter ideia do que eu poderia fazer na Brasiliense, mas que havia gostado de mim. Falei que toparia qualquer tipo de trabalho, e que achava que, no futuro, dado o meu arraigado amor pelos livros, poderia até ser de alguma ajuda na editora. Me propus, no entanto, a começar pelo local onde a empresa enfrentava o maior problema administrativo. É claro que não disse que todo o conhecimento de administração que adquirira na FGV eu deletara da mente, mesmo tirando boas notas nas provas. Com distúrbio de atenção nunca diagnosticado formalmente, sempre fui entre distraído e superconcentrado, não guardando por muito tempo na memória nada que não fosse do meu real interesse. Desde pequeno, prestava atenção de verdade só no que me trazia prazer, momentos em que me dedicava para valer. Foi o que aconteceu na FGV, onde me graduei, informalmente, muito mais em sociologia do que em administração de empresas, pelo trabalho no Departamento de Ciências Sociais e pelos grupos de leitura que frequentei naquele prédio frio da avenida Nove de Julho. Me aproximei de todos os professores de ciências sociais e me formei em marxismo-leninismo e na teoria de Gramsci com Vanya Sant'Anna. Em anarquismo com Maurício Tragtenberg. Aprendi tudo e mais um pouco sobre a sociedade pós-tecnológica com Laymert Garcia dos Santos, e me arvorei num grupo de leitura do *Capital* de Marx com Yoshiaki Nakano. Num curso de Rolf Kuntz, me aprofundei nas ideias do filósofo alemão sobre a fisiocracia. As teorias sobre as organizações disciplinares eram meu assunto com o querido Fernando Motta, tendo sido antes disso introduzido aos grandes mestres da sociologia por Gilda Gouveia. Por fim, estudei as teorias sobre subdesenvolvimento e a obra de Schumpeter com Henrique Rattner. As lições sobre Bourdieu, eu tive na sala de aula com José Carlos Garcia Durand, e no convívio com Sérgio Miceli, numa pesquisa sobre o perfil dos pequenos e médios empresários. Aprendi muito de economia brasileira com Luiz Carlos Bresser-Pereira e Roberto Perosa. Cheguei a escrever uma apostila sobre os livros *Vigiar e punir* de Michel Foucault e *Manicômios, prisões e conventos* de Erving Goffman. Não sei se continua disponível aos alunos da FGV.

De administração e finanças, eu já não entendia bulhufas. Caio era um cara tão despojado que talvez nem ligasse para isso e valorizasse apenas sua intuição sobre mim. Comecei meu estágio pela organização do estoque da papelaria. Na época, a Brasiliense, bem ao estilo de seu presidente, se propôs a realizar vendas impossíveis. Empresa de passado admirável, fundada em 1943 pelo famoso historiador marxista Caio Prado Jr., que posteriormente deixou nas mãos do filho a sua gestão. A editora atravessava então uma fase mais difícil: acabara de sair de uma concordata, causada pela ambição e descontrole desmesurados — o investimento num sistema de vendas de livros de porta em porta, pagos por crediário, sem um esquema confiável de cobrança. Sanada a concordata, o salto maluco seguinte foi oferecer a entrega de material escolar, com desconto, diretamente a todos os funcionários de mais de uma dezena de empresas gigantes, como o banco Banespa e a fornecedora de energia Eletropaulo, que possuíam milhares de empregados. Para isso, a Brasiliense contava com uma perua Kombi, um minidepósito no primeiro andar da Barão de Itapetininga, e só. Uma loucura sugerida ao Caio pelo diretor-financeiro da editora, na qual ele embarcou.

A livraria era tocada naquele período por um exilado argentino, Ángel Núñez, um professor de literatura tão entendido na obra de Borges quanto incapacitado para tocar o dia a dia de um grande estabelecimento. Ángel estava no emprego também a pedido de Suplicy, numa atitude mais que louvável mas que provocou um colapso administrativo na loja da Barão. Assim, instalado em pleno depósito dos materiais escolares a serem entregues aos milhares de funcionários das megaempresas, comecei a organizar aquela área, e tentei interferir um pouco na gestão da livraria. Ángel se ofendeu, talvez pensando que eu almejasse seu emprego. Um dia expliquei a ele que era solidário aos ideais que o transformaram num exilado político, mas que, ao mesmo tempo, precisava fazer meu trabalho, sem pretender, de forma alguma, ser o gerente ali. Hoje acho que fui desajeitado com ele, pela avidez de mostrar serviço. Certamente daria para intervir nos problemas da livraria com maior delicadeza.

Enquanto isso, Caio e eu nos entendíamos bem, pois ele sabia que eu não ambicionava cargo nenhum, e que compartilhávamos a mesma crença nos livros e nos valores da esquerda. Apesar de estar louco para palpitar na editora, esperei, e só o fiz quando ele pediu minha opinião.

Com o início do *Leia Livros*, um grupo jovem ganhou alguma voz na editora. Eu almoçava quase todo dia com Caio Túlio Costa, secretário de redação do jornal, e por vezes com Matinas Suzuki Jr., que também atuava no *Leia*. Aos poucos, Caio Graco passou a me convidar para almoços nos arredores do escritório, em botecos fuleiros que serviam galeto e espetinho no balcão. Descobri, certo dia, que num deles as carnes eram estocadas em salmoura no banheiro do estabelecimento. Quando havia motivo para celebração, íamos à maravilhosa Confeitaria Vienense, fazendo questão de usar o elevador pantográfico art déco para chegar ao restaurante, que ficava no primeiro andar. Nos aniversários dos gerentes ou diretores da empresa, para os quais comecei a ser chamado, ele convidava a trupe para almoçar num desses clubes cuja razão de ser é determinada unicamente pela existência de pessoas que não podem frequentá-los. O clube em si não oferecia nada além de almoços exclusivos aos sócios. E Caio era um deles. Lembro de seu espírito de comando e de como gostava de simplificar as coisas, perguntando sempre pelo prato do dia e ordenando sem consultar ninguém: "Hoje é dobradinha? Então dobradinha para nove, por favor".

Grande parte do sucesso da nova Brasiliense se deu pela abertura desse jornal de resenhas, que aglutinou intelectuais, gerando um convívio social pleno de ideias novas. Os resenhistas iam pessoalmente entregar suas matérias, datilografadas na pauta do jornal. No *Leia*, ficávamos batendo papo, sem assunto específico, sempre abertos a sugestões editoriais, que surgiam naturalmente. É interessante que o prédio da Barão de Itapetininga, ponto habitual de Monteiro Lobato nos velhos tempos da editora, tenha nessa época voltado a desempenhar o papel de atrair autores ao encontro do editor, assim trazendo novas ideias de livros para a Brasiliense. Antes isso já ocorria, mas em escala menor, com os eventos aos sábados no calçadão. Idealizados pelo Caio para chamar leitores à livraria, estes se transformaram em algumas das primeiras manifestações contra a ditadura, através dos livros e debates em pleno centro de São Paulo. Atos políticos, aliás, sempre se misturaram com a intensa vida do Caio editor. O mais famoso ocorreu em 1984, um bom tempo depois das conversas no calçadão, com a ideia de conclamar a população a "usar amarelo pelas Diretas". Quando Caio mencionou essa sacada, de início não botei fé. Ao ver o país mudando de cor, mais uma vez me rendi à sua personalidade visionária e original. O *Leia Livros* durou de 1978 a 1984, como parte do grupo Brasiliense. Claúdio Abramo e Caio Túlio Costa deixaram a redação bem antes que Caio Graco vendesse o jornal para a editora Joruês.

Quando entrei na Brasiliense, não havia a figura do leitor ou editor profissional. Tudo ficava concentrado no seu presidente, que acumulava a gestão da empresa com o cargo de editor. Com o tempo passamos a dividir a análise de alguns originais, mas era muito raro que nossas avaliações coincidissem.

Ainda assim, nossa amizade foi crescendo até que ele decidiu me chamar para as reuniões em que eram selecionados os capistas e os tradutores das obras que viriam a ser publicadas. Quem antes decidia com o Caio esses assuntos era o chefe de produção gráfica, Toninho Orzari, que não lia uma linha dos livros, nem fazia comentários editoriais. Ele apenas contratava os revisores de texto, os tradutores e os capistas. Um grande vazio estava aberto para um profissional sem nenhuma experiência mas fanático por livros, perfeccionista e dedicado.

3. A ousadia dos sonhos

Gosto de lembrar de eventos passados da minha vida profissional e de pensar os temas que me cercaram, como se o fizesse numa conversa com um jovem editor ou editora. Me dá a impressão de que assim não rememoro à toa, que reflito a respeito da minha profissão imaginando a cara curiosa de quem reage com as mais variadas expressões ao que digo.

Boa parte do meu trabalho hoje em dia, além da participação nas principais decisões estratégicas da Companhia e da condução geral da empresa, é dedicada a atender os jovens editores e funcionários, sanar dúvidas, quando chamado. E, principalmente, leio livros de áreas de que gosto, ou de autores que sempre editei.

Formamos na editora uma equipe de editores/as talentosos/as, aos quais tentei ensinar a importância de assumir iniciativas e tomar riscos. Durante os primeiros anos da editora, não tive essa mesma generosidade para com as colegas.

Trabalhando sempre em estado de mania, muito acelerado e pouco medicado, eu resolvia tudo, sem me preocupar com o crescimento profissional dos que me acompanhavam, sem incentivar a busca por autonomia, nem criar um futuro mais rico para todos os tipos de colaboradores que compartilhavam o destino da Companhia das Letras comigo. Eu até cobrava das colegas independência, mas não dava as condições para tal.

Cheguei a me penitenciar publicamente num texto para o blog da Companhia, dizendo que não tinha tido a generosidade que o Caio Graco e depois o Jorge Zahar, meu segundo mentor, tiveram comigo. Na época eu havia formado menos do que podia os novos profissionais com quem dividia os destinos da editora. Eu os acompanhava sem abrir novas portas, com excesso de pragmatismo e com pressa na tomada de decisões. Em grande parte mulheres, elas eram editoras de texto primorosas, por mérito próprio, sem nada da minha ajuda. Eu respondia a todo tipo de dúvidas, mas não gerava novas indagações. Sem ser exatamente autoritário, era centralizador, paternal e peremptório, o que dá mais ou menos no mesmo.

A generosidade que sobrou a meus dois mentores, faltou a mim no começo da editora. Uma cena típica que vivi na Brasiliense ilustra bem como passei a compartilhar muitos pequenos e sublimes detalhes da vida de um livro, e, por conseguinte, como demorei para aprender a fazer isso na Companhia das Letras.

Quando eu já trabalhava fazia alguns meses na Brasiliense, Caio foi abrindo cada vez mais espaço para mim no convívio editorial. Como sinal do seu apreço a meus palpites, e em razão da parceria que se formava, passou a me chamar à sua sala cada vez que chegava um livro novo. Nessas ocasiões, Caio Graco — assim como Jorge Zahar — cheirava os livros, num ato físico e simbólico, para obter uma primeira resposta, através do olfato, ao trabalho que havia realizado por longos meses. Sentia sensorialmente ter dado forma a algo que resultava do enorme esforço de autores e autoras. O pacote, bem apertado, com seis exemplares, era entregue na mesa dele. Quando eu entrava na sala, Caio cortava o papel de embrulho e retirava um volume para ele e um para mim.

Na primeira vez me surpreendi vendo meu chefe, antes mesmo de folhear o novo rebento, levá-lo ao nariz e cheirar com convicção, abrindo o livro bem no meio, próximo à parte em que sobressai a cola que une as páginas do exemplar. Logo em seguida ele cheirava uma página qualquer, que ainda exalava o calor da impressão.

Tendo participado desse ritual, passei a imitá-lo, entendendo que era desse modo que acolhíamos um livro que havíamos ajudado a trazer à luz. O cheiro era de fato bom, principalmente nessa época em que a Brasiliense usava cola e não a costura para unir as páginas. Na Companhia, por muito tempo usamos apenas a linha para juntar os cadernos que compõem um livro. Hoje a cola melhorou muito, vindo também a fazer parte, em menor escala, do nosso repertório gráfico. Ainda assim, adquiri o hábito de cheirar as primeiras cópias que chegavam a mim, para a aprovação da edição. Não sei se aquele ritual da Brasiliense me sugestionou para sempre, mas percebe-se nos livros novos, mesmo sem o uso exclusivo de cola, um odor especial, que resta da impressão, e um calor particular. Recebemos então esse tipo de filho cheirando-o. Um bom ritual para ser analisado pelos antropólogos de plantão.

Pois talvez esse ato, que parece menor, não seja tão insignificante assim. Na minha opinião, uma característica fundamental dos livros é a sua unidade. Ou a integridade, nas várias acepções do termo. Quando cheiramos o local da cola ou da costura, estamos nos aproximando sensorialmente daquilo que é crucial na existência dos livros: o fato de eles serem unos, íntegros.

Durante o processo de escrita, um livro é fragmentário, formado de partes que ainda não sabem como se transformarão em algo coerente, único. São palavras, capítulos, poemas, parágrafos que só existem em si mas que no livro ganharão outro sentido, por fazerem parte de uma coisa maior. Foram escritos no transcorrer de longo tempo, em momentos totalmente díspares, horas e dias, em que seu/sua autor/a viveu humores opostos. O primeiro trabalho do editor que lê um original é avaliar se o que une o texto faz sentido, se há coerência, se o resultado tem integridade, como devem ter na vida as pessoas e as instituições. Um livro que continua sendo uma junção de fragmentos, e não ganha um sentido mais geral, não merece o nome de livro.

É curioso que o faro seja justamente uma qualidade em geral atribuída aos editores ou editoras. "Ele tem bom faro", em inglês, *"he has a good nose"*, é uma frase atribuída a certos profissionais, no mais das vezes aqueles que não leem, ou leem pouco, e em vez disso "cheiram o sucesso", sem perder tempo com páginas e páginas de originais. Acertam em suas apostas editoriais, quase às cegas.

Já deixei claro o quanto sou contrário a essa visão do trabalho do editor, mas a verdade é que existem de fato alguns casos de editores "com grande faro". Bennett Cerf foi um deles. Era um homem formado nas melhores escolas e universidades, mas sua erudição era puramente anedótica. Escreveu mais de um livro de piadas e comandava um programa de auditório, na TV, de perguntas e respostas. Era um simpático contador de causos com personalidade sedutora. Não era leitor profundo como foi Max Perkins, editor da Scribner, onde foram publicados pela primeira vez F. Scott Fitzgerald, Ernest Hemingway e Thomas Wolfe. O "faro" de Bennett Cerf esteve presente, sem dúvida, no caso de um livro muito especial, o *Ulysses* de James Joyce. A história do trato de Perkins com seus editados e a da luta de Cerf para publicar *Ulysses* serão abordadas mais à frente.

Allen Lane, o criador do livro de bolso, no formato dos dias de hoje — já havia *pockets* em sua época, porém devemos a Lane o livro de bolso moderno —, é outro exemplo não só de faro, mas de empreendedorismo e obstinação. Foi ele quem teve a ideia de fundar a editora Penguin, enquanto estava numa estação ferroviária, aguardando um trem que se atrasou. Foi comprar, nos quiosques, uma coisa simples para ler durante a viagem e não encontrou nada. Imaginou os livros de bolso em um formato que possibilitasse sua disseminação em locais pouco usuais. Ao voltar ao seu escritório, realizou um brainstorming, em busca de um símbolo para marcar os livros baratos que queria lançar e difundir pelo mundo. Preferia um nome de pássaro, mas sua secretária, de supetão, lembrou de um pinguim. No mesmo momento Lane mandou seu diretor de arte ao zoológico para fazer sketches do bichinho, que desde então é o animal mais famoso do universo editorial.

Allen intuía que no entreguerras — a Penguin foi fundada em 1935 — os leitores desejariam algo barato e que coubesse no bolso, com cara atraente e moderna. As contas só fechariam com tiragens muito altas e a venda de no mínimo 18 mil exemplares em curto prazo. Todos disseram a Lane que aquilo não passava de um sonho, enquanto ele trabalhava para realizar uma venda de 63,5 mil cópias do seu primeiro conjunto de dez *pockets*, apenas para uma loja. *Ariel*, a biografia do poeta inglês P.B. Shelley escrita por André Maurois, foi o primeiro livro do selo. Com essa venda, a possibilidade de Lane alcançar seu objetivo aumentou. E ele conseguiu! No *The Book of Penguin*, editado para celebrar o aniversário da empresa em 2009, está dito, sem nenhum pudor, que Lane, se lia, nunca chegava ao final das obras. Mesmo assim, ele transformou a vida dos leitores globalmente. Seu empreendimento logo se provou tão internacional que ele teve que mudar o depósito da empresa para as proximidades do aeroporto de Heathrow, em Londres, visando diminuir os custos das exportações.

De toda maneira, essas ideias geniais fazem parte de um senso de empreendedorismo ainda mais profundo que o tino individual para escolher livros. Sempre acho a ideia do "faro" um desvio, que chama a atenção para o oportunismo do editor, em vez de focar na criatividade do autor. O que determina a história de um livro? O brilho das ideias e das soluções literárias, do escritor, ou o "faro" de quem as "descobriu"? Encontrar bons livros não é mais que a obrigação de um editor, é nossa profissão. Por outro lado, escrever obras geniais é dificílimo, e mérito exclusivo dos autores e autoras. Infelizmente, a única coisa que pode superar a criatividade dos escritores é a falta de modéstia dos editores. Uma visita à Feira de Frankfurt, onde profissionais do livro de todo o mundo se encontram a cada ano por cinco dias, equivale a um tour à sala de espelhos de Versalhes, retrocedendo três ou quatro séculos, o local onde a nobreza francesa dançava mirando a si própria, minuto a minuto, por um ângulo novo. Para os que não sabem como funcionam as grandes feiras internacionais de livros: elas reúnem milhares de editores e agentes literários, em enormes pavilhões, basicamente para comprar e vender direitos autorais de obras que serão publicadas no futuro. O fato de que as feiras juntam, num mesmo espaço, concorrentes que se cruzam constantemente nos corredores, ou no sobe e desce das escadas rolantes, gera um clima histérico de competição, usado por quem quer vender seus autores por um preço alto.

Os encontros de trabalho e sociais se dão do café da manhã até depois do jantar. Antes deste há o horário dos drinques, quando os participantes se acotovelam nos hotéis mais chiques da Feira. Em Londres a disputa é nos pubs próximos ao pavilhão.

A noitada é longa — em algumas ocasiões tive que ir a dois jantares em várias noites de uma mesma feira, realizando em torno de dezesseis ou dezessete encontros por dia. Além disso, uma parte dos editores vira a noite em festas ou no saguão de um hotel badalado. Certo ano, fui à Feira de Frankfurt e me hospedei no hotel da agitação noturna. Foi um suplício. Eu era jovem, já um pouco conhecido no ramo, mas muito tímido. Sem coragem de convidar colegas, e evitando ser convidado para algum jantar social, pedi comida por *room service*, sozinho no quarto, quase todas as noites. Incomodado com a possibilidade de estar perdendo um grande livro, eu acabava indo até o saguão, onde ocorria a frenética vida noturna frankfurtiana. Ali, me sentindo perdido e fóbico, eu subia e descia, do quarto para o saguão, esquizofrenicamente. Sofria nos dois locais, achando que queria estar em um e devia estar no outro. Creio ter feito o trajeto mais de cinco vezes por noite.

A festa narcísica das feiras se estende muito além do saguão do Frankfurter Hof. Há bailes onde editores chacoalham seus intelectos a noite inteira, e sessões de drinques que duram até alguns trançarem as pernas.

Depois de cerca de quatro décadas de Frankfurt, perguntei a uma amiga boêmia como era possível editores ou agentes como ela saírem para noitadas e voltarem para o hotel quase na hora do primeiro compromisso, no café da manhã. Ela caiu na gargalhada e, apontando para o nariz, disse: "Não é possível, Luiz, só você não sabe o que se usa nesses casos?".

Caio Graco teve a ideia genial de lançar uma coleção de divulgação política em plena luta pelo fim da ditadura.

A ele, Allen Lane e tantos outros, que muitas vezes foram chamados de malucos, vale retribuir com um sentimento de profunda gratidão e reconhecimento, além de absorver as inúmeras lições que nos deixaram. Podemos pensar, sem exagero, na qualidade do faro deles, mas talvez o mais certo seria nos inspirarmos na ousadia dos seus sonhos, e no tamanho da sua obstinação.

4. Ainda Caio

O editor da Brasiliense deve ter simpatizado muito comigo, ou intuído algo a respeito da nossa futura parceria, para me oferecer o cargo de gerente administrativo logo que meu estágio terminou.

A partir daí, minha rotina na editora e livraria era cuidar dessa área ampla, mas meu capital era apenas o bom senso e algum conhecimento que acabei adquirindo, por osmose, nas salas da FGV. Ainda assim, Caio me chamava, sem aviso prévio, para compartilhar decisões editoriais. Enquanto chefe da responsável pelo Departamento de Pessoal, do encarregado da produção gráfica e do supervisor do depósito, eu fazia o básico. Hoje, conhecendo as técnicas utilizadas nesses campos na Companhia das Letras, e todo o nosso sistema administrativo, introduzido por meu antigo sócio Sergio Windholz, ou o empreendedorismo radical de Matinas Suzuki Jr., grandes amigos que já deixaram a empresa, ruborizo de vergonha. Os dois fizeram o que eu nunca soube fazer: permitiram que a Companhia das Letras prosperasse, com a minha atenção voltada para o que sei fazer melhor.

Na Brasiliense era como se o meu primeiro cargo fosse a fachada de um futuro que ainda estava por se definir. Parecia que eu ocupava aquela posição por outro motivo, uma intuição difusa, cuja verdadeira dimensão não compreendíamos plenamente.

No dia a dia, os momentos que eu mais aguardava eram aqueles nos quais eu me desincumbia do cargo administrativo e atuava, informalmente, como assistente de edição.

Como disse, passei a ser convocado às reuniões para as quais Toninho Orzari levava fichas com o nome dos colaboradores das várias áreas, a fim de que fossem selecionados os freelancers, que trabalhariam nos livros recém-contratados. As fichas, em papel pautado, traziam escritos à mão os dados e o histórico dos colaboradores. Elas ficavam numa caixa de madeira clara, divididas entre duas áreas: capistas e tradutores. Os preparadores de texto — atentos a questões formais, gramaticais e de estilo — eram da escolha direta do Toninho. Na época ainda eram chamados de revisores; não se usava a separação que vigora hoje, o preparador sendo o primeiro, depois do editor, a trabalhar, minuciosamente, nos originais. Na reunião, as fichas eram espalhadas na mesa do Caio e selecionadas por nós, caso a caso. Com o tempo acrescentei muitos nomes ao elenco de colaboradores e passei a comandar as sugestões. De repente me vi responsável pela contratação dos tradutores e designers e por levar as artes das capas para a aprovação final do Caio. Meu cargo não havia mudado, eu permanecia como gerente administrativo, mas agora era também um "opinador" informal, cada vez mais inserido na feitura dos livros.

Como então não existia edição de texto, a checagem das traduções ficava por conta dos revisores responsáveis pela preparação. Aos poucos passei a fazer essa checagem pessoalmente. Mais à frente convenci o Caio Graco da importância de um departamento de divulgação profissional. Havia uma funcionária que cuidava disso, mas com limites muito estritos. Começamos a mandar à imprensa provas espiraladas dos livros, com dossiê anexo, além de acionar os autores estrangeiros para dar entrevistas. Ninguém fazia esse trabalho de forma sistemática no mercado editorial brasileiro. Assim, a imprensa passou a saber exatamente quando cada obra seria publicada e a contar com a editora para ajudar a divulgá-la. Precisei valorizar essa área, contra a vontade do Caio. Mesmo sendo o revolucionário que abrirá as portas do mundo editorial para os jovens, ele teve que vencer preconceitos sobre a inteligência dos leitores e seu genuíno interesse pelo que liam, ainda arraigados em toda a vanguarda cultural do país.

Em razão da minha desenvoltura na relação com os jornais e revistas, mais tarde, na Companhia das Letras, serei acusado, por editores que eu respeitava profundamente, de ser melhor divulgador do que editor. Confesso que isso me feriu bastante, mas aos poucos fui me acostumando. A primeira leitura e edição dos textos sempre foi meu trabalho predileto, e talvez o meu forte. O fato de eu ter tido êxito comercial e dar importância também ao marketing e divulgação levava alguns dos grandes profissionais brasileiros — que sempre ligaram o trabalho editorial com o velho sentido de missão — a deixarem de me ver como um bom editor. Esses famosos astros do livro cultivavam a ideologia do fracasso. No seu discurso ficava implícito: "Sou um grande editor, logo, naturalmente, não sei ou não vou me ocupar com marketing e divulgação". Ou ainda: "Não sei administrar empresas, afinal é por isso que sou um grande editor". Apesar de indubitavelmente geniais, tais "mestres" nunca acharam que os problemas que suas editoras enfrentavam advinham da falta de profissionalização, e sobretudo do desprezo pelo trabalho de equipe. O sucesso, para eles, era uma mácula, embora, sem confessar, eles o almejassem como todos nós. Caio não era assim. Tinha algumas visões arraigadas, mas, em geral, tendia sempre para a inovação e a ousadia. Passou a aceitar o trabalho de equipe, gostava de se cercar de jovens, apesar de ser centralizador, traço que pode ter herdado do pai, fundador da empresa e como vimos um dos nossos notáveis historiadores. Aristocrata, filiado ao Partido Comunista do Brasil, e um dos maiores intérpretes do país, Caio Prado Jr. foi sabidamente um pai e chefe autoritário. Dizia-se que, na sua editora, comandava todos os funcionários a partir de uma mesa, num grande salão.

Na Brasiliense contratei a Maria Emilia Bender para chefiar o novo Departamento de Imprensa. Ela montou uma equipe que incluía, entre outros, a Marta Garcia, que, na ocasião, ainda cursava a faculdade de letras. Logo as duas viriam a formar o embrião do primeiro grupo de editores de texto daquela editora.

Com o tempo elas passarão a se incumbir também dos originais, após a minha primeira leitura, ou em meu lugar quando eu não dava conta de tudo. Caio lia os textos nacionais e alguns estrangeiros, editando, em linhas gerais, os primeiros.

Antes de essas profissionais dividirem as etapas da edição comigo, eu quebrava um galho, sofrivelmente, como copidesque. O trabalho era apenas melhor do que quando não havia trabalho algum. Com a Maria, a Marta e mais tarde a Heloisa Jahn, a Brasiliense passou a se diferenciar das outras editoras. Depois, as três farão parte do time da Companhia das Letras por muitos anos, estabelecendo um nível de qualidade bem superior ao que ensaiamos ali.

Maria Emilia, em particular, viria a ter um papel de grande relevo na nova casa, como diretora editorial, por longo período. As três editaram livros que marcaram época. Dividíamos a leitura dos originais de autores brasileiros, por nós descobertos e lançados. Nossas opiniões se completavam, eu mais concentrado nos aspectos estruturais dos textos, e elas indo além disso, aos detalhes. Maria formou toda uma geração de editores, hoje em cargos de direção no mercado de livros. Ela tornava o ambiente da Companhia das Letras sempre alegre, com suas risadas que ecoavam por todo o escritório. Junto comigo, Maria Emilia, Heloisa e Marta tomaram decisões cruciais para levar a editora ao patamar de hoje.

No campo do design, a minha dobradinha com o Caio deu muito certo. Eu sugeri artistas jovens, além dos que já trabalhavam para a editora. Ele topou e a aparência dos livros ficou caprichada, com espírito mais arejado. A Brasiliense, por decisão de seu chefe, mantinha alguns princípios rígidos, como o lettering com corpo grande e bold aplicado no título e no nome do autor. Quase todas as capas no Brasil seguiam esse princípio, uma das exceções sendo o design gráfico elegante que Victor Burton fazia na Nova Fronteira, ou, antes disso, as capas revolucionárias de Eugênio Hirsch na Civilização Brasileira, que traziam títulos incorporados ao design ou criados pelo artista, de modo que nunca pesavam. Tratava-se de um gênio muito além do seu tempo. Minha grande virada, quando deixarei de apenas opinar para ocupar um cargo real de editor, se dará de forma inesperada, como tudo na Brasiliense. Caio gostava de esquiar, e costumava viajar, por períodos longos, durante o inverno europeu. Na véspera de uma dessas viagens fui chamado à sua sala. Quando entrei, ele espalhava uma coleção de bolso espanhola sobre a mesa. A série se chamava Biblioteca de Divulgación Política. As capas eram muito charmosas, contendo sempre pessoas que portavam cartazes onde estavam escritos os títulos dos livros: *Que és el socialismo, Que és el capitalismo, Que és el sindicalismo* etc. Como o nome da coleção explicava, os assuntos eram circunscritos à temática social. Através da caracterização dos trajes, abaixo dos cartazes, identificavam-se os temas de cada livro. Calças elegantes indicavam que o livro seria sobre o capitalismo, pantalonas de operários, a respeito do sindicalismo ou do socialismo, e assim por diante.

Sentamos à mesa e Caio disse:

"Luiz, esse será seu primeiro trabalho completo de editor, depois da coletânea do Lima Barreto. Aqui terá que ler todos os livros e ver o que precisa ser adaptado para a edição brasileira. Eu comprei os direitos dessa coleção por indicação do Carlos Knapp, um publicitário amigo meu, exilado político em Barcelona. Quando eu voltar do esqui, você me apresenta o que tem que ser alterado. O que vi este ano na SBPC de Fortaleza, com os jovens participando em massa, tentando se engajar além de politizar o evento, me garante que essa coleção fará sucesso aqui entre nós."

Na volta das férias, Caio leu meu parecer. Sem, no entanto, saber da aflição pela qual passei ao ser incumbido da difícil tarefa. Pois comecei a análise da Biblioteca de Divulgación Política logo que saí da sala dele. Não demorou muito para eu perceber o tamanho do problema que caíra no meu colo. A coleção continha uma boa ideia, mas era totalmente inapropriada para o nosso país. Acho que ele mal chegara a lê-la e, no entusiasmo, devia ter examinado, com avidez, um ou outro texto e fechado o contrato, com adiantamento e todas as regras usuais da aquisição internacional de direitos de um livro. Enquanto Caio Graco esquiava, cheguei à conclusão de que não adiantava nada publicar um livro sobre socialismo que na sua íntegra versava sobre Felipe González, ou um sobre sindicalismo que não trazia exemplos adaptáveis ao Brasil, justo quando Lula surgia e comandava o principal sindicato de operários do ABC. Tive então que tomar uma decisão arriscada: ou deixava que o Departamento Financeiro pagasse o adiantamento para toda a coleção, ou o sustava, acreditando que no retorno do meu chefe minha argumentação poderia compensar a minha insolência.

Com vários meses de trabalho em conjunto, creio que a lição fundamental que havia aprendido com ele dizia respeito à importância da coragem no dia a dia de um editor. Dessa forma, resolvi ingressar no time dele e sustei o pagamento. Preparei um relatório, escrito à mão, pois eu datilografava muito mal. Deixei-o sobre a mesa do editor junto com os exemplares lidos. No final do relatório eu sugeria fazermos uma coleção como aquela, mas com autores brasileiros. Ah, e avisava que suspendera o pagamento do adiantamento!

Depois da volta de Caio ao escritório passei por momentos de tensão. Ele demorou a me chamar e eu imaginava que receberia o bilhete azul, prevendo o fim da minha curta carreira de editor, tendo no meu currículo apenas a organização de uma coletânea de contos e o parecer sobre uma coleção de bolso.

Até que a hora chegou e eu fui chamado pela Nazareth à sala dele. Entrei cabisbaixo, esperando o pior.

"Belo trabalho, Luiz", foi a frase que meus ouvidos demoraram a registrar. "Ainda bem que você leu e sustou o pagamento, mas e agora, como fazemos a coleção?"

"Caio, nenhum autor consagrado topará escrever livros de divulgação no Brasil, mas, se pudermos reunir um grupo jovem, eu mesmo aceito me incumbir de um livro, e o Caio Túlio Costa já se candidatou a escrever *O que é o anarquismo*. Acho que uma professora minha da FGV toparia coordenar a série, com a maioria dos livros sendo escritos por pós-graduandos ligados a ela."

Deu certo. Vanya Sant'Anna concordou em dirigir a coleção e eu fiquei de escrever *O que é o capitalismo*. Não tardou para que eu desistisse, dedicando-me integralmente aos afazeres, cada vez mais intensos, da Brasiliense. Já naquela época se definia na minha vida a opção pela edição em detrimento da vida intelectual e de professor. O nome do meu cargo mudou para gerente editorial, e minha nova remuneração permitiu que eu resolvesse me casar com a Lili, com quem namorava fazia seis anos.

Caio batizou a coleção de Primeiros Passos, e fizemos uma concorrência entre capistas para escolher o melhor desenho gráfico para a série.

No projeto de mestrado eu pretendia escrever uma dissertação sobre os manuais de psicologia industrial. A influência de Michel Foucault no meu modo de enxergar a sociedade ainda se fazia presente.

Na USP eu frequentava aulas de uma disciplina por semestre, mas as atribuições na Brasiliense cresciam tanto que nem cheguei a entregar os trabalhos finais das respectivas disciplinas. O melhor curso a que assisti foi dado pelo professor Francisco Weffort. Era sobre o pensamento conservador, de Tocqueville a Burke, incluindo textos analíticos de Hannah Arendt, Norberto Bobbio e Barrington Moore Jr. Na época, ainda marcado por minhas posições radicais da FGV e pelo ativismo na editora, protestei, pedindo que lêssemos também obras anarquistas. Weffort nem sequer respondeu. É preciso coragem para contar aqui tamanha estultice, dita em meio ao curso mais sofisticado intelectualmente que já fiz.

Depois de passar quatro semestres e sem trocar palavra alguma com Ruy Coelho, meu orientador, simplesmente desapareci do mestrado para nunca mais voltar. Embora tivesse esboçado seguir a vida acadêmica que havia pensado para mim, o trabalho de editor passava a me seduzir completamente. Com a Primeiros Passos, uma pequena revolução no mercado editorial começava a acontecer. Quem imaginou tudo isso foi o Caio, que teve a sacada genial de enxergar o público jovem batendo à porta do mercado cultural. Eu apenas contribuí com os critérios de edição e o acabamento correto para a coleção. De certa forma, foi sempre essa a natureza da nossa dupla. O gênio (Caio) e o fazedor (eu). O jovem (Caio) e o homem maduro (eu), apesar de nossas certidões de nascimento atestarem o contrário. A Brasiliense de então precisava de uma pessoa como eu, detalhista, que compreendia as ideias visionárias de seu editor e o ajudava a dar um curso mais profissional para suas sacadas. Mesmo na minha função, ocorria de eu conseguir mudar, até radicalmente, o rumo de algumas coleções. O nosso dia a dia era moldado por essa parceria, escolhendo títulos e autores, boa parte deles em conjunto. Para isso me especializei em tentar mudar a opinião do Caio Graco, quando sucedia algum choque. Era uma arte convencê-lo, mas na maior parte dos casos eu dava um jeito. Ainda que o preço fosse ficarmos sem nos falar por alguns dias.

Com o estouro imediato da primeira coleção, eu viria a sugerir várias outras, entre elas meus grandes orgulhos profissionais da época, a Encanto Radical e a Circo de Letras.

Logo após o lançamento e enorme sucesso da Primeiros Passos, resolvemos ampliar a série para assuntos que não versavam diretamente sobre política. Fomos surpreendidos por uma realidade oposta à que eu imaginara: os melhores intelectuais passaram a querer escrever para a coleção.

Nessa etapa, Caio decidiu dirigir a Primeiros Passos sozinho, dispensou a Vanya e me deixou participar da leitura dos originais apenas por um breve período. Ficava sob minha responsabilidade todo o processo editorial da coleção, que já estava na prática aos meus cuidados, assim como os demais livros da Brasiliense.

Em seguida vieram as outras coleções. A Primeiros Voos, que Caio criou e imaginou como continuação da Primeiros Passos mas que, com o perdão do trocadilho, não decolou. Então foi a vez da Tudo é História, sugestão integralmente minha. Ao aceitar a ideia, Caio disse que eu não precisaria consultá-lo nessa série, podendo escolher temas e autores por minha conta. A leitura e a aprovação dos originais seriam também autônomas. Não era pouca deferência, numa empresa centralizada como a Brasiliense. No entanto, tal conquista teve um custo: o presidente da editora começou a me afastar ainda mais da Primeiros Passos, já que nossas leituras não coincidiam muito. No final eu palpitava, vez por outra, sobre novos autores e temas, cuidava das capas, ilustrações, e só. Depois, nem sobre novos autores e temas falávamos.

Na Tudo é História vivi situações que marcaram a minha vida profissional. Casado com uma historiadora recém--formada, contei com seu enorme auxílio na escolha dos autores, no caso os melhores historiadores do país. Alguns decanos como Maria Yedda Linhares e Francisco Iglésias gostaram de mim e começaram a falar comigo diariamente, como se formassem um conselho informal da coleção. E eu participava desse "conselho" na função de coordenador, por um lado, e, por outro, na de filho. Fui adotado por eles, numa demonstração de que na vida de um editor o afeto é um instrumento de primeira necessidade. Iglésias passou a frequentar nossa casa. Contava, a sério, histórias impagáveis, como a de que uma camareira do hotel na avenida Rebouças onde se hospedava por conta das obrigações na USP desejava matá-lo. Certo dia, com esse objetivo, teria deixado o gás do chuveiro aberto. O historiador também costumava dizer que era um mineiro com defeito de fabricação, por não ter, como seus colegas, migrado para o Rio de Janeiro. A amizade com Iglésias levará, no futuro, à convivência maravilhosa com Otto Lara Resende. Os dois eram muito amigos, sendo que Otto tirava gargalhadas de nós com suas longuíssimas histórias sobre Minas e o mundo.

Paula Beiguelman, uma conhecida cientista social, foi a primeira a realizar a sua tarefa para a Tudo é História. Em poucos meses escreveu um breve livro sobre o período do café. Só nos conhecíamos por telefone, e fiquei feliz em recebê-la no escritório da Barão de Itapetininga, portando os originais. Mas ela claramente não ficou tão contente como eu. Ao se deparar com minha juventude e meus trajes pouco formais, indagou, quase rosnando: "Você é o Luiz Schwarcz que vai ler meu livro? De jeito nenhum!", e virou as costas em direção aos elevadores. Eu a segui calado e, enquanto ela esperava no saguão e eu pensava no que dizer, segurei muito delicadamente seu cotovelo, ao mesmo tempo que estendia o meu outro braço e inclinava o corpo numa deferência, apontando na direção da minha sala. Olhei com segurança para o caminho que lhe sugeria tomar, tentando passar uma mensagem de apoio e respeito, no mais absoluto silêncio. Respirei aliviado ao conseguir fazê-la voltar, sem ter que proferir nenhuma palavra, o que, com certeza, só atrapalharia. O gesto de linguagem corporal, simbólico, funcionou melhor que qualquer apelo verbal. Muitos anos depois, quando fui agraciado, em Londres, com um prêmio pela minha carreira, me foi oferecida uma pequena recepção num pub. Com o bar lotado de amigos do mercado editorial, resolvi contar essa história, do início da minha carreira. Ao começar o discurso improvisado, me lembrei daquele gesto sutil, indicando um caminho para uma escritora, e o citei como um exemplo que caracterizava a essência do trabalho de um editor. A gentileza em silêncio é, de fato, uma boa metáfora para o trabalho de edição.

Ainda no começo da Tudo é História, sofremos a tentativa de roubo da coleção por um dos autores convidados. Era um historiador que eu havia trazido para a Brasiliense algum tempo antes da nova série. Convidado a escrever um volume para a Tudo é História, o pilantra disfarçado de acadêmico procurou outra editora e vendeu a ideia de uma coleção igual, só que dirigida por ele. Além disso, passou a convidar nossos autores, um a um, dizendo que a sua coleção, que concorria abertamente com a nossa, seria melhor. Não duvido que tripudiasse sobre a minha juventude e inexperiência. Creio que foi a Maria Yedda quem nos alertou. Quando contei ao Caio o que estava ocorrendo, lembro que ele me pediu que convidasse o historiador para um encontro. E me orientou para deixar a situação a seu encargo.

Quando chegou o dia, ele não me chamou à sua sala, o que me fez ficar enciumado e furioso. Deixei minha porta aberta e fiquei olhando o que acontecia no escritório. Vi apenas o dito-cujo sair, menos de um minuto depois de entrar, branco e com o rosto apontando para o chão. Foi quando Caio Graco me chamou e contou, às gargalhadas, que havia tido a reunião mais curta da sua vida. O ladrão de coleções entrou em sua sala e o editor-chefe da Brasiliense disse de bate-pronto: "Fulano, chamei-o aqui só para poder colocá-lo daqui para fora, e para que nunca mais ouse pisar neste local. Já, ponha-se daqui para fora!".

Assim a Brasiliense passou a ser uma usina de ideias, de novas coleções e bons livros, muitos dos quais foram conquistados na redação do *Leia Livros*, onde também recrutávamos autores para as inúmeras séries que lançávamos, uma atrás da outra.

Lembro bem do dia em que, com grande entusiasmo, Caio me falou de uma novela erótica italiana para jovens chamada *Porcos com asas*. "Luiz, temos que fazer literatura para esse público da Primeiros Passos, e esse livro trata tanto da revolução sexual como dos anseios libertários que estão hoje em pauta entre os jovens do mundo todo."

Era mais uma das sacadas do editor da Brasiliense, para a qual contribuí apenas batizando a coleção de Cantadas Literárias, criando o visual e, depois, buscando novos autores.

Entre eles sugeri o Caio Fernando Abreu — que na ocasião passara a dirigir o *Leia Livros* — e os jovens poetas da poesia marginal, descobertos pela Heloísa Buarque de Hollanda, hoje Teixeira, de quem me aproximei bastante. Assim, a Cantadas abrigou livros de Reinaldo Moraes, Paulo Leminski, Chacal, Ana Cristina Cesar, Raduan Nassar — que emplaquei na série como um escritor transgressor, sem dizer que a literatura dele era menos voltada para o público jovem. Quem diria, *Um copo de cólera* na mesma série que *Caprichos & relaxos* de Leminski. A coleção explodiu, como a maioria das outras, mas o livro de maior êxito foi outra sacada inteiramente do Caio Graco.

Abalado com o trágico acidente que paralisara parcialmente os movimentos do Marcelo Rubens Paiva, Caio passou a visitá-lo com frequência no hospital. Na volta de um desses encontros, teve a ideia de encomendar um livro a ele. Só meu chefe intuiu que o Marcelo seria, depois daquele trauma, capaz de fazer o melhor retrato da sua geração, uma obra otimista, sem palavrório de autoajuda, extremamente sensual e sedutora. Maria Emilia e eu, sem conhecermos o Marcelo, temíamos que o livro viesse a ser o contrário do que foi. Tudo que se falou contra ele, já que seu sucesso foi extraordinário, se mostrou injusto, em relação ao instinto editorial do Caio e sobretudo com o autor, responsável pelo texto definitivo, do começo ao fim. Minha contribuição na edição de *Feliz ano velho* foi pequena; a de praxe para um livro que não era um livro qualquer.

Com Caio fizemos, Lili e eu, viagens inesquecíveis para as reuniões da SBPC em Belém e no Rio de Janeiro. Nesta última nos hospedamos na casa de campo da mãe dele, uma pequena mansão próxima da Floresta da Tijuca. Essas reuniões eram mais importantes para a Brasiliense do que algumas feiras internacionais. Um encontro no Rio com Maria Yedda Linhares, o primeiro presencial, trouxe ao Caio enormes emoções, e a mim também. Assim que o viu, ela lembrou da cena do pai do editor entrando na prisão, enquanto, da sua própria cela, a historiadora, que também era uma linda mulher, admirava a beleza e o porte de Caio Prado Jr., o mito. Não há como reproduzir a emoção de Yedda ao descrever a chegada do historiador ao local onde estavam detidos vários intelectuais considerados subversivos pelo regime militar.

Noutra ocasião fomos jantar no Baixo Leblon com Hélio Pellegrino e Washington Novaes. Eu não abri a boca, das nove horas até a alta madrugada, só ouvindo o genial psicanalista mineiro falar. Na saída, por volta das três da manhã, esbarramos na mesa de Caetano Veloso, Paula Lavigne, Waly Salomão e Luciana de Moraes, filha de Vinicius. Embora tivesse aprendido a não demonstrar deslumbramento, eu não acreditava no que estava vendo e vivenciando.

Os nomes ousados das coleções, como Cantadas Literárias e Encanto Radical — esta uma série de biografias charmosas de personagens transgressores, que reputo ser das melhores coisas que fiz na vida —, sofriam ataques constantes de autores tão importantes quanto editorialmente conservadores. Em muitas ocasiões eles chegavam a convencer o Caio. Foi o caso da Encanto Radical, que graças a um decano jornalista quase virou "Grandes Vidas" ou algo do gênero. Nessas horas, o Caio Túlio Costa me ajudava a argumentar e a manter os títulos mais criativos. É curioso como ideias irreverentes minhas e dele morreriam com títulos caretas. Desde então, e por isso mesmo, desenvolvi certa habilidade para dar títulos a livros e coleções. Brinco por vezes que essa será a última capacidade editorial que perderei, e que na minha velhice extrema serei apenas chamado para dar títulos a livros difíceis de nomear e, eventualmente, cuidar das suas capas.

Em meio a tanto sucesso, com milhares de exemplares vendidos, foi inevitável que crescesse um conflito entre mim e meu chefe, e a culpa inicial foi minha.

Meu trabalho começou a ser notado pela imprensa e por muitos autores que vinham falar diretamente comigo. O *Jornal do Brasil* foi o primeiro a divulgar um perfil meu, como o jovem que estava por trás do sucesso das coleções da Brasiliense. Outros jornais e revistas seguiram na mesma direção, com fotos feitas por fotógrafos famosos, que me convocavam para posar em seus ateliês. A *Veja* resolveu publicar uma matéria grande sobre a editora. Lembro que falei bastante com o repórter e me sujeitei a fazer algo que nunca mais aceitaria: posar deitado sobre um balcão de livros na livraria Brasiliense. Passei a semana atrás do fotógrafo, tentando forçá-lo a prometer que não utilizaria aquela imagem.

Coisa que eu nem precisava ter feito. A matéria saiu com amplo destaque para o Caio, fotografado montado em sua motocicleta. A segunda página trazia uma foto pequena minha em que sobressaíam meus grandes óculos de cor bege — depois passei a escolher armações com cores ainda mais chamativas, que, com a idade, parei de usar. Poucas linhas da reportagem mencionavam o meu trabalho. Era o correto. Não fazia sentido disputar a liderança editorial com o dono da empresa. Eu já vivia, naquela época, uma delirante ego trip pós-juvenil. Os óculos extravagantes eram só uma mal-disfarçada amostra disso. A resposta do Caio foi dura. Talvez os dois estivéssemos vivendo a mesma síndrome advinda do sucesso, mas havia uma diferença clara: eu era um funcionário da editora, muito jovem, que fora promovido do nada para a posição de diretor editorial. Ele, o herdeiro da empresa e responsável geral por ela. Eu estava mesmo esquecendo qual era a minha verdadeira posição na Brasiliense.

Talvez minha arrogância, o ciúme da posição do proprietário da editora e minhas atitudes juvenis tenham gerado sentimentos ainda mais fortes em Caio, que minaram nossa relação pelas beiradas, no decorrer dos anos. A mágoa, então originária principalmente do Caio, foi se intensificando. Porém, eu não tinha o direito de ter começado essa disputa de vaidades. O que teria acontecido se eu tivesse controlado minha ego trip, não tivesse atuado como se a editora fosse minha, por mais que grande parcela do controle da operação editorial estivesse, de fato, em minhas mãos?

Mesmo assim, tivemos um longo convívio de quase nove anos, a maior parte do tempo dominado pelos melhores sentimentos e uma profunda amizade.

Desses bons momentos me lembro de mais uma ideia do Caio Graco à qual dei seguimento, criando a coleção que seria o embrião da Companhia das Letras. Mais uma vez o pontapé inicial foi dele, com a intenção de publicar *On the Road* de

Jack Kerouac. Para a sequência propus que fizéssemos uma coleção de literatura transgressiva, que fosse composta de vários gêneros de ficção, começando como continuação direta aos beats, à literatura noir de Hammett, Chandler e James Cain. Tais autores se encontravam igualmente fora do mercado brasileiro. A princípio, Caio estranhou a combinação dos beats com os noirs. Custou, mas afinal se convenceu, sofrendo diversas recaídas contra o ecletismo da série. E assim a Circo de Letras me fez ver que havia espaço no mercado para a qualidade literária radical. A literatura de Mishima apareceu como uma continuidade natural na coleção. Um dos eventos importantes da Circo de Letras foi publicar o *Gigolô de bibelôs* de Waly Salomão. Na época a editora constituía cada vez mais o point de encontro dos intelectuais, recebendo visitas dos poetas mais exuberantes, como o próprio Waly e Roberto Piva, que, embora fosse amigo pessoal do Caio, nunca teve livros publicados pela Brasiliense. Também Paulo Leminski vinha nos encontrar quando estava em São Paulo, com sua presença marcada pela ambiguidade. Genial poeta e intelectual, doce como pessoa, o alcoolismo do poeta curitibano pesava bastante e tornava difícil o relacionamento com ele. Apesar disso, desenvolvemos fortes laços de amizade, e uma convivência telefônica pontuada de afeto. Na Brasiliense, assim como muitos outros poetas, ele deixou de ser marginal, virou um sucesso de vendas, um megatradutor, autor de várias biografias da Encanto Radical e, também, romancista. Mas chegava à nossa cidade num estado de grande excitação, se punha a beber, me puxando para bares onde passava a falar e divagar por horas. Eu me divertia, aprendia muito, mas ao mesmo tempo me doía vê-lo daquele jeito. Esses visitantes, quando vinham à rua General Jardim, em plena Boca do Lixo, para onde a editora se mudara, causavam grande barulho, literalmente.

Waly, numa dessas visitas, nos disse que Caetano Veloso queria reeditar *Alegria, alegria*, livro que havia sido anteriormente publicado por uma pequena editora do próprio poeta baiano. Topamos na hora e ele nos entregou os originais. No andamento do trabalho de edição, enviamos o contrato para o autor, que nunca respondeu. Eram tempos em que as obrigações contratuais estavam se tornando mais sérias, mas em que ainda era possível uma editora publicar um livro informalmente.

Na época eu tinha uma secretária um pouco ingênua. Ela caía invariavelmente nos trotes de um amigo meu, que ligava todo dia dizendo ser Sigmund Freud, Walter Benjamin, Vincent van Gogh, entre outros. Quando eu atendia, já com ar blasé, tinha que ouvir a gargalhada do sacana. Certa ocasião expliquei a ela que aquelas eram pessoas públicas, gênios das artes, que estavam todas mortas, e que as chamadas eram trotes de um amigo chamado Tomás. Até que um dia ela entrou sorrindo na minha sala para dizer que o Tomás estava no telefone fingindo ser o Caetano Veloso, mas que dessa vez ela não caíra. Pedi que passasse logo a ligação e notei na primeira sílaba o forte sotaque baiano do outro lado da linha. Era o meu primeiro contato com Caetano, que ligava para dizer que não queria republicar o livro, na verdade nunca quisera, e me dizia:

"E agora, como fazemos?"

"Não fazemos, Caetano. O livro já está na gráfica, mas vamos sustar a edição. Não temos um contrato assinado por você. Confiamos no Waly, mas acho que ele viajou."

Mais para a frente vim a saber que tanto Caetano quanto Waly haviam tido um contratempo com o Caio Graco num dos eventos do calçadão que a Brasiliense promovia. Soube recentemente que Matinas Suzuki, escolhido para entrevistar o compositor, participou do quiproquó. Waly tinha superado a questão, mas era provável que Caetano permanecesse chateado. Ou que simplesmente não quisesse reeditar *Alegria, alegria*.

Logo em seguida eu viria a ter contato com Caetano nas festas no apartamento da rua Alagoas onde moravam Maria Emilia Bender, Reinaldo Moraes e Rui Fontana Lopez, e, também, pela amizade que o artista desenvolveu com Matinas Suzuki Jr. e Giba Vasconcellos, professor que conheci no Departamento de Ciências Sociais da FGV e que fez a ponte com Matinas e com o compositor. Com o tempo, o gelo de Caetano comigo se quebrou, e a gafe com *Alegria, alegria* ficou no passado.

No final dos anos 1970 e começo dos 1980, danceterias como o Radar Tantã abriam as suas portas, e aquele clima de festa/desbunde/irreverência editorial combinava muito com a ego trip que eu vivia. Nessa época, me transformei num ser detestável, principalmente para a minha família, mas eu não me dava conta disso, tamanha a euforia que me embalava. A Brasiliense revolucionava o mercado, era *a* editora dos jovens, onde tudo de novo acontecia. Meu ego, também jovem, explodiu.

No escritório tive contato com a forma como o Caio consumia drogas, controlada e constante. Lembro quando ele me disse que fumava uma bagana todo dia antes do trabalho, assim como da primeira vez que levou cocaína à General Jardim e me chamou à sua sala. Apesar de comparecer a algumas festas, eu nunca ficava até muito tarde e não chegava a usar drogas mais pesadas. Porém, quando Caio me ofereceu pó, eu provei e gostei. Por sorte os convites não eram tão frequentes, e o meu chefe tinha uma maneira serena de se drogar. Comprava de um traficante que era funcionário do *Leia Livros* e que vendia cocaína nas horas vagas, ou o contrário, vendia cocaína e trabalhava no *Leia Livros* nas horas vagas. Mas Caio usava por um tempo e em seguida ficava meses sem comprar. O traficante foi preso enquanto era funcionário do jornal. Toda a redação do *Leia Livros* testemunhou a favor dele. Depois da Brasiliense nunca mais usei droga alguma. Sempre me recusei a lidar com traficantes, e não gostava tanto assim a ponto de me dar a qualquer trabalho para obtê-las. Além disso, a Lili não me acompanhava nesse breve gosto.

Numa das ocasiões em que estivemos na Feira de Frankfurt, chegamos na véspera da abertura e fomos dar uma volta pela cidade. Passando perto da estação de trem, no bairro onde ficavam as putas e os drogados, Caio me chamou, tirando da bolsa um vidrinho de cocaína que continha uma colherinha na tampa, e perguntou:

"Quer?"

"Caio, você é louco, trouxe isso no avião?"

"E daí, meu velho, quer?"

Fomos para Frankfurt três anos seguidos. Lá o espírito irreverente dele brilhava. No corredor do hotel elegante onde nos hospedávamos, Caio, depois do jantar, a caminho de dormir, invertia os pedidos de café da manhã das portas dos outros quartos, criando uma balbúrdia geral. Pessoas que não haviam encomendado café no quarto recebiam, e as que o haviam requisitado ficavam sem nada para o desjejum. De madrugada, ele saía para andar novamente pelos corredores e dava um forte nó nos cadarços dos calçados dos hóspedes que o hotel devolvia depois de engraxados. Era difícil se livrar daqueles emaranhados de laços.

Na Feira íamos os dois aos encontros, mas a dinâmica era curiosa. Ele se incumbia de elogiar a Brasiliense, longamente, a ponto de me deixar constrangido, enquanto eu tentava interrompê-lo para falar de assuntos concretos, livros a serem contratados etc. Angariei fãs que viriam a me ajudar no começo da Companhia, pela minha postura profissional nesses encontros.

Na última das feiras de que participamos juntos, fomos jantar com o Jorge Zahar e a sua esposa, Ani. Esse encontro, no Erno's Bistro, o melhor restaurante de Frankfurt, marcou a minha vida. Naquela noite conheci meu futuro pai postiço e mentor — de certa forma, o substituto do Caio, que, como sempre, foi profético ao me dizer:

"Vou te apresentar o Jorge Zahar. Ele se parece demais com você, gosta de comer e beber bem, tem senso de humor e é generoso. Tenho certeza de que vocês vão se entender de cara."

É verdade que nessa época nossa relação piorara bastante, até chegar na fase mais difícil, por ocasião do nascimento do meu filho, Pedro. O controle das rotinas editoriais estava totalmente sob minha responsabilidade, afinal meu cargo, fazia tempo, era de diretor editorial. Isso não tirava de Caio o poder de decisão como editor e presidente da empresa, mas levava os autores a se referirem, em muitos casos, diretamente a mim.

A Lili estava doente, e sua gravidez se tornou de alto risco. A situação era tão grave que por anos não consegui nem falar nem ouvi-la falar sobre aqueles tempos. Lili tinha cólicas advindas da enfermidade e não podia se medicar, devido à gravidez. No dia em que o Pedro nasceu, em pleno Carnaval, fui eu que notei que ela iria dar à luz. Ela não conseguia diferenciar as contrações típicas da sua doença intestinal das que provinham do trabalho de parto prematuro — a gestação estava no sétimo mês. Coloquei a mão no seu ventre e disse: "Vamos direto para o hospital, o Pedro vai nascer".

Depois de um parto delicadíssimo, fomos para casa, a Lili e o Pedro exigindo atenção. Não demorou, e ela teve que ser internada para tentar desobstruir o intestino, permanecendo várias semanas no hospital. A essa internação se seguiria uma cirurgia de alto risco, e a temporada no hospital seria ainda mais longa. Com o Pedro em casa e a Lili internada, eu não podia ir trabalhar. Caio foi bem menos compreensivo que o esperado, determinando que eu devia voltar à editora no fim da licença-paternidade, então de três dias. Eu não o atendi. Quando retornei, semanas mais tarde, ele me deu a notícia de que eu voltaria para a área administrativa da empresa, deixando com ele qualquer assunto editorial. É claro que seria bastante complicado pôr essa ordem em prática; assim, fingimos que meu cargo mudou, mas na verdade as coisas ficaram mais ou menos como sempre estiveram. Tal conversa foi a senha de que meu tempo na Brasiliense estava chegando ao fim, e que eu deveria pensar em algo diferente para minha vida. A saúde da Lili continuava delicada, mesmo após a grande operação. Dessa forma, resolvi que permaneceria na editora até ela defender a dissertação de mestrado na Unicamp, para não colocar minha crise profissional à frente da batalha mais importante travada pela Lili.

Foram treze meses a mais de trabalho em comum. Caio chegou a ir à Unicamp para assistir à defesa da Lili, mas, no dia seguinte, sem que eu soubesse qual seria o meu destino profissional, pedi a ele que tivéssemos uma conversa. Foi então que contei que ia sair da editora, num momento de grande emoção. Por sorte eu estava firme, pois, de fato, nos meses anteriores as atitudes dele comigo foram duras e injustas. Nessa época, acho que eu havia melhorado um pouco da ego trip dos tempos da Primeiros Passos e me comportava como um editor que buscava profissionalizar a empresa e, por conseguinte, influenciar o mercado na mesma direção.

Caio se assustou. Não esperava pela minha decisão e abriu, pela primeira vez, um armário onde havia uma garrafa de uísque, que me serviu, pedindo-me que mudasse de ideia. Com a generosidade de sempre restabelecida, fez as mais diversas propostas, inclusive me oferecendo sociedade na Brasiliense, mas já era tarde. Também me pediu que pensasse por um mês, o que achei que tinha obrigação de fazer.

Saí da reunião certo de que cumprira uma etapa da vida. Caio foi mais que fundamental nela, por tudo que aprendi com ele, como ser humano e editor.

Ao chegar em casa, contei para a Lili que acabara de deixar o emprego, fui tirando a roupa e colocando o novo LP dos Rolling Stones, a todo o volume, no toca-discos do escritório. Cheio de energia e sentimentos contraditórios, dancei no jardim dos fundos, tomando um banho de mangueira até o disco acabar, sem saber exatamente o que faria dali em diante.

Depois de um período muito duro em que Caio se recusou a me cumprimentar, quando criei a Companhia das Letras enfim nos reconciliamos. Antes disso Caio falou mal de mim, numa matéria de capa que a revista *Veja São Paulo* fez a meu respeito. Um jantar entre as famílias em minha casa foi o que deixou para trás a mágoa comum.

Nesse momento a Brasiliense não estava mais tão bem, e passamos a sair para almoçar com frequência, ocasiões em que eu evitava falar do que ocorria com a Companhia das Letras, e opinava sobre a editora onde minha vida profissional começara. O susto e a enorme tristeza com a morte precoce de Caio, num acidente praticando motocross — dizem que sem capacete —, doem até hoje. Sinto como se, na matéria da *Veja* que traz a foto do Caio numa moto, já estivesse clara a postura irreverente que ele teve em toda a sua vida e que veio a selar seu futuro e o trágico final.

5. A quem pertence este livro?

Não costumamos entender a literatura como um diálogo. Normalmente, quando os profissionais de edição pensam no leitor, acham que necessitam seduzi-lo a comprar o livro para que, em seguida, ele tenha horas agradáveis ou enriquecedoras de entretenimento cultural. O nome do autor é repetido, ad nauseam: na capa, na lombada, no frontispício, na página de créditos, por vezes no cabeço, e em poucos casos até na epígrafe, como que para lembrar o leitor de que o livro "tem um dono só". As epígrafes mais convencionais, com citação de um trecho de outra obra ou frases de diversos escritores, funcionam como exposição da árvore genealógica do autor; mostram de onde vem o que será lido, ou melhor, discorrem de maneira sutil sobre a ascendência do livro, apresentando os antepassados do texto e de seu criador. No caso das epígrafes tiradas da própria obra ou sem citação da fonte, o autor não se exibe através de seus predecessores, mas já começa o livro em torno do próprio umbigo.

A epígrafe, quando é boa ou bem escolhida, comunica-se com o restante; mas, quando é mero exercício narcísico, apenas dá lustro à biografia do escritor, usualmente estampada na orelha ou nas páginas finais.

O reforço do papel do autor através de todas essas marcas é, até certo ponto, ato justo. Enaltece o trabalho artístico, mas também faz parte da cultura que estabelece a preponderância absoluta do artista na relação com seu leitor — o mesmo ocorre em outras artes, o artista comandando as câmeras, palcos, tablados e paredes. Com isso os leitores e espectadores não são considerados parte da obra, são simplesmente consumidores passivos. Vale lembrar que nem sempre foi assim.

Dessa forma, ficam marcados no próprio livro os limites de um jogo de poder disputado em silêncio pelo escritor e seus leitores. Simbolicamente, durante a leitura e depois dela, é legítimo perguntar: a quem pertence este livro?

Sempre ansiei por conhecer estudos sobre o que leva algo a brotar da memória e da imaginação do artista e migrar para as páginas dos livros, outrora manuscritas e hoje formatadas na página em branco da tela dos computadores.

Um dos projetos pessoais que desejo realizar e que apenas comecei é o de ler livros de psicanálise e neurociência sobre a criação artística, aqueles que me permitam compreender o funcionamento da memória e sua relação com a criação literária. Talvez apenas com a aposentadoria terei tempo de conhecer plenamente a bibliografia a respeito, o que será de certa crueldade: só poderei entender por completo o meu ofício quando já o tiver abandonado. Lerei sobre o passado da prática que preencheu a minha vida como um aluno do primeiro ano de literatura ou de editoração, como se estivesse voltando aos primeiros dias do meu estágio na Brasiliense — onde entrei sem saber nada acerca dos livros, a não ser que os amava e que sem eles não saberia viver. Esse conhecimento analítico profundo se juntaria em minha mente com tantas lembranças de acompanhamento do processo de criação literária de centenas de autores, sem nunca ousar teorizar acerca disso. Creio com segurança não ser possível a mim, como editor, nenhum tipo de elucubração original e teórica sobre tema algum. É bom ter sempre a noção de que na nossa profissão sabemos um pouco sobre muitos assuntos, mas nunca vamos a fundo numa questão complexa como essa. Um editor, por mais culto que seja, não é um intelectual de verdade, com capacidade de mergulhar em vários temas e analisar textos com densidade analítica, extraeditorial. Há, é claro, exceções. De resto, sempre haverá em nós a preocupação com os leitores, a qual temos que assumir desde o início da relação com o autor, desobrigando-o de qualquer ansiedade quanto à recepção da obra e seu destino comercial.

No entanto, uma primeira lição que tive sobre o tema do sentido da escrita veio da leitura do lindo texto "O escritor e a fantasia"[1] de Sigmund Freud. Nele, o psicanalista vienense mostra como a escrita é uma forma de fantasia ou devaneio diurno que substitui a brincadeira infantil, sendo tão séria e profunda como de fato são as brincadeiras da infância. Ambas se opõem não à seriedade, mas à realidade. Assim, quando o escritor oferece seu Eu dividido em múltiplos Eus, o faz com técnica ou rigor literário e nos leva a superar as barreiras que, no dia a dia, nos separam de tantos outros Eus. Por esse e inúmeros textos magistrais entende-se por que, com muita justiça, Freud recebeu o prêmio literário Goethe, da cidade de Frankfurt.

Com o amadurecimento deixa de ser possível brincar. Ficamos órfãos da forma eficaz como, desde muito cedo, nos contrapomos à realidade. Passamos então às fantasias diurnas, a nova forma de brincar dos adultos. A escrita/fantasia alivia assim os devaneios egoístas de homens e mulheres, que geram tensões em nossa psique. Por isso tamanha é a identificação entre autor e leitor, pelo encontro de fantasias e, também, pelo prazer que causa o devaneio de outra pessoa, com o poder de abrandar a culpa do nosso "brincar" adulto.

Mesmo depois desse pequeno desvio teórico freudiano, falta muito para que eu venha a entender os domínios inconscientes da escrita, mas esse já é um bom começo. Enquanto não posso desvendar mais, fico aqui a pensar em outro enigma, também intrincado, porém nem tanto. Sem conseguir compreender os mecanismos profundos da psique do escritor que fundamentam a criação literária, me ponho a pensar na formação da memória de um livro, aquela que o leitor guardará. No caso, é fácil arriscar a conclusão de que o que se absorve de um texto de ficção depende tanto das profundezas íntimas do escritor quanto dos que realizam a leitura. Isso porque o texto de ficção desperta recursos imaginativos inteiramente pessoais nos dois momentos, o da escrita e o da leitura. Dessa forma, o livro que fica marcado na cabeça de cada leitor é absolutamente singular.

Mas, se o nome do autor aparece cravado por todo canto e o livro afinal é construído pelo diálogo deste com seu leitor, onde entraria materialmente no livro esse segundo protagonista? Onde estaria marcado graficamente o diálogo entre as duas fantasias? Se o autor está por todo lado, onde mora o leitor? Ou, ainda, qual é a representação gráfica do embate entre as duas imaginações?

A meu ver, o leitor habita todo o espaço em branco de um livro. As bordas das páginas internas, em cima, abaixo e nas laterais — além do respiro entre as linhas, que denominamos entrelinha —, são os espaços que simbolizam graficamente a presença do leitor. A área em branco, ou aquela que não é ocupada pelo discurso autoral, tem quase a mesma importância num livro quanto aquela ocupada pela tinta do texto. É ali que está o leitor. Uma mancha (assim chamamos o espaço preenchido pelas letras numa página) muito opressora, absoluta, é, mais que feia, inapropriada, pois de modo indireto significa que a propriedade do livro, durante e após a leitura, não é compartilhada. Afirma peremptoriamente que há apenas uma presença no livro, a do autor. Também uma entrelinha avarenta simboliza que o editor, com todo o seu poder, não foi capaz de reconhecer que, bem ao lado do enunciado dos escritores, é o local onde a imaginação dos leitores arma o seu terreno. Linhas muito próximas reforçam a supremacia autoral, deselegantemente.

O manuseio do livro, os grifos e anotações, além das dobras no canto das páginas, são mementos dessa disputa e da afirmação de posse por parte do leitor, que restarão para sempre nas estantes das bibliotecas.

Pela mesma razão, para mim, o bom livro também deve trazer a página inicial (ou falso-rosto) em branco, ou apenas com o nome da obra, para que ao leitor fique aberta a possibilidade de escrever seu nome, apor sua assinatura, ou como antigamente seu ex-líbris, passando a ser o novo dono do texto e, dessa maneira, vizinho do autor.

Lembrei-me do que fazíamos com o livro escolar, no qual escrevíamos nosso nome para que ele não se perdesse pelos bancos do colégio ou nas mochilas de outros colegas. Será que foi dessa prática que migramos para a assinatura nas páginas de abertura, feita quando terminamos de ler um livro, antes de guardá-lo na estante?

Creio que a assinatura do leitor na abertura simboliza muitas coisas e marca o diálogo, ou a disputa amorosa, iniciada logo na primeira linha de um livro, e que poderá ser enunciada sempre de infinitas maneiras.

A página em branco, à disposição do leitor, relembra a página, ou a tela, em branco para a qual o autor olha, antes de começar uma nova história. São espaços delimitados que abrigam incontáveis possibilidades, contêm o infinito, como num conto de Jorge Luis Borges.

A primeira linha, os traços do texto que começam a preencher o fundo branco, marcam a escolha fundamental, que determinará todo o fluxo seguinte. Escolha que pode, por exemplo, se iniciar assim: "Como sempre, naquela manhã o escritor acordou cheio de dúvidas...".

6. Zé Paulo

Já escrevi bastante sobre o meu pai, o André. Ele marcou profundamente a minha vida, éramos muito ligados. Mas tive também tantos outros pais. Fui moldado por essas paternidades, a real e as postiças. Como ser humano e como editor. Quem lê este livro se dará conta disso. De alguma forma, uma alma em que permanecem, até hoje, traços infantis atraiu os pais postiços, que, apesar da minha posição profissional prematuramente madura, enxergaram este outro lado nem tão escondido da minha personalidade.

Na época da intensa amizade que mantive com José Paulo Paes, eu não vislumbrei a dúvida que só me ocorre agora, ao escrever: será que somos todos assim, esculpidos por muitos pais, que entram ao acaso em nossa vida? Ingenuamente, por um longo tempo achei que minha personalidade ambígua era o que atraía esse tipo de relação. Que só eu era um homem com tantos pais. Anos de psicanálise me fizeram ver que uma personalidade forte, misturada com uma vulnerabilidade importante, acabava por gerar a presunção de ser brindado, exclusivamente, por essa abundância de figuras paternas.

Entre meus pais postiços estão, notoriamente, o Caio Graco Prado, o Jorge Zahar e, em menor escala, José Paulo Paes e Paulo Francis. Com certeza é mais fácil afirmar que há pessoas com essa vocação, a de se apresentarem como pais de todos, sem um filho "adotivo" único. Zé Paulo e o Jorge são os melhores exemplos que conheci. Já o filho postiço por natureza deve ser mais fruto da minha imaginação do que qualquer outra coisa.

Diferentemente de José Paulo, o grande tradutor e poeta que não teve filhos, Caio Graco adotou três crianças e Jorge Zahar teve o mesmo número de filhos biológicos. Acredito que este último me adotou como seu quarto filho. Imodestamente desconsidero todos os outros filhos postiços que vieram antes ou depois de mim. Decerto há outros que se consideram o quarto filho do Jorge Zahar. Mas, jocosamente, prefiro nem levar a sério tal pretensão.

No caso de José Paulo, porém, não dá para negar: ele criou uma geração de filhos que valem ser relembrados. Glaura, sua única filha biológica, não chegou a viver para ser batizada, como ele mesmo diz no seu singelo livro autobiográfico *Quem, eu?*. No entanto, ela ganhou um poema lindo, que ainda assim é muito pouco para suprir a ausência, que foi seu único legado.

Dorme como quem
porque nunca nascida
dormisse no hiato
entre a morte e a vida.

Dorme como quem
nem os olhos abrisse
por saber desde sempre
quanto o mundo é triste.

Dorme como quem
cedo achasse abrigo
que nos meus desabrigos
dormirei contigo.[1]

É interessante que Zé Paulo e Dora, sem a Glaura e depois dela, acabassem tendo tantos filhos postiços.

Procurei lembrar, um dia desses, como conheci o tradutor de tantas línguas. Infelizmente não consigo recordar com exatidão. Acho que o primeiro contato foi através dos meus amigos do *Leia Livros*, no qual ele colaborava com frequência, mas nem o Caio Túlio, nem o Rodrigo Naves, seu "filho" mais dileto, se lembram de ter me levado à casa no Brooklin e feito as devidas apresentações. Ou estive lá por minha conta mesmo, como editor jovem da Brasiliense, para pedir a colaboração de José Paulo com traduções ou para convidá-lo a publicar seus livros conosco.

Devo ter pegado o poeta num dia bom, embora muitos saibam que ele costumava disfarçar as terríveis dores que seus problemas circulatórios provocavam. A arteriosclerose que o afligia acabou levando à amputação de uma das pernas. As dores e alucinações eram tão fortes que Zé Paulo chegou a implorar que tirassem suas duas pernas, mas o médico e o enorme amor de Dora impediram que isso fosse feito. E ela cuidou do marido integralmente, guiando-o e amparando-o enquanto ele delirava de dor.

A hospitalidade do casal era única. Dora chamava o marido de "meu nego", e cuidava de tudo para agradar o visitante. Naquela pequena casa, com um jardim onde havia uma piscina discreta, o café era oferecido com tal carinho que parecia ter sido feito especialmente para cada um dos visitantes. O pó e o bule eram os mesmos, mas o que havia na xícara tinha um gosto singular, um sabor de algo que nunca se repetiria. Dora servia café como que esperando pelos olhares de aprovação de um novo filho ou filha.

Pois à casa deles se dirigia sempre uma chusma de filhos postiços. Iam encomendar trabalhos jornalísticos e editoriais, mas, muito mais que isso, iam para ouvir histórias da vida do José Paulo em Taquaritinga, em Curitiba, e por fim em São Paulo. Queríamos saber da amizade dele com escritores como Dalton Trevisan, Jorge e James Amado, Graciliano Ramos, Décio Pignatari, Haroldo e Augusto de Campos, entre tantos outros. Íamos sobretudo para pedir sábios conselhos, para aprender com um homem que, não à toa, nasceu praticamente dentro de uma livraria, e simbolicamente dali nunca saiu. A livraria ficava no município paulista de Taquaritinga e pertencia ao seu avô materno. Chamava-se Livraria, Papelaria e Tipografia J.V.

Guimarães. José Paulo nasceu no quarto ao lado da loja, em 22 de julho de 1926. Um ano, dois meses e dois dias depois do meu pai André.

Nunca perguntei, mas hoje indagaria se meu grande amigo reconhecia alguma relação entre a química, disciplina em que se formou num curso técnico e com a qual trabalhou por quinze anos, e a literatura, para a qual dedicou todo o resto da vida, escrevendo poemas, ensaios e traduzindo. Verteu para a nossa língua obras de Rilke, Hölderlin, Auden, Kaváfis, Joseph Conrad, William Carlos Williams, Laurence Sterne, entre muitos outros autores. Segundo Rodrigo Naves, era comum ouvir dele a boutade de que traduzia para poder ler seus autores favoritos, pois não conhecia perfeitamente nenhum idioma além do português. Verdade ou não, o importante é que as traduções eram magistrais.

Ao escrever este texto, fiquei pensando que as duas profissões, de químico e de escritor, lidam com a experimentação de uma infinidade de combinações, e buscam resultados inesperados, ao juntar elementos ou palavras. Zé Paulo, que saiu da indústria química para a vida numa editora, seria o único que poderia validar essa minha comparação, que hoje me soa um tanto ingênua.

Na Cultrix, onde trabalhou por muitos anos, como tinha que recusar livros que gostaria de publicar ou editar livros que não julgava dignos de serem publicados, ele se definia "editorário", em oposição aos patrões, que tomavam as decisões finais e com esse poder eram os editores. O neologismo fazia um paralelo com o mundo financeiro, que separa banqueiros de bancários.

José Paulo Paes se sentiu feliz com o que chamou de alforria, quando deixou a editora e partiu para a vida de tradutor e de escritor em tempo integral. Misturou palavras, rimas e silêncios, sempre com muito humor — nos momentos em que não recebia seus jovens filhos postiços, com o café especial da Dora.

Acho que o que aconteceu no entorno do mestre foi um importante encontro de gerações, que marcou muitas vidas, entre elas a minha. A partir de então o ambiente jornalístico/cultural não será mais o mesmo. Outra vez o *Leia Livros* facilitou que isso ocorresse. Tudo começou no jornal de resenhas, tocado por uma geração de jovens, como o Caio Túlio Costa e o Matinas Suzuki Jr., que depois saíram do *Leia* para mudar o jornalismo cultural do país, recriando a Ilustrada, caderno da *Folha de S.Paulo*. Antes de ser editada pelo Caio Túlio e depois pelo Matinas, a Ilustrada centrava-se na coluna social de Tavares de Miranda. Foi assim que Caio Túlio, o ex-editor do *Leia Livros*, e seus colegas carregaram para o dia a dia do jornal a influência e a generosidade do grande poeta e ensaísta.

As verdadeiras romarias literárias de jovens profissionais levaram ao sobrado do Brooklin, além de Rodrigo Naves, Augusto Massi, Caio Túlio Costa, Mario Sergio Conti, do mundo jornalístico, João Moura, Fernando Paixão e eu, do metiê poético e editorial, entre tantos outros.

Numa dessas excursões fui à casa de Zé Paulo e Dora para contar que pretendia abrir uma editora. Apesar da vivência dele, nem sempre feliz no ramo, seu entusiasmo foi contagiante. Logo quis saber se a tal editora já tinha nome e eu lhe disse:

"Zé, o único nome em que pensei já existe e seria um plágio inconsciente e infeliz."

"Timbre" era a marca de uma livraria no Rio de Janeiro, onde acontecera o lançamento icônico de *A teus pés* de Ana Cristina Cesar, título da coleção Cantadas Literárias, quando eu ainda estava na Brasiliense. Ao pensar nessa denominação para minha editora, nem lembrei que um dos meus locais favoritos da capital carioca já a ostentava — a pequena loja, de poucos metros quadrados, comandada por Aluísio Leite, um livreiro tão robusto quanto o seu enorme coração. A Timbre fora plagiada na minha imaginação, e sem bons motivos. Não seria um nome forte para a editora que eu queria criar.

Foi aí que o poeta tirou da cartola o nome "Letras & Companhia". A editora começava a ganhar corpo. Eu retruquei com "Companhia de Letras", nome de que José Paulo gostou, mas não muito. Saí da sua casa convencido de que a expressão, que partia da inversão daquela que ele havia sugerido, era a melhor. Mais uma vez Zé Paulo me inspirava, agora para batizar uma nova filha minha e da Lili: a Companhia, que virou "das Letras" e não "de Letras", após a sugestão do designer João Baptista da Costa Aguiar, que queria colocar uma caravela no logo, fazendo referência à Companhia das Índias.

O logo acabou abrigando outros meios de transporte por um motivo curioso. A princípio, não achávamos uma caravela que aguentasse a redução adequada para entrar nas capas e páginas de rosto dos livros da nova editora. Foi quando pedimos a Carlos Matuck, um designer que fez parte do grupo inicial da Companhia, que nos emprestasse um livro de calhaus. Ao procurar caravelas, deparamos com ótimos símbolos desenhados a partir de meios de locomoção antigos. Eles ficaram tão bons, como marca, que tive a ideia de fazer um logotipo baseado numa ideia, e não somente numa imagem. Depois encontramos o slogan, para a editora simbolizada por múltiplos meios de locomoção, num trecho do *Livro do desassossego* de Fernando Pessoa: "Viajar? Para viajar basta existir".[2] Era a representação perfeita para aquela ousadia gráfica datada de 1986.

O apoio do meu querido amigo perdurou por toda a sua vida. José Paulo se incumbiu, a toque de caixa, em parceria com João Moura, de uma seleta e tradução de poemas de W.H. Auden. Minha intenção era a de que a Companhia das Letras fosse inaugurada tendo, entre os quatro primeiros livros publicados, um trabalho daquele que me ajudou a cunhar o nome da empresa. Na sequência vieram inúmeras outras traduções, coletâneas de poemas e textos infantis. Seu *Uma letra puxa a outra*, mantendo a tradição, inaugurou, anos depois, a Companhia das Letrinhas.

Assim, muitas de suas obras honram o catálogo da Letras & Companhia, ou melhor, da Companhia das Letras.

7. Sua majestade, o silêncio

Numa entrevista memorável à *Paris Review*, William Faulkner compara a profissão de escritor à de roteirista, dando sempre vantagem sensível à primeira. Estendendo a comparação, desta vez, entre a literatura e a música, e mesmo aceitando esta última como a expressão mais natural da natureza humana, Faulkner reafirma sua clara preferência pelas palavras como forma artística e meio de comunicação: "Prefiro o silêncio ao som, e a imagem produzida pelas palavras ocorre em silêncio. Isto é, o estrondo e a música da prosa acontecem em silêncio".[1]

No ótimo *Uma história da ópera: Os últimos quatrocentos anos*, Carolyn Abbate e Roger Parker nos mostram como o pacto que o compositor e o espectador de ópera celebram é, desde o princípio, irrealista. É bobagem criticar a ópera por seu conteúdo implausível. Quando nos envolvemos com a Violetta, de *La Traviata*, ou com a Brünhilde, de *O anel do Ni-*

belungo, entramos numa dupla fantasia, irrealista por natureza, já que, além da representação, a vida não transcorre por meio do canto. Ao cantar uma história, quebra-se qualquer possibilidade naturalista. O espectador sabe o tempo todo que assiste a algo que nunca existiu, não se colocando plenamente no lugar dos personagens, pelo simples fato de que ele próprio não cantaria segundos antes de morrer ou antes de envenenar seu rival, nem mesmo para declarar seu amor eterno à mulher ou ao homem de sua vida — muito menos na frente de um bando de outros personagens, um maestro, dezenas de músicos de uma orquestra e centenas de espectadores.

Os que criticam a literatura de cunho realista ou naturalista deveriam pensar mais na frase de Faulkner, ou no caráter fantasioso das óperas, das mais convencionais às contemporâneas. A vida também não transcorre em silêncio. Essa é uma das armas naturalmente irrealistas da ficção na qual a imaginação do autor e a do leitor se encontram. Talvez se possa até dizer que a literatura nada mais é do que o encontro de dois silêncios separados no tempo — o do escritor e o do leitor. Paradoxalmente, é o silêncio que, na literatura, facilita o caminho da fúria. Ao ler um livro, somos transportados ao tempo escolhido pelo autor. Nele encontramos emoções sutis e arrebatadoras, em graus e nuances originais e únicos. A literatura é arte rebelde ao realismo, pelo alto grau de subjetividade presente nas mais naturalistas das narrativas. Além disso, na leitura, muitas vezes o tempo é quebrado por idas e vindas, fluxos de consciência e outros recursos narrativos. Existem ainda as interrupções proporcionadas pela pontuação e pelos capítulos. Na vida real não há capítulos. Só em nossa imaginação sobre ela. Se a organizamos por esse critério — coisa que só podemos fazer a posteriori —, estamos de certa maneira, todos nós, escritores ou não, fazendo literatura. Por outro lado, o editor deve voltar ao silêncio que antecedeu a escrita, quando o escritor só via a página ou a tela branca diante dele, para compreender melhor a fragilidade que será exposta e compartilhada através da narrativa literária. Outro ponto importante, e que faz da literatura algo tão diverso do teatro ou do cinema, é que o controle do tempo da leitura não pertence exclusivamente ao autor. O espectador vai a um local escolhido pelos distribuidores, e assiste a uma representação em que o espaço para a imaginação é constrangido, na maioria dos casos, pela cara e pelo tom de voz dos atores, pela cor do céu pintado no pano ao fundo, ou presente na filmagem, e pela cenografia completa que delimita a imaginação e conquista a atenção do público. Por isso Brecht se preocupou com a possível alienação do espectador e defendeu um teatro pontuado de comentários críticos, os quais nunca deixassem de lembrar ao público que ele não faz parte daquela ação. Mesmo assim, a escolha da identificação com este ou aquele personagem pertence aos leitores, que possuem sempre a palavra final.

Por sorte, no mundo da ficção não há fórmulas certas; há autores que procuram influir mais fortemente na nossa visão sobre os personagens, correndo com isso o risco de banalizarem seu trabalho. Outros exploram a ambiguidade humana e deixam portas abertas para a imaginação.

Além do mais, a pontuação da leitura não é feita só pelas vírgulas, parágrafos ou capítulos, mas, sobretudo, pelo fato de que um leitor decide quando vai ler um livro, escolhe o local da leitura e arbitra suas próprias interrupções: pontua a leitura com respiros, onde pode incluir suas elucubrações. Nesse sentido, o clamor, surgido algumas décadas atrás, contra a literatura que deve mais a Tolstói do que a Virginia Woolf é uma grande besteira. Todas as boas influências literárias são válidas. Elas nunca reproduzirão simplesmente a vida real e dificilmente vão se limitar à mera fotografia realista. Por isso, nós que sabemos desfrutar da literatura, devemos dar graças ao bom Deus — aquele mesmo que, como dizem, teria ditado, soprado ou inspirado a Bíblia, e que nesse caso terá sido, antes de mais nada, um escritor notável — pela existência de tantos gêneros literários.

Sou obcecado pelo silêncio e por isso o procuro na literatura de que mais gosto. Na maioria dos casos, quando aprecio um livro, é porque pude encontrar silêncio no que li. Um silêncio que não é o meu. Quando um escritor constrói personagens incompletos, francamente frágeis, ou com mais dúvidas que certezas, me sinto em casa.

Sem planejar, por pura sorte, achei uma profissão que depende muito do silêncio. Ou, talvez, foi o silêncio dos livros que me capturou. A longa solidão que marca a prática literária confere uma profundidade e uma sinceridade à literatura que nem o mais fantasioso dos textos consegue evitar. Na primeira leitura de um original, o editor deve se relacionar com a essência do texto e entender as bases nas quais está erigido o livro. Nas raízes dessa leitura, ele deve se encontrar com a subjetividade do autor, e buscar a coerência da narrativa, nos mínimos detalhes. Passa então a defender o livro ferozmente. Age como um dublê do escritor, protegendo a obra, todo o tempo, mesmo que em contraposição a quem a criou. O que se requer do editor, nesse momento, é sensibilidade e empatia.

Georges Simenon dizia escrever para encontrar a si mesmo através de seus personagens. Para realizar os romances, tanto os chamados de *romans durs*, que não eram estritamente policiais, possuíam densidade psicológica e influência existencialista, ou mesmo nas histórias mais curtas da série com o detetive Maigret, o escritor belga colocava-se na posição de um personagem; deixava de pensar e agir como Georges Simenon por onze dias — prazo demasiado curto em que religiosamente se dedicava a cada um de seus livros. Isolava-se do dia a dia, terminava o livro e só depois, exausto, voltava à sua existência cotidiana. Para entender a si e ao mundo, em silêncio, se transportava, por intermédio da ficção, para a alma de um personagem, tão complexo quanto ele próprio ou ainda mais.

William Faulkner achava que escrevia para se livrar de um sonho. A presença constante de um sonho o angustiava, e dessa angústia nasciam os seus livros. Escritores tão diferentes testemunham que da literatura não saem ilesos; voluntária ou involuntariamente, a ficção é sempre marcada pela intimidade de quem a exerce. Em apenas dois depoimentos sobre o trabalho literário temos categorias que justificam páginas e mais páginas escritas por aqueles que se dispuseram a interpretar o espírito humano. A busca do autoconhecimento de um lado, a influência dos sonhos de outro.

Na minha visão, ao dedicar a alma aos personagens, por longos meses, os escritores e escritoras transferem, inconscientemente, a eles suas próprias fragilidades. É essa a grande jogada da literatura: o encontro que se dará entre a vulnerabilidade dos escritores e seus personagens e a vulnerabilidade dos seus leitores e leitoras. Por isso amamos os livros, por serem, fora dos divãs, o melhor espelho da nossa imperfeição.

Ao mesmo tempo, é preciso ter em mente que a ficção é a busca constante da expressão perfeita, restando ao autor, após encerrado um livro, a sensação final de que seu objetivo, impossível por natureza, não foi cumprido. Os mesmos dois escritores trataram desse assunto. Vejamos.[2]

Simenon:

> Quando um romance está terminado, sempre tenho a impressão de que não fui bem-sucedido [...] desejo tentar de novo. Escrever não é uma profissão, mas uma vocação de infelicidade. Não penso que um artista possa jamais ser feliz.

Faulkner:

> Se pudesse escrever toda a minha obra de novo, estou convencido de que a faria melhor, o que é a condição mais saudável para um artista. É por isso que ele continua trabalhando, tentando de novo; e a cada vez ele acredita que desta vez irá conseguir, que vai pôr para fora o que pretendia. É claro que não conseguirá.

Marcílio França Castro, no seu belo romance *O último dos copistas*, é quem melhor define o que procuro dizer aqui. No ensaio que abre o livro está dito que "o inacabamento é um gênero literário".[3] Faulkner, Simenon e tantos outros escritores assinariam embaixo.

Muitos se queixam da postura de certos escritores, falam em narcisismo, reclamam da alta exigência de atenção, corriqueira em nosso meio. São editores que não compreendem minimamente o seu metiê, estão equivocados e com isso abrem caminho para um conflito perigoso. Colocarão seu próprio ego em contraposição ao do escritor. Enfrentarão os livros em vez de compreendê-los. Ignorando o quanto há de entrega no ato de escrever e tornar público o que foi escrito, desprezarão as necessidades mais que justas do artista.

Narciso se delicia com sua própria imagem ao enxergá-la numa poça d'água, que serve como espelho. Mas a literatura transforma o momento da criação solitária em tortuosa exposição pública. O artista é sempre um narciso que se arrisca, insatisfeito com o deleite que a simples projeção da própria imagem lhe oferece. A partir daí, apresenta sua versão da expressão perfeita, criada numa constante busca, que é falha por natureza. Ao exibir, mesmo que inconscientemente, aspectos profundos da sua personalidade, os escritores não têm como escapar da sensação de grande insegurança. E nem sempre nos solidarizamos com os autores na aceitação das suas vulnerabilidades.

Publicar implica compartilhar com os leitores a solução que Simenon procurava para suas angústias existenciais. Ou então contar com esses mesmos leitores para se livrar de um sonho, como queria Faulkner.

Por isso, no mundo dos livros, só há espaço para o ego dos escritores — aqueles que se expõem através da literatura e arcam com os riscos desse movimento. Como dizia o pensador austríaco Karl Kraus: "Os artistas têm o direito de ser modestos e a obrigação de ser vaidosos".[4]

Além do mais, há uma lição ética nessa procura incessante da palavra perfeita que por certo nunca será encontrada. Um mundo melhor adviria se as sociedades se preocupassem com a expressão compartilhada dos sentimentos individuais. Por isso os ensinamentos que vêm da boa literatura, e de muitas outras formas artísticas, são resultado da busca pelo melhor. Como seria, por exemplo, o mundo da política se essa lição fosse compreendida?

8. Francis

"Quero conhecer esse rapaz que publicou *Rumo à estação Finlândia* no Brasil, peça para ele me procurar quando estiver em Nova York." Foi o que Paulo Francis disse a Jorge Zahar depois de brindar o livro com uma resenha superlativa, de página inteira, na Folha Ilustrada. Jorge era o seu melhor amigo e, como eu disse, um segundo pai. Os primeiros livros da Companhia das Letras tinham sido publicados havia pouco.

O sucesso foi muito maior que o imaginado. Estávamos no auge do Plano Cruzado, que, tentando combater a inflação, gerou, a princípio, um estouro nos índices de consumo. A derrocada dessa iniciativa de política econômica custou muito. Mesmo assim, desde o começo, os ventos sopravam para a Companhia das Letras, que tinha mais dificuldade de comprar papel e conseguir gráficas para imprimir os livros do que para vendê-los. Na época, eu mesmo fazia a venda para os principais clientes, e realizava parte das entregas, na volta para casa, com a minha perua Parati.

Alguns meses depois, quando fui aos Estados Unidos, seguindo a sugestão de Francis a seu grande amigo, procurei timidamente o jornalista mais conhecido do país. Muito solícito, ele marcou o encontro num restaurante suíço, perto da sua casa. Cheguei ali ansioso e comecei a conversa bastante sem jeito, pensando no que diria a Paulo Francis.

Nervoso, ao ver o cardápio quis me livrar logo da incumbência e optei por *cerveau*, achando que tinha escolhido um prato de caça. Comprei um cervo e recebi um cérebro, creio que de vitela, apenas cozido, redondo e com todas as ranhuras preservadas, acompanhado de molho gribiche à parte. A partir daí falei até mais do que devia. Precisava distrair o olhar do meu interlocutor daquela coisa meio branca, que restava intacta no meu prato. Até consegui engolir um pedaço, mas só. De qualquer forma, aquele cérebro impoluto simboliza o início de uma longa amizade.

Francis já caminhava politicamente para a direita, porém não era tão radical como nos últimos tempos da vida dele. A sua coluna "Diário da corte" ditava regras e criava polêmicas. Muitos anos após aquele jantar, editaríamos uma seleta daqueles textos de jornal, extirpando os mais conjunturais e os ataques pessoais a intelectuais amigos.

Passamos a nos ver a cada ida minha a Nova York, tendo eu ocupado o cargo de seu anfitrião, quando ele vinha a São Paulo. Seu endereço preferido era o Ca'd'Oro, hotel tradicional, o mais elegante na época. Eu subia com frequência ao quarto dele para arrumar sua mala antes de levá-lo ao aeroporto. Saíamos para jantar quase toda noite, e nos constrangíamos com as cortesias oferecidas pelos restaurantes, que sempre se recusavam a cobrar a conta, devido à ilustre presença. Rimos muito na ocasião em que um restaurante português deu um desconto de 10% e assinalou que era pela graça da visita.

A amizade e a preocupação com a editora e a minha família, por parte do jornalista, eram verdadeiras e comprovadas por seus telefonemas constantes — ritualmente três vezes por semana, quando se vangloriava de que quem pagava a conta era o Roberto Marinho. Com o Jorge, Francis falava todo dia. Era muito bonita a relação dos dois. Paulo mantinha ainda uma longa amizade com Ênio Silveira, de quem se afastou nos últimos anos de sua vida. Os três viveram juntos a perseguição política da ditadura militar, mas sobretudo Ênio e Francis com passagens pela prisão. Ivan Lessa, que se exilara em Londres, também fazia parte do grupo íntimo do jornalista.

Ser amigo do Paulo me trouxe grandes recompensas, especialmente pelo carinho recebido. Uma vez, fui para Nova York com meus filhos e sobrinhos, a caminho de outro destino nos Estados Unidos. Ao chegar ao quarto do hotel, deparei-me com uma caixa que continha perto de trinta CDS de Stravinski, nos quais o compositor regia a sua própria obra. Eram discos recém-lançados que, como eu dissera a Francis, almejava comprar. Acompanhavam o volumoso presente diversos sachês de chá e um bilhete que dizia mais ou menos o seguinte: "Pelo que a Companhia das Letras representa para o Brasil, do amigo Paulo Francis. PS: Se alguma noite quiser deixar as crianças comigo e com a Sonia, cuidaremos bem delas".

Pois é, o jornalista mais ferino do país era capaz de atos de afeto e generosidade sem tamanho. Claramente, o Paulo Francis do jornal e o amigo eram pessoas diferentes.

Quando Fernando Collor de Mello confiscou 80% do nosso dinheiro, a Companhia sofreu bastante. Fiquei com medo de não ter fundos para pagar os salários. Nessa ocasião, Francis ligava todo dia e perguntava como estavam a editora e eu. Num dos telefonemas ele disse: "Luiz, nós de esquerda não podemos aceitar essa situação". Antes ele havia apoiado abertamente a candidatura de Collor. No jornal falava bem de Paulo Maluf e desancava o PT.

O jornalista assistiu ao segundo debate da disputa presidencial entre Fernando Collor e Lula na minha casa, junto com um casal de grandes amigos nossos: o também jornalista Mário de Andrade e sua esposa, Marta Grostein. Mário, que era simpatizante do Partidão, quase não escondia sua preferência pelo opositor de Lula. O candidato do PT saiu arrasado do debate. Houve toda forma de jogo sujo por parte de Collor. Era constrangedor assistir àquele espetáculo de horrores. Francis vibrava, Mário disfarçadamente também, e a Lili e eu ficávamos no nosso canto, putos da vida, tanto com a deslealdade de Collor como com a torcida dos nossos dois convidados. Na época, por incrível que pareça, alas do Partidão apoiaram Collor. Só ficamos sabendo disso depois daquela noite. Terminado o evento, Paulo foi para o nosso quarto ditar a sua coluna para a *Folha* do dia seguinte, o que fez sem nenhuma anotação prévia. Sua destreza com o texto jornalístico impressionava.

Eu não tinha como falar para meus amigos, alguns vilipendiados em sua coluna, que Francis sabia também ser, no fundo, um homem doce. A eles isso seria de pouca serventia. Sua língua ferina era dirigida, injustamente e com frequência, a vários intelectuais do meio universitário. Artistas eram igualmente atacados. A dúvida que nossa amizade causava em mim era sensível. Não adiantava falar com a persona Paulo Francis, pedir que deixasse de atacar este ou aquele amigo. Nas poucas vezes que tentei, ele desconversou. Mas comigo ele se portava com grande dedicação e afeto. Essa é uma questão importante, para a qual confesso que nunca terei resposta. Como se relacionar com alguém tão diferente politicamente e que possuía duas personalidades? Uma abjeta e outra generosa ao extremo? Como aceitar um pacote de maldades semanal, vindo de um jornalista próximo, sem fazer quase nada? Ele me deu tanto, era quase um irmão do meu melhor amigo, e por vezes eu o detestava. Acho que, quando cheguei a argumentar, poderia ter sido mais enfático ou até tomado uma atitude, me afastando de Paulo Francis.

Como editor, sou obrigado a lidar com situações como essas, publicar obras de escritores que politicamente têm posturas das quais discordo mas cuja escrita é sublime. É evidente que há limites para o desacordo com os autores. Livros de direita que expressam posições diversas da minha fazem parte da linha da editora. Textos antidemocráticos, não.

Francis não era ainda um escritor da casa. Mas por outros motivos nos tornamos muito próximos. Afeto e política não combinam, mas em várias ocasiões geram questões dificílimas de lidar.

Outra situação delicada ocorre quando publicamos autores que são inimigos mortais entre si. Tracei uma linha clara para evitar que o debate entre escritores contaminasse os livros. Desde o começo da Companhia, só aceitei publicar livros polêmicos quando as disputas são de cunho intelectual, sem ataques pessoais. Não sou jornalista e não dependo das disputas individuais.

Logo antes de a Companhia das Letras ser fundada, Roberto Schwarz fez uma análise do poema "pós-tudo" de Augusto de Campos, publicado no Folhetim, antigo suplemento dominical da *Folha*. Era uma crítica violenta. Dois anos depois, Roberto incluiu seu texto no livro de ensaios *Que horas são?*. Augusto foi autor de primeira hora da Companhia das Letras. Seu *O anticrítico* estava entre os primeiros quatro livros que lançamos. Ele apoiou a jovem editora de maneira comovente. O debate era virulento, mas, é claro, de ótimo nível intelectual. Também publicamos a resposta de Augusto de Campos, no volume *À margem da margem*. Me mantive amigo dos dois.

Nas suas vindas a São Paulo, Francis começou a pedir que fizéssemos jantares em casa para reunir seus amigos. Num deles, Matinas Suzuki Jr. teve uma discussão acalorada com Elio Gaspari. A questão para Matinas era de honra. Elio tentou sair da briga e Francis tratou de arrefecer os ânimos, até que, passado muito tempo, se fez a calmaria. No dia seguinte, os dois contendores mandaram flores para a Lili, com pedidos de desculpas.

Paulo ficou fulo quando, no ano seguinte à recepção em que houve a briga, resolvemos fazer o jantar numa sala do Fasano. Não me perdoou. Dessa vez a tristeza maior foi ter entre nós um grande amigo totalmente bêbado. Logo no início do evento, o convidado em questão já estava debruçado na mesa laqueada do restaurante. Acho que ele vivia tão alcoolizado que, mal colocava uma gota de bebida na boca, se embriagava imediatamente. Tentávamos jantar enquanto, na ponta da mesa, um de nós se debruçava sobre o prato e sua companheira chorava sem parar. Era difícil comemorar mais uma vinda de Paulo ao Brasil, diante daquele espetáculo tristíssimo.

É curioso notar que em alguns desses jantares havia jornalistas a caminho do fracasso. Francis bem que tentou interferir no destino dos amigos desempregados, usando todos os seus contatos a fim de conseguir colocações para cada um deles. Também lembro bem como ele detestava o chefe da sucursal da Globo em Nova York. Fazia imitações hilárias de sua voz e pose, até nos corredores do escritório da emissora.

Quando tive a minha primeira depressão, em 1990, Paulo ficou preocupado. Não era possível me animar por telefone. A depressão não era tão grave assim, mas eu não compareci a uma feira de livros que acontecia todo ano nos Estados Unidos. Logo depois, o evento da American Booksellers Association (ABA) deixaria de ser importante para editores internacionais, que o substituímos pela feira londrina. Na época, Francis me dizia: "Qualquer *livreiro* decente não pode ficar mais de um ano sem vir a Nova York. Venha para cá e nós vamos todo dia a uma livraria". Era a sua forma de tentar interferir no esboço de depressão que pairava sobre mim. Aliás, era comum as pessoas chamarem editores de livreiros, numa confusão tipicamente brasileira, que, é quase certo, dizia respeito ao começo das editoras a partir de livrarias.

Acabei me dobrando à insistência do Paulo e fui para Nova York. Na sua cidade, ele me levou a um restaurante e a uma livraria por dia. Almoçamos no P.J. Clarke's e no mítico Four Seasons, entre outros.

Visitar lojas de livros não é exatamente o que fazem os editores, em viagens de negócios. Os livros importantes, já editados, têm seus direitos comprados bem antes da publicação. É bom frequentá-las para encontrar obras ao acaso, o que invariavelmente ocorre. Mas nossa busca é nas editoras e agências literárias, sempre por textos que ainda estão longe de serem lançados. De todo modo, aquela semana foi especial. As refeições e visitas ajudaram a extinguir o meu princípio de depressão. Um verdadeiro amigo conta muito nessas horas.

Paulo também se comportou de maneira incrível com Jorge Zahar quando este se submeteu a uma ponte de safena, cirurgia que foi realizada em São Paulo. Visitei o Jorge todo dia no hospital. Quando ele voltou para o Rio, eu ia vê-lo semanalmente. Grande apreciador da boa comida, de vinhos e destilados, Jorge, como era esperado, se deprimiu após a intervenção. Além do choque natural causado pelo procedimento, mal conseguia se alimentar e beber. Sofria com refluxo o tempo todo. Ficava em casa com dona Ani, recebia visitas constantes dos membros da família, mas se sentia sozinho. Comentei com Francis o quanto estranhava aquela situação, acrescentando que os paulistas frequentavam mais a casa dos amigos, na alegria e na tristeza, e que a vida no Rio se dava mais em espaços públicos. Francis concordou. Alguns dias depois, numa sexta-feira, sem dizer nada a ninguém, tomou um avião em Nova York e, direto do Galeão, passou na casa de Millôr Fernandes, de Ruy Castro e de Carlos Heitor Cony. Com eles no carro foi visitar o velho amigo. Jorge ficou muito feliz. No dia seguinte, Francis embarcou de volta para Nova York. Zahar melhorou sensivelmente.

Num determinado ano, Paulo Francis decretou que iria à Feira de Frankfurt. Jorge e eu entramos em pânico, pois aquela semana era sempre de trabalho intenso, não teríamos tempo para ciceronear o amigo. Não houve jeito. Depois vim a entender o que ele queria. Além da sua curiosidade e visão equivocada sobre o que era a Feira, Francis pretendia conseguir uma entrevista com Rubem Fonseca, que novamente visitava o evento, dessa vez como convidado da editora alemã que o publicava. Rubem era considerado o J.D. Salinger brasileiro. Se recusava a conceder entrevistas.

Ao chegar, um dia antes do início da Feira, Paulo ligou para o meu quarto no hotel e disse, de supetão: "Ele vai me conceder uma entrevista, não vai?". Perguntei: "A quem você está se referindo?". Foi aí que soube do seu objetivo secreto. "Francis, com certeza ele não dará a entrevista", respondi. "Não!", ele disse. "Ele dará, sim, e você vai me ajudar."

É claro que não ajudei; pelo contrário, alertei o Zé Rubem. No dia seguinte vi o jornalista, com um monte de fios, quase formando um rabo, um colega de trabalho portando uma volumosa câmera no ombro, e um profissional de áudio, literalmente correndo nas avenidas da Feira, atrás do Rubem Fonseca, que escapava com grande rapidez. "Rubem, Rubem, peraí, peraí", Francis gritava. Foi um espetáculo nunca visto na *Buchmesse*. Aliás, ele tinha uma teoria muito curiosa sobre o passado de Rubem Fonseca, sempre criticado por haver trabalhado no Ipes, instituto que servia como base ideológica do governo militar nos anos 1960. O jornalista dizia ter certeza de que Fonseca era um infiltrado do Partido Comunista nos órgãos da ditadura.

Francis queria convidar um grupo grande para jantar. Dele faziam parte o Ivan Pinheiro Machado e seu irmão José Antonio Pinheiro Machado, da editora L&PM. Eduardo Bueno veio de carona. Zahar estava com esposa e filha, e eu com a Lili. Não lembro mais se havia outras pessoas, mas por certo era bastante gente, sem lugar reservado, situação sem solução na cidade de Frankfurt naquela semana. Fomos parar no restaurante de um clube de tênis, em outro município. Foi a primeira vez que vi Paulo Francis completamente embriagado. E ele definitivamente não era um bêbado bonachão, mas daqueles que se tornam agressivos. Começou desancando meu terno, que tinha quatro botões. "E você?", dizia. "Um rapazola do Bom Retiro com esse jaquetão do Sarney" — na época o presidente da República tinha predileção por paletós do tipo. "Esse jaquetão só podia ter sido feito no Bom Retiro. Um editor que se preze nunca se vestiria assim." Disse isso não uma, mas perto de dez vezes, segurando a bainha do meu terno. Incomodou cada um dos presentes, inclusive a Lili. Fiquei bem chateado, mas relevei por conta da bebida e da amizade. Pouco tempo depois, Francis pararia de beber. E eu nunca mais vesti um paletó de quatro botões.

Mais constrangedor foi quando ele resolveu escrever um novo romance, coisa que não fazia havia décadas. Seus outros livros de ficção, *Cabeça de papel* e *Cabeça de negro*, tiveram algum frescor ao serem publicados, mas não sobreviveram por muito tempo.

Por poucos meses Paulo se dedicou à escrita e, na minha ida seguinte a Nova York, na calçada em frente ao hotel Plaza 50, onde eu me hospedava, ele me entregou os originais com uma boutade. Estendeu a mão com o pacote e disse: "Aqui está o novo *À la Recherche du temps perdu*".

O curioso é que eu levara comigo algumas páginas, bastante iniciais, do livro de memórias de Caetano Veloso, alvo constante dos ataques do jornalista. Na primeira versão, Caetano citava Francis. Naquela que foi publicada, o texto foi cortado, para reaparecer apenas na edição comemorativa. Havia certo fascínio pela figura do correspondente do *Estado de S. Paulo*, acompanhado, porém, de uma crítica feroz, demolidora. Contei a Caetano que iria ver seu antagonista e ele se preocupou com a minha discrição. Expliquei que nós, editores, éramos profissionais, que eu nunca comentaria com ninguém o que estava lendo em primeira mão. Caetano riu da coincidência.

Na volta a São Paulo, li os originais e entendi que eu estava com um grande problema. O romance era impublicável. Como eu poderia dizer isso a meu fraterno amigo? Contratei então a Ana Miranda, para que redigisse um parecer detalhado que se somaria à minha leitura. Ana fez um ótimo trabalho, um relatório em que combinava as qualidades de escritora e leitora. Tomei coragem e escrevi a minha mais carinhosa carta de rejeição. Anexei a leitura de Ana. Entre outras coisas, eu declarava minha amizade profunda e me dizia obrigado a protegê-lo contra as críticas que a publicação geraria. A boutade na frente do hotel representava o tamanho da expectativa com o livro. A carta terminava enfaticamente desrecomendando que ele publicasse o romance por qualquer editora. Francis sofreu, mas aceitou, mais facilmente do que eu esperava, e continuamos amigos como sempre. O livro acabou saindo mais tarde, em 2008, por vontade da Sonia Nolasco, viúva do autor. Intitulado *Carne viva*, foi publicado por uma pequena editora, a Francis, da família de Nolasco. Paulo havia morrido bem antes. O romance teve pouca repercussão. Além dos problemas literários, o jornalista não era conhecido pelas novas gerações nem por muitos livreiros.

Voltando às emoções hilárias, lembro de uma vez em que fui levá-lo a Guarulhos, tendo feito sua mala no Ca'd'Oro minutos antes. No saguão do aeroporto, Paulo viu um antigo amigo, que ajudara muita gente durante a ditadura, inclusive a ele, e era proprietário de uma casa editorial. Nosso herói, com uma atuação impecável contra o regime militar, costumava, no entanto, atrasar os pagamentos de direitos autorais. Nos anos 1960 e 1970, publicar era uma missão, nem sempre profissional.

Ao ver o antigo protetor, olhou para mim e disse: "Preste atenção e veja como fulano vai olhar para mim". Aí se pôs a gritar em altos brados: "Pega ladrão, pega ladrão". O editor se virou, naturalmente, porque qualquer um o faria. Paulo gargalhava e dizia: "Não falei, não disse, ele virou, quá quá quá quá". Até embarcar, Francis só dizia: "Ele virou, ele virou...". Soube depois que, na sala VIP, encontrou um jornalista para quem reproduziu o trote, se esborrachando de rir.

Passado um tempo, Paulo Francis ficou muito preocupado com um processo de calúnia movido contra ele por alguns diretores da Petrobras. Paulo havia afirmado que eles tinham milhões de dólares guardados em bancos suíços. O Petrolão, que comprovaria a sua denúncia de corrupção histórica na estatal, estava longe de acontecer. Os acusados pediam milhões de dólares de indenização por danos morais, dizia-se na época. As economias do jornalista nunca se aproximariam dessa soma. E, além do mais, nenhum juiz o penalizaria tão duramente. Ninguém sabe por que Francis, que sofreu tanto com isso, nunca pediu ajuda ao *Estadão* nem à Rede Globo. Para mim, ele mencionara o caso algumas vezes, mas não me dei conta do tamanho da tensão que vivia. O presidente Fernando Henrique Cardoso poderia ter ajudado, dissuadindo a direção da Petrobras de prosseguir com o processo. Amigos seus chegaram a pedir a intervenção do presidente, que não ocorreu.

Supertenso, Francis começou a sentir dores no braço esquerdo, mas tratou-as com injeções, supondo serem contrações musculares. Não eram. Na manhã de 4 de fevereiro de 1997, Sonia me ligou aos prantos dizendo: "Os paramédicos acabam de sair de casa, Luiz, o Francis está caído no chão, ele morreu, ele morreu".

9. O começo de tudo

Aquela era mais uma tarde de calor escaldante, e a pilha de originais, que deveria diminuir ou até sumir — para depois voltar a crescer, com a chegada cotidiana de novos pacotes pelo correio —, dava a impressão de permanecer sempre do mesmo tamanho. Efeito do calor ou do cansaço com a tarefa de ler mais e mais manuscritos, que nunca paravam de chegar? O editor em sua saleta, que ficava nos fundos da gráfica fundada pelo avô, lia o primeiro parágrafo dos livros e passava o lenço na testa. Aquele parágrafo lhe bastava. Sabia se devia continuar a leitura simplesmente a partir da análise daquelas primeiras linhas. Um parágrafo e o livro em questão podia ser descartado, como o suor que ele extirpava do rosto.

O parágrafo acima poderia ter sido o começo de um romance. Minha primeira tentativa de escrever uma narrativa ficcional longa foi frustrada, como todas que se seguiram. Ela efetivamente se iniciava assim. Depois o narrador inventava uma série de aberturas de falsos romances que o suposto editor recebia e rejeitava após a leitura de apenas um parágrafo. Talvez nem seja preciso dizer que o romance pretendia ser uma sátira do mundo editorial. Seu enredo chegaria até a Feira de Frankfurt, para onde o editor desencantado levaria excertos de um romance inexistente, de sua lavra, com resenhas inventadas, listas de mais vendidos fajutas e todo tipo de lorotas — fruto do desgosto dele com os rumos de sua vida profissional. O trote dava certo: o livro fake, idealizado com base no que estava na moda no mercado editorial da época, era vendido para uma dezena de países, e a partir daí o editor se via em apuros. Tinha que voltar para o Brasil e de fato escrever um livro, do qual só possuía a ideia e os trechos utilizados para vender os direitos no templo do comércio editorial. Além do mais, ele era um simples editor, cansado da profissão, e não um escritor talentoso.

Esse romance, graças ao meu senso crítico, nunca foi em frente. Mas ao menos serviu de abertura para este capítulo, no qual pretendo falar do começo dos livros, de um punhado de primeiros parágrafos exemplares, que na minha ficção frustrada tentei ironizar.

Do que precisa um escritor para começar um livro? Como se pode imaginar, não há consenso entre os autores nem sequer diante de uma pergunta, a princípio, tão banal. Dorothy Parker diria que lhe bastaria uma encomenda. Dorothy, assim como um escritor que era tão diferente dela, Louis-Ferdinand Céline, não se acanhava em dizer que escrevia por dinheiro; aliás, os dois declaravam detestar o ofício, e se faziam a mesma pergunta: se não por dinheiro, por que alguém escolheria uma profissão tão penosa? Mas será verdade que sentiam tamanho desprezo pelo que faziam? Nunca saberemos. Muitas vezes não podemos confiar no que afirmam os escritores, especialmente em suas entrevistas.

A partir de uma encomenda, Dorothy Parker, contista por natureza, dizia passar um bom tempo pensando no conto por inteiro, para só depois escrevê-lo. Em mais uma de suas tiradas, revelava buscar o nome dos personagens na lista telefônica e nos obituários dos jornais. Acabou confessando, num momento de menor desprezo pela pobre entrevistadora da *Paris Review*, que seu famoso conto "Big loira" provavelmente se embasara numa pessoa que conheceu. Logo em seguida, apontou sua verve para as colegas escritoras que militavam num campo diferente de literatura: "Para aquelas que escrevem fantasias [...] eu não estou em casa".[1]

Italo Calvino, um escritor menos sociável do que sua obra deixa transparecer, não perdeu a oportunidade de brincar com seu entrevistador — que, aliás, era seu dileto tradutor para o inglês — ao ressaltar que planejava todos os seus livros em detalhe e que particularmente em *O castelo dos destinos cruzados* não seguiu o acaso das cartas, no mais calculado de seus livros. Para quem não sabe, a trama de *O castelo* é baseada no jogo que, curiosamente, nasceu na Itália.

José Saramago também costumava contar que passava meses — depois de ser tomado, ao acaso, por uma ideia — planejando o romance, do começo ao fim. Só se punha a escrever quando o título já estivesse definido, o que, aliás, é muito raro entre escritores. Embora admitisse que, fora do curso do enredo escolhido de antemão, os personagens podiam ditar eles próprios ações, falas e pequenas mudanças, a substância principal estava sempre previamente estipulada. Mas não foi isso que ocorreu no seu livro mais bem-sucedido em termos comerciais, *Ensaio sobre a cegueira*.

Nesse caso, dizia o grande escritor português, os personagens, de fato, assumiram a condução da trama preconcebida. Segundo também me disse Pilar del Río, foram sobretudo as mulheres do romance que levaram Saramago a mudar completamente o rumo da história, como nunca havia acontecido e numa medida que não voltaria jamais a realizar. Vejamos o que o autor registrou em seus *Cadernos de Lanzarote* enquanto elaborava o *Ensaio*:

> Passadas duas horas achei que devia parar: os cegos do relato resistiam a deixar-se guiar aonde a mim mais me convinha. Ora, quando tal sucede, sejam as personagens cegas ou videntes, o truque é fingir que nos esquecemos delas, dar-lhes tempo a que se creiam livres, para que no dia seguinte, desprevenidas, lhes deitarmos outra vez a mão, e assim por diante. A liberdade final da personagem faz-se de sucessivas e provisórias prisões e liberdades.[2]

Como podemos notar, as liberdades acabaram sendo maiores do que as prisões. Ao colocar o ponto-final no livro, Saramago, com sua peculiar ironia, afirmou que "da ideia inicial direi que ficou tudo e quase nada".[3] Os personagens, ainda segundo Saramago, clamaram por humanidade durante a feitura do romance: "Levei demasiado tempo a perceber que os meus cegos podiam passar sem nome, mas não podiam viver sem humanidade".[4]

Se isso acontece com escritores que procuram planejar em detalhe seus livros, podemos imaginar o que ocorre com outros que se sentam à escrivaninha apenas com uma intuição, ou com um personagem que aparece até antes da história na qual será protagonista. John Cheever garantia trabalhar assim. E.M. Forster teria um parti pris ainda mais solto.

O autor de *Passagem para a Índia* é citado por Saul Bellow — na entrevista que o norte-americano concedeu à *Paris Review* — por ter uma vez afirmado: "Como vou saber o que penso até ver o que digo?".[5]

Bellow usava a frase de Forster para explicar que, ao escrever, libertava o comentarista que havia dentro dele, para o qual precisava preparar o terreno. Só assim o "comentarista primitivo", que vivia guardado em sua mente, se lembraria de cores, sapatos, falas, ou de palavras, que talvez nunca tivesse visto ou ouvido.

Assim, o passado serve de sombra ao escritor — tanto aquele armazenado na memória como o personificado pela frase recém-escrita no papel ou na tela, e que clama por continuação. Hemingway explicou que, muitas vezes, uma história se faz no caminho do livro, onde "tudo muda enquanto se move".[6] Ricardo Piglia também é dessa opinião. Em seus diários, ele escreveu: "Como saber qual é a melhor entre todas as histórias possíveis que surgem enquanto estamos narrando? Sempre é uma questão de tomar decisões, narrar é tomar decisões. Nunca sei como será a história enquanto não a escrevo. E enquanto a escrevo, eu me deixo levar pela intuição e pelo ritmo da prosa".[7]

Anos atrás escrevi contos que hoje renego, em sua maior parte, e que possuíam algum conteúdo memorialístico. Num deles, o narrador, um menino, se lembra de quando assistia, sentado no chão, às aulas de história da pintura que a mãe dele promovia, para um grupo de amigas, na sala de jantar de sua casa. A professora tinha uma perna amputada, o que atraía a atenção do narrador sempre que ele espiava embaixo da mesa e via um número ímpar de pernas. Eu, de fato, assistia a essas aulas, e me sentava ora no colo da minha mãe ora no chão. No conto, olhava para a professora de arte. Debaixo da mesa ouvia o seu forte sotaque italiano, e olhando para suas pernas pensava na que faltava. Qual teria sido o real impacto daquela cena na minha infância? Teria eu me impressionado com a perna faltante da professora a ponto de o fato me conduzir a ficcionalizá-lo? Ou me recordei apenas pela vaidade da narrativa, por ser a imagem guardada na memória propícia ao momento da literatura, útil ao conto em questão, no qual eu buscava configurar o personagem como um menino solitário, um filho único, um número ímpar como as pernas da mestra?

Mais uma vez a resposta fica em aberto. Sei apenas que se Descartes tivesse sido um ficcionista, e não um filósofo, seria uma destas frases que teria ficado para a história: "Lembro, logo escrevo" ou "Escrevo, logo penso".

Voltando para o tema central deste capítulo, para qualquer escritor ou escritora a abertura do livro é vital.

Em seu denso e belíssimo livro *Beginnings*, Edward Said argumenta que antes de qualquer começo há sempre a ideia de começar.[8] A abertura de um romance pode ser considerada sempre um recomeço, o momento em que, a partir de laços adquiridos previamente e comuns ao leitor e ao autor, se estabelecem a voz do narrador e sua autoridade.

Amos Oz, em *The Story Begins*,[9] explica que o primeiro parágrafo é onde se instala um contrato entre autor e leitor. Contrato que poderá ser desrespeitado — e isso acontece em boa parte dos casos — durante a confecção do texto ou no transcorrer da sua leitura.

Oz diz que a página que receberá as primeiras linhas de um livro é para o escritor como um muro branco, sem portas nem janelas. Para ele, começar a contar uma história é como "tentar seduzir uma pessoa desconhecida, que vemos pela primeira vez, sozinha num bar".

O livro sobre um editor infeliz que nunca cheguei a escrever tinha alguma base real. Sem dúvida, um profissional tarimbado principia avaliando um livro por seu parágrafo de abertura e, em inúmeros casos, é capaz de intuir a partir daí se deve continuar. É verdade que certos inícios podem estar muito aquém do conteúdo total do livro. Oz cita o caso de *Noites brancas*, novela de Dostoiévski, cujo começo é banal ou até sentimental. Ele se pergunta então: o fato de a tarefa de começar um livro ser tão difícil é o motivo que leva alguns autores a desistirem no meio do esforço? Será por isso que iniciam seus livros sem um parágrafo realmente significativo? "Só Deus sabe", ele afirma, "quantos rascunhos e mais rascunhos vieram antes da frase inicial, tendo sido destruídos, abandonados, rabiscados, amassados, jogados no fogo, na privada, até que finalmente ficou decidido que *é isso, agora vai.*"

Mas a questão não é tão simples assim. Segundo o escritor israelense, temos que ficar atentos: em *Noites brancas* a narração em primeira pessoa se constrói a partir do ponto de vista de um personagem sentimental, e o começo simplório pode ter sido premeditado, isto é, propositalmente banal, para estabelecer o tom da narrativa.

Nesse sentido, a ideia do contrato entre autor e leitor permanece de pé. *A metamorfose* de Kafka, por exemplo, pede um acordo imediato com o narrador, para que entremos no mundo fantástico do autor. Na tradução de Modesto Carone, lemos:

> Quando certa manhã Gregor Samsa acordou de sonhos intranquilos, encontrou-se em sua cama metamorfoseado num inseto monstruoso. Estava deitado sobre suas costas duras como couraça e, ao levantar um pouco a cabeça, viu seu ventre abaulado, marrom, dividido por nervuras arqueadas, no topo do qual a coberta, prestes a deslizar de vez, ainda mal se sustinha. Suas numerosas pernas, lastimavelmente finas em comparação com o volume do resto do corpo, tremulavam desamparadas diante dos seus olhos.[10]

Trata-se de um dos começos de livro mais emblemáticos de todos os tempos. Nele, o acordo não se romperá até o final. O escritor tcheco sempre nos convida para um mundo do qual não podemos sair. Até chegar ao ponto em que encerra a narrativa. Mesmo assim, aposto que os leitores dessa fábula fantástica demoraram para deixar o livro e voltar para o seu cotidiano, ou então, ao retornar, já não eram os mesmos.

Cada um de nós tem guardados na memória os começos de livros que mais nos marcaram. Oz cita vários de sua predileção, mas menciona muito especialmente o parágrafo inicial da *Divina comédia*, de Dante, que considera a abertura ideal para todos os livros, ou mesmo a metáfora perfeita para a situação em que se encontra o escritor ao começar a escrever sua obra. "No meio do caminho desta vida/ me vi perdido numa selva escura,/ solitário, sem sol e sem saída."[11]

Ao pensar neste capítulo, tentei voltar às aberturas de romances que mais me impressionaram e de cara lembrei como Albert Camus inicia um dos livros favoritos da minha vida: "Hoje minha mãe morreu. Ou talvez ontem, não sei bem. Recebi um telegrama do asilo: 'Sua mãe falecida. Enterro amanhã. Sentidos pêsames'. Isso não quer dizer nada. Talvez tenha sido ontem".[12]

O contrato entre autor e leitor de *O estrangeiro* se delineia aí. Além disso, do acordo que a obra propõe fazem parte a indiferença de Meursault pela morte da mãe, o fato de não ter chorado no seu sepultamento, e a presença constante do sol e do calor, que acompanharão o narrador em várias passagens do livro, do enterro a um crime cometido por ele, do crime a seu julgamento, do julgamento à sua prisão.

Nada do passado importa, só o presente e o acaso. Porém, seguindo o raciocínio de Amos Oz, haverá um momento em que esse acordo se quebrará. Vemos que o contrato proposto por Camus é cumprido à risca durante boa parte do livro, pelas reiterações que apontei. No entanto, isso mudará no final. Ao ser preso, Meursault diz: "Senti que minha casa é minha cela, e que a vida parava aí". Depois o personagem viverá exclusivamente do passado, e afirma que se tivesse apenas um dia para preencher suas lembranças, esse único dia lhe bastaria. A quebra de contrato se dá no fim do livro. O passado conta sim, e a morte da mãe não passa incólume, como o descaso do primeiro parágrafo ou a falta de lágrimas de Meursault no enterro procuram deixar entrever.

Dessa forma, vale prestar atenção nas aberturas dos livros, como o fazem, para o bem e para o mal, os editores. O começo genial de *Anna Kariênina*, lembrado por Oz, é também bastante interessante e conhecido. Sem se aprofundar no porquê, o escritor israelense diz que Tolstói contradiz, durante o livro, a frase com que inicia seu romance: "Todas as famílias felizes se parecem, cada família infeliz é infeliz à sua maneira".[13] Esse contrato, que ele chama de filosófico, quebra-se com o andamento do livro.

Entendo que Oz quis dizer que o romance de Tolstói é tão rico que prova que nem na felicidade somos todos iguais. Ou até que a frase poderia ser invertida e iniciar o mesmo romance com a afirmação de que somos iguais na infelicidade e singulares na alegria.

A mim agradam os começos que desautorizam ou relativizam o poder do narrador, como o fazem de modo genial Miguel de Cervantes, Laurence Sterne e Machado de Assis, em *Dom Quixote*, *A vida e as opiniões do cavalheiro Tristram Shandy* e *Memórias póstumas de Brás Cubas*. Neles, o leitor já é avisado de que o contrato firmado não é dos mais confiáveis, ou está sendo assinado por um narrador pouco idôneo, de quem não compraríamos nem uma caixa de fósforos. Será quebrado na linha seguinte, ou mesmo poucos parágrafos depois. Além dos romances citados, o início de livro mais marcante em minha vida talvez tenha sido o de *O jogo da amarelinha*, de Julio Cortázar:

> Encontraria a Maga? Tantas vezes tinha bastado aparecer, vindo pela Rue de Seine, no arco que dá para o Quai de Conti, e assim que a luz cinza e oliva que flutua sobre o rio me deixava distinguir as formas, sua silhueta delgada aparecia na Pont des Arts, às vezes andando de um lado para outro, às vezes debruçada na balaustrada de ferro, inclinada sobre a água. E era tão natural atravessar a rua, subir os degraus, entrar na cintura delgada da ponte e me aproximar da Maga, que sorria sem surpresa, convencida, como eu, de que um encontro casual era a coisa menos casual em nossas vidas, e que as pessoas que marcam encontros exatos são as mesmas que precisam de papel pautado para escrever ou que apertam de baixo para cima o tubo de pasta de dentes.[14]

É assim que o autor argentino começa um romance no qual propõe que o leitor escolha duas ordens possíveis para seguir os capítulos. É quase um convite explícito para encontrar a história de surpresa, sem hora ou lugar marcado, como faziam, nas ruas de Paris, e nas margens do Sena, o narrador Horacio Oliveira e sua misteriosa amiga Maga. Afinal, não é esse tipo de encontro, ao acaso, que procuramos ao iniciar qualquer livro?

10. Susan

No carro, quando me dirigia ao aeroporto de Guarulhos, não conseguia tirar isto da cabeça: e se ela me perguntar quem editou Camille Paglia no Brasil? Ao contratar o livro *Sexual Personae*, da polemista ítalo-americana, eu não tinha a menor noção de que ela fazia constantes ataques a Susan Sontag, basicamente com o intuito de se autopromover. O livro fora indicado por um autor da Companhia das Letras e lido por um de nossos editores. Teve razoável sucesso no país, mais devido ao perfil controverso da autora do que à qualidade da argumentação.

Os pensamentos me atormentavam. Como em toda forma de paranoia, pareciam já estar acontecendo. Eu buscava o que dizer a Sontag ao imaginar a cena de uma visitante tão ilustre me arguindo sobre minha relação com a sua arquirrival.

Por tê-la convidado em conjunto com a embaixada norte-americana para vir ao Brasil, pude recepcioná-la logo depois da alfândega. Não foi difícil encontrá-la entre os passageiros que se acotovelavam para pegar suas malas. A tradicional camisa roxa de seda e a mecha branca na testa saltavam aos olhos. Me aproximei sem jeito e vi que Susan se surpreendeu com a minha idade, além de estranhar o fato de eu estar ali naquela área para ajudá-la a tirar sua bagagem da esteira. Acho que não fazia nem cinco minutos que eu me apresentara a ela quando a temida pergunta foi feita:

"Luiz, Camille Paglia é publicada no Brasil? Por quem?"

"Susan, antes de mais nada, eu queria saber qual a sua versão favorita do terceiro concerto para piano de Beethoven. A minha é aquela com Arturo Benedetti Michelangeli e o maestro Carlo Maria Giulini." Foi assim que reagi, de acordo com a minha intuição do momento. Mesmo tendo me preparado para a pergunta, não a esperava tão cedo, e ainda não chegara a uma decisão sobre como respondê-la.

A estratégia deu certo. Eu sabia que a ensaísta era melômana como eu, mas não imaginava que a versão que citei era também a sua favorita. Desse modo, ela logo esqueceu a pergunta sobre Camille, ou intuiu que o malfadado editor estava a seu lado. Uma coincidência de gostos sobre um concerto tão especial era mais que suficiente para apagar meu deslize de haver editado um livro escrito por uma pessoa que tanto a incomodava. Meu erro, embora involuntário, parecia perdoado.

No carro, o diálogo versou sobre nossa mania comum, de procurar a melhor versão de nossas peças musicais favoritas. Assim, de início, não falamos sobre literatura, mas apenas a respeito de um número grande de sonatas, sinfonias e óperas.

Antes de chegar ao hotel, Susan me perguntou se havia uma boa loja de discos em São Paulo. Na época, a melhor, para música clássica, era a Musical Box, que ficava na praça Vilaboim e oferecia uma quantidade considerável de CDs importados, mesmo que em espaço limitado. Lá, Susan comprou para mim um disco com a última sonata de Schubert, numa das suas versões favoritas, e um boxe com uma ópera de Janáček, *O caso Makropulos*. Não se passara nem uma hora que havíamos nos conhecido, eu escapara da pergunta fatídica e ela me presenteava com discos da sua predileção. Em seguida comemos feijoada e tomamos caipirinha no restaurante Dinho's dos Jardins. Foi quando conheci outra faceta sua: a glutonaria, cujo ápice viria a presenciar no Rio de Janeiro, no rodízio Porcão, quando Susan foi apresentada ao cupim, corte de carne desconhecido nos Estados Unidos. A visão de uma intelectual notável, uma mulher tão elegante, comendo cupim e lambendo os beiços num restaurante do Aterro do Flamengo foi, no mínimo, inesperada.

Foi nesse tom que se deu a sua primeira estada no Brasil. Havia uma programação extensa, em São Paulo e no Rio, mas a condição que Sontag acabou impondo para realizar a maratona era contar comigo a seu lado o tempo todo. Houve de fato uma empatia muito grande, graças ao santo Ludwig van Beethoven, empatia que não demorou a se transformar em possessividade por parte dela.

A autora de *A doença como metáfora* e *Sobre fotografia* se apaixonou por São Paulo logo após a festa que a Lili e eu lhe oferecemos em nossa casa, com a presença de um expressivo grupo intelectual, e me colocou na posição de seu amigo e servo local.

Um dos convidados para a recepção era Roberto Schwarz. Além dele, lembro que lá estavam Marilena Chaui e Celso Lafer, entre outros. Conhecer o grande crítico literário era uma das três exigências de Sontag para vir ao Brasil. Ainda que o motivo da viagem fosse a promoção dos seus livros, ela aceitou o tour desde que pudesse estar com o renomado especialista em Machado de Assis, bem como com o compositor Caetano Veloso e o paisagista Burle Marx.

Susan havia sido uma das principais introdutoras de Machado de Assis nos Estados Unidos, por isso a *Folha de S.Paulo* organizou, dias depois da festa, um debate entre ela e Roberto Schwarz.

Não conheci melhor leitor ou leitora que Susan. E seu papel nesse campo era tão importante quanto o de ensaísta e romancista. Graças a ela, Roberto Bolaño, W.G. Sebald, Thomas Bernhard, Robert Walser e Machado de Assis, entre tantos outros, foram introduzidos aos leitores norte-americanos. Além de Roland Barthes, Gilles Deleuze, Jacques Derrida — sem Sontag, a vida intelectual francesa seria muito menos conhecida nos Estados Unidos.

Eu mesmo me inteirei da obra de Bolaño, antes de outros editores, graças à sua sugestão. Bernhard e Sebald haviam sido lançados por aqui quando os li, também seguindo a indicação dela. Senti admiração irrestrita pelos dois escritores e esperei uma oportunidade para publicá-los. Susan Sontag foi a primeira a saber quando comprei os direitos de *Noturno do Chile*, *O náufrago* e *Austerlitz*.

Naquela época, Bernardo Carvalho ainda era repórter da Ilustrada, e foi designado para acompanhá-la à comunidade de Paraisópolis, entre outros locais. Não poderia haver maior incompatibilidade de gênios do que entre Sontag e o jornalista que se transformará num dos mais importantes escritores da Companhia das Letras e do país.

Talvez Sontag tenha sido a primeira escritora internacional com quem desenvolvi uma relação próxima. Antes da sua visita, recebi outros autores, notoriamente Gore Vidal e John Updike. Com este último mantive correspondência por um longo período — interrompida por motivos que contarei adiante. Updike se recusava a usar fax e depois a internet. Suas missivas chegavam em envelopes delicados, selados por ele próprio. Outros que tinham esse hábito eram Don DeLillo e Bruce Chatwin. Deste último recebi uma carta de caráter francamente ficcional, comemorando o lançamento de *O vice-rei de Uidá* no Brasil. Nela, ele dizia que viera para cá e fora preso pela ditadura, no Recife, e solto com a ajuda de Gilberto Freyre. Mais à frente contava sobre seu sonho de terminar os dias trajando um terno branco e chapéu-panamá, numa antiga fazenda de cacau no sul da Bahia, quando enfim teria tempo para conhecer a fundo a literatura do seu país natal. Ainda contava que tivera a mais perfeita noção da universalidade da literatura ao ver a vitrine de uma livraria no interior da Paraíba onde estavam expostas obras de Oscar Wilde, em edição original. Nada disso pôde ser comprovado, nem apareceu em nenhuma de suas biografias. A fama de mitômano, no entanto, acompanhava o autor de *Na Patagônia*.

Com Gore Vidal cometi todos os erros de um anfitrião inexperiente. Em primeiro lugar, confiei na Alitalia, que ficou de entregar a Vidal e seu acompanhante as passagens Rio-São Paulo, pois o voo de Roma se encerrava na capital carioca. A companhia aérea não cumpriu o combinado. Por sorte, eu havia pedido a Sérgio Augusto, jornalista meu amigo baseado no Rio, que fosse de madrugada ao aeroporto do Galeão para conferir se tudo correria bem com a chegada do convidado ilustre e seu companheiro. Sérgio ajudou como pôde, e os dois embarcaram para São Paulo com novos bilhetes comprados pelo próprio Vidal.

Eu os aguardava com Nelson Ascher, que representava a *Folha de S.Paulo*, anfitriã do ensaísta norte-americano em conjunto com a Unicamp e a Companhia das Letras, pois a editora não tinha fundos para bancar o convite sozinha. Por engano, esperávamos o escritor numa ala e ele saiu pela outra. Minutos antes de Vidal chegar, Ascher teve uma crise de ansiedade e sua pressão subiu muito, obrigando-o a seguir para o pronto-socorro do aeroporto, onde foi atendido. Passado um tempo, larguei o jornalista com o médico e fui à cata do autor, que zanzava, fumegando de raiva, perto da porta do saguão nacional.

Uma das minhas dificuldades também foi reconhecer o escritor, que pesava muitos quilos a mais do que aparentava na foto oficial. Por esse motivo, durante a sua estadia, percebi que Vidal, ao ser fotografado, ficava de perfil e escondia a papada com a mão. Como ele, vários autores, afinal, escolhem seu ângulo preferido. Em seguida ocorreu uma seleção das maiores gafes imagináveis. Eu pedira à *Folha* que não mandasse um carro com o nome do jornal em letras garrafais na porta. Queria algo mais discreto e fino. Não fui atendido. Quem fumegou ao acompanhar Vidal no carro, no caso, fui eu.

Na primeira festa que organizei, com a ajuda de uma colunista social, Gore Vidal foi recebido na sala de uma mansão na Chácara Flora por um grupo de câmara, que tocou Villa-Lobos. Na Unicamp, alguns dias depois, com quase quarenta graus centígrados no termômetro e outro grupo de câmara a postos, o escritor de *Império* me disse que, se ouvisse mais uma vez Villa-Lobos, fugiria do país. O quarteto tocou Paganini, mas para Gore tudo parecia Villa-Lobos, a quem odiava. Pior foi testemunhar o seu riso debochado quando ele deparou com as várias reproduções em papel de quadros renascentistas, espalhadas por todas as paredes da grande sala onde lhe ofereceram um almoço.

Antes disso, ao chegar à sua coletiva de imprensa, gozou dos jornalistas dizendo que viera para o Brasil como enviado do FMI, pois havia um boato de que o país estava jogando dinheiro fora com literatura. Asseverou também, sem comprovação alguma, que um Rembrandt do Masp era falso.

Na época, para vergonha dos brasileiros, o país decretara moratória do pagamento de sua dívida, que tinha entre seus credores o FMI. Nenhum repórter riu da blague. No evento da *Folha*, o ensaísta fez outras piadas que dois dias depois foram criticadas no próprio jornal, em matéria ferina assinada pelo seu host, Nelson Ascher. Foi o suficiente para Vidal dizer que não participaria mais de nenhum evento com a presença dele. Bastante paranoico, o escritor tinha certeza de que Ascher era um aliado de seu arquir-rival Norman Podhoretz, judeu como o jornalista. A *Folha* considerou a decisão de Vidal um ato de interferência na sua autonomia jornalística, mas nunca se deu conta de que não poderia ter deixado o host que a representava como o crítico das palestras do convidado. Poderia manter sua in-dependência e a cordialidade ao mesmo tempo, escalando pessoas diferentes para as duas funções.

Depois de várias festas noturnas, levei Vidal e seu com-panheiro ao sítio de um poeta brasileiro de alta classe. Me disseram que o local era próximo, mas tivemos que percor-rer quase três horas de carro, parte em estrada de terra. Eu estava utilizando um veículo do meu pai — não achava o meu à altura do convidado —, que trazia como novidade os vidros elétricos. Sem saber como operá-los, na metade do trajeto apertei involuntariamente um botão que fechou a janela no braço de Vidal, para desespero de seu namo-rado, que clamava por socorro no banco de trás. Na festa havia, à beira da piscina, uma bancada recém-pintada de verde, onde o desavisado ensaísta se sentou trajando a cal-ça de seu único terno, a qual tingiu no formato dos fun-dilhos. Para complicar, depois da feijoada ele não saía do banheiro, e não era para tentar tirar a tinta da sua calça.

Na festa seguinte pediu-me *"something for the nose"*, e eu achei que ele estava resfriado! Logo depois, viu um fes-teiro que estivera em outra das recepções e me disse: *"No worries, he will know where to get what I want"*.

Com Updike foi tudo mais fácil. Homem extremamen-te gentil e curioso, seu sonho tupiniquim era ver o Cruzeiro do Sul. E foi o que ele fez, no Rio de Janeiro, muito bem acompanhado. Encontrou com Rubem Fonseca, João Ubaldo Ribeiro, Ana Miranda, Sérgio Sant'Anna e vários outros autores numa festa no apartamento de Fernando Moreira Salles, no Flamengo, com vista linda para a Urca. Quis ir a Brasília por um dia. Lá, ao entrar na sombria Catedral Metropolitana desenhada por Niemeyer, me disse: "Luiz, esse é o local ideal para um conto do Rubem Fonseca".

Antes disso, logo ao desembarcar, se queixou de que recebera um upgrade para a primeira classe, pois não estava acostumado com todo aquele luxo. Depois, durante o almoço, passou mal, quase desfalecendo no banheiro do restaurante Massimo. Culpou o luxo durante o voo, mas eu achei que a culpa fora da nossa conversa sobre inflação. Vendo minha preocupação, disse que sabia quais eram os sintomas de um ataque cardíaco — seu herói, Harry Angstrom, o Coelho, morrera, no livro que viera lançar no Brasil, justamente de uma síncope cardíaca. Acrescentou que tinha certeza de não estar sendo acometido por nada semelhante. Me pediu que interrompêssemos o almoço, já que desejava ir para o hotel descansar. Lá chegando, insistiu para que eu o deixasse sozinho e fosse para casa. Antes de sair, reforcei com o concierge a ordem de impedir que subissem ao quarto do escritor enquanto eu não voltasse, dali a pouco tempo. Além disso, deixei com ele a lista dos órgãos de imprensa que entrevistariam Updike naquela tarde. Caso eu não retornasse a tempo, quem não estivesse listado estava terminantemente proibido de lhe falar. Quando voltei, o mesmo concierge, com orgulho, anunciou: "A TV Manchete já está lá em cima". Subi correndo e encontrei John Updike segurando dois coelhos de verdade pelas orelhas e sendo filmado por uma TV que não constava na lista. Ele me perguntou: *"Don't I look better now?"*.

Updike gostou tanto da visita ao Brasil que resolveu escrever um livro com o nome do país no título. Foi quando nossa amizade esfriou, pois tive que fazer observações sobre a acuidade histórica do texto. O autor não gostou muito do que eu lhe disse. Num determinado momento, discutimos sobre o caráter realista ou não do livro, mas no meu ponto de vista o problema não era de gênero literário, e sim de equívocos na cronologia e geografia do livro. Para contestar minhas observações, ele se utilizou do argumento de que produzira um texto inspirado no realismo mágico. Porém, cansado da discussão, e por gentileza, me deixou fazer parte das correções sugeridas. Suponho que o livro foi o maior fracasso da carreira do gentil escritor. Updike não quis mais vir ao Brasil, mas deixou amigos entre os escritores e escritoras que conheceu.

Updike e Vidal tiveram uma relação com o Brasil muito diversa da de Susan. John ficou ligado por um tempo no país. Depois o esqueceu. Vidal, após as gafes em São Paulo, se divertiu no Rio, mas para ele o Brasil foi mais uma parada no tour constante de um escritor globe-trotter. A relação da autora de *Contra a interpretação* foi mais profunda.

Contrariando meu palpite, Susan detestou o Rio de Janeiro e adorou a capital paulista, onde disse ter encontrado intelectuais com leituras e gostos parecidos com os seus.

No Rio, ela realizou seus dois outros desejos relativos ao país. Jantou com Caetano Veloso, de quem ficou amiga. (Uma das últimas saídas dela, antes da recidiva da doença que causou a sua morte, foi para ir a um show do compositor baiano em Nova York. Desde a vinda ao Brasil ela não perdia um.)

A ida ao sítio de Burle Marx, onde o próprio nos recebeu e guiou, foi cheia de emoções. Lá a escritora soube que o paisagista havia feito cenários e figurinos para *Parsifal* de Wagner. Burle Marx mostrou os esquetes para ela, que, de pronto, me ordenou: "Luiz, tive bons encontros aqui, mas gostei mesmo de São Paulo, para onde quero me mudar por um ano. Assim como morei em Tóquio, Sarajevo e Berlim, quero viver na sua cidade. Para tanto preciso de um projeto, e esse projeto será dirigir a ópera de Wagner no Theatro Municipal de São Paulo, com os cenários e figurinos de Burle Marx. Consiga isso para mim".

Ela não percebeu, mas eu gelei. Já começava a sentir que nascia uma enorme amizade entre nós, e mais que isso, uma empatia de gostos literários e musicais. Mas com a sua possessividade seria impossível tê-la morando por perto. Onde eu encontraria tempo para outros autores e para a minha família? Talvez por essa razão nada fiz para que a missão que me impôs, bastante difícil por si só, se concretizasse.

Susan veio uma segunda vez ao Brasil, para promover o seu último romance, *Na América*. Mas o pretexto para a vinda foi um convite da Biblioteca Nacional do Rio de Janeiro para um debate com o historiador Carlo Ginzburg. Juntando a iniciativa da BN com seu novo livro e a sua vontade de voltar para cá, logo estávamos juntos, novamente, no Rio. O debate mediado pela Lili não poderia ter sido mais catastrófico. Não havia linguagem comum entre um acadêmico como Ginzburg e uma intelectual ativista como Sontag, por maiores que fossem os esforços da mediadora. A autora de *Contra a interpretação* saiu do local reclamando do hermetismo do seu colega de mesa, que deve ter desprezado a fala dela como algo superficial para os parâmetros do trabalho historiográfico que preconizava. No entanto, nenhuma crítica ao evento saiu da boca do historiador italiano. Não foi preciso: via-se o desagrado nas suas expressões enquanto a autora norte-americana se pronunciava.

Depois disso, nos vimos algumas vezes em Nova York, e Susan chegou a perguntar sobre seu projeto wagneriano-paulista, mas acho que tergiversei, como no caso da pergunta sobre a Camille Paglia. Nesses encontros, ela geralmente me levava a um de seus pontos favoritos para jantar, sempre muito originais, como um restaurante onde serviam lámen, no East Village, e cuja principal peça de decoração era uma enorme máquina de fazer macarrão, que ocupava quase a extensão toda do recinto. (Tentei voltar lá após a sua morte, mas o lugar não existia mais.)

Certa ocasião Susan soube que eu estivera em Nova York e não a procurara. Reagiu com fúria quando me viu um ano depois, mas, como sempre, a raiva passou logo.

Um pouco antes de ela morrer, dei um grande fora. Mandei um cartão de fim de ano dizendo que tinha certeza de que no ano seguinte tudo estaria bem com ela e que eu ansiava revê-la. Creio que Susan nem sequer chegou a ver meu cartão, mas ele revelava que eu não estava a par da gravidade do seu estado de saúde. Ela faleceu no dia 28 de dezembro de 2004.

Em 30 de março do ano seguinte, foi realizada uma cerimônia de homenagem numa sala do Carnegie Hall. Mitsuko Uchida, uma de nossas pianistas favoritas, e grande amiga de Sontag, executou peças de Beethoven e Schoenberg. Me pergunto se o que ela tocou foi mencionado por Susan no carro, naquela vez em que fomos de Guarulhos para São Paulo. De toda forma, lamento muito não ter tido a iniciativa de ir a Nova York participar da homenagem a uma inesquecível intelectual e amiga.

11. Até onde podemos ir

Não dá para generalizar ou criar uma regra para entender a abrangência que o trabalho do editor pode alcançar. A resposta é tão diversa, muda caso a caso, de acordo com o original em que trabalhamos ou com o relacionamento entre o profissional e seu autor. Há escritores mais abertos a sugestões e outros completamente fechados; ou mesmo casos em que o autor vai mudando sua atitude com os editores através dos tempos.

João Gilberto Noll era muito refratário a mudanças, mas ele estava certo. Seus textos vinham bastante acabados e possuíam uma lógica particular, difícil de ser assumida por alguém exceto ele próprio. Sérgio Sant'Anna mudou com o tempo. Passou, no fim da vida, a aceitar mais intervenções nossas. Alguns de seus contos tardios foram das melhores coisas que fez, mas isso não quer dizer que o efeito, em grande medida, tenha decorrido da atuação dos editores. Entre os primeiros contos ou novelas clássicas, inúmeros saíram praticamente sem intervenção alguma.

Rubem Fonseca, ao contrário, sempre aceitou quase integralmente, e com felicidade, palpites editoriais. Mencionei aqui apenas autores que não estão entre nós. Posso dizer, no entanto, que o diálogo com as várias gerações de escritores com quem trabalhamos muito amiúde é intenso, capaz de resultar em mudanças de passagens do livro ou até do seu formato final. Mesmo neste último caso, nunca atribuo nenhum papel mais significativo a mim ou aos editores da Companhia, pois acredito que a responsabilidade que temos é apenas a de localizar aspectos que já estavam indicados no texto e que, na avalanche da escrita, o autor, por vezes, não pôde encontrar. Atuamos quando há concordância no papel de uma consciência extra, um olhar do autor após o ponto-final, só que dessa feita com visão alheia. É como se tomássemos emprestado o olhar do escritor para depois o devolvermos a ele.

Carlo Ginzburg, em seu livro *Mitos, emblemas, sinais*, diz que o bom historiador usa um sistema indiciário, buscando, como um Sherlock Holmes, detalhes pequenos que podem elucidar a história.[1] O mesmo se pode dizer dos editores: buscamos detalhes escondidos no texto.

Ginzburg começa o seu leque de exemplos do método indiciário com Giovanni Morelli, o grande especialista em avaliar a veracidade dos quadros no século XIX. Morelli buscava suas provas em pormenores, por vezes periféricos às telas estudadas. Para tanto, fez, por exemplo, um estudo detalhado dos lóbulos das orelhas nos quadros de Botticelli.

Dizia que os sorrisos das obras de Da Vinci pouco lhe serviam, assim como os famosos olhos erguidos para os céus nas pinturas de Perugino.

Sigmund Freud é o outro autor citado pelo historiador italiano, já que em sua teoria propõe partir dos sintomas para alcançar o conhecimento profundo da alma humana. Morelli e Freud, além do personagem de Conan Doyle, serviriam de exemplos para descrever o trabalho dos editores, debruçados nos detalhes para chegar ao sumo de uma obra de literatura.

É importante dizer que nunca leio os livros sozinho, divido a tarefa com um editor ou uma editora. Assim, a primeira leitura de um original é resultado de trabalho que será, a partir desse momento, cada vez mais coletivo.

Já demos sugestões que geraram o retrabalho do livro por muitos anos. No entanto e pelo contrário, há observações nossas que os autores resolvem em poucos minutos. A escolha derradeira é sempre deles. Dois anos ou algumas horas são fruto da opção frente às nossas colocações. Não há, de forma nenhuma, participação na autoria dos livros, e mesmo em casos de sugestões substanciais nossa importância deve ser sempre relativizada. Pode parecer contraditório, mas somos apenas os primeiros leitores de um texto, nos colocando na pele do escritor, depois de meses ou anos de trabalho individual. Agimos como uma extensão natural da mente dos criadores.

Pensamos, ao mesmo tempo, como alguém a quem o livro se destina. E nos perguntamos como o leitor reagirá ao texto. Essa é uma questão constante durante a nossa leitura. Dois polos, duas fidelidades.

Durante a elaboração de um livro, nem sempre é fácil ter toda a clareza sobre o que se está realizando. Nesse sentido, somos dublês dos autores e autoras, ou uma encarnação generosa deles, num momento posterior ao ponto-final. Por isso as colocações nunca podem ser peremptórias, por mais necessárias que se façam. E esse poder de sugerir ou intervir não deveria alterar nossa simplicidade perante a vida ou a literatura. O mérito é integral dos autores, cujo olhar tomamos emprestado, antecipando tantos outros olhares que surgirão a partir da publicação do livro.

Há alguma importância no trabalho dos editores para que se chegue à versão final de um livro? Creio que muitas vezes sim, mas é sempre um mérito indireto, remoto e que deve restar à sombra. A autoria continuará intacta, o escritor assina a versão final de seu livro, mas um primeiro leitor qualificado pode ajudar bastante. Este recupera a lógica original do texto e o devolve ao autor, com anotações à margem. O local onde damos nossas sugestões revela o alcance da nossa participação. Já vimos que uma página de livro é um espaço simbólico. Assim, a margem que pertencerá ao leitor, junto com as entrelinhas, é ocupada, temporariamente, pelos editores.

Como contraste vejamos a definição de Milan Kundera sobre a arte que se encontra nos romances — ou na literatura, por extensão. Ele diz em *A arte do romance* que o romance mantém o "mundo da vida" sob a iluminação perpétua e nos protege contra o esquecimento do ser.[2] Ainda segundo o escritor, "o romance conhece o inconsciente antes de Freud, a luta de classes antes de Marx, ele pratica a fenomenologia [...] antes dos fenomenólogos".[3] Por concentrar em si a sabedoria da incerteza, o romance é a forma mais profunda de conhecer o ser no mundo moderno.

Não posso concordar mais com o escritor tcheco. Com essa noção da grandeza da literatura, temos que aproveitar e perguntar mais uma vez aos colegas editores: afinal, qual a abrangência do nosso papel e de que lado mora a arte?

Assim, precisamos encontrar a legitimidade para tratar de algo tão grandioso e pessoal, e fazemos isso como representantes dos leitores, que entrarão a seguir nessa história. Quando o livro se prepara para ir a mercado, passamos para o papel contrário. Representamos os autores, em todos os seus interesses, perante a crítica e o público em geral. Desse modo, emprestamos o olhar dos leitores e, como já disse, o dos escritores em diferentes momentos da trajetória de um livro. Para que a vida comum, dos dois lados que importam na história do livro, tenha a fluência necessária.

Quando trabalhamos num original, cria-se uma relação profunda entre nós e os autores, que, em muitos casos, pode ser comparada a um casamento, com toda a sua complexidade. Max Perkins, que já mencionei neste livro, dizia que Thomas Wolfe era como o filho que nunca teve — o editor era pai de cinco filhas. No entanto, a relação dos dois misturava o paternalismo citado por Perkins com alguns aspectos da relação típica de um casal. Assim, o fim do relacionamento entre eles pode tanto parecer a história de um filho querendo se libertar do pai como a de um amante buscando se livrar do seu par, de quem tanto depende ou dependeu. Embora Perkins tenha tido uma participação importante na vida e na obra de Scott Fitzgerald e de Ernest Hemingway, além de muitos outros autores, nenhuma se compara com o vínculo que o grande editor desenvolveu com Thomas Wolfe.

Foi, em certa medida, a partir dessa história que se criou o mito do editor norte-americano, um profissional superinterventor e com participação ativa na confecção dos livros. Uma cena bastante citada é a de Perkins e Wolfe fechados todas as noites, por meses a fio, numa sala onde o escritor datilografava novas páginas para completar a trama de seus livros, previamente cortados por Perkins. Segundo o folclore editorial, essas mesmas páginas eram jogadas desordenadamente no chão e depois recolhidas por Perkins para serem, então, decupadas e montadas em outra ordem, e com novos cortes, compondo assim o texto final. É claro que se trata de um exemplo extremo. São poucos os autores prolixos e caóticos como Wolfe, da mesma maneira que já não há editores com o talento e a dedicação de Perkins.

Além disso, tal fama atribuída aos editores norte-americanos nem sempre é justificada. Atualmente, muitos editores dos Estados Unidos ou de outros países sugerem poucas mudanças nos originais, sobretudo de autores consagrados, que passaram a ter como interlocutores privilegiados e primeiros leitores profissionais seus próprios agentes literários, já que estão pouco dispostos a enfrentar os editores com críticas ou a requisição de mais trabalho criativo. Os agentes, por seu turno, contribuem bem menos do que deveriam, com medo de melindrar seus representados. Assim, sobram nos dias de hoje autores famosos, enquanto faltam editores com iniciativa. Evidentemente, existem exceções. No caso da edição do meu livro, *O ar que me falta*, nos Estados Unidos, tive a sorte de contar com um editor, Scott Moyers, que honra a escola de Max Perkins.

Nos poucos e volumosos livros de Wolfe, Perkins, de fato, teve papel único. Montou, a partir de material bruto, e formatou, com base no caos criativo do tumultuado escritor, textos que marcaram a cultura norte-americana. Scott Berg,[4] o biógrafo do editor, conta que os originais das obras de Wolfe eram tão extensos que, numa ocasião, a Scribner teve que buscá-los com uma caminhonete. Para que o primeiro livro do autor, intitulado *Look Homeward, Angel*, viesse à luz, Perkins trabalhou meses, cortou e cortou, arrumou o texto pedindo a Wolfe emendas que conferissem sentido à obra. Isso resultou num volume de 1100 páginas. No caso do segundo livro, que em sua primeira versão tinha um milhão de palavras, os dois trabalharam juntos no escritório do editor, seis noites por semana e não por poucos meses. Perkins via mais o "lobo solitário" — apelido que cunhou para Wolfe, em alusão ao seu sobrenome — do que sua própria família. O milhão de palavras de *Of Time and the River* foi reduzido a 450 mil, e o romance acabou sendo publicado quase à revelia de Wolfe, que ainda queria melhorar o texto. O escritor, dessa vez, tinha razão, pois na pressa final escaparam mais de duzentos erros de revisão e de continuidade.

Além de trabalhar por anos em dois originais imensos, o editor da Scribner assumiu a responsabilidade de resolver a vida amorosa e emocional do seu autor, incentivando-o continuamente a não abandonar tudo. Perkins seguiu Wolfe em longas bebedeiras e périplos por bares de Nova

York ou nas cidades em que se encontravam. Em duas ocasiões teve que acompanhar um dos passatempos preferidos do "lobo solitário": voltar aos apartamentos onde escrevera suas obras-primas, mesmo que para acessar esses locais fosse necessário subir pelas escadas de incêndio e pular a janela. Eram moradias ocupadas por terceiros. Entraram em apuros em alguns casos.

Com tudo isso, o amor entre duas pessoas tão diversas quanto complementares terminaria em briga — com um rompimento unilateral; claro, por parte de Wolfe. Antes de se afastarem, o autor de *Look Homeward, Angel* dedicará a Perkins seu segundo livro, *Of Time and the River*, num parágrafo afetivo que o editor gostaria de ter rejeitado, por duas razões: em primeiro lugar, por modéstia, mas também por pressentir que aquela dedicatória representava um sinal de que, em seguida, Wolfe iria se voltar contra ele. O "lobo solitário" já havia feito isso com Aline Bernstein, uma mulher mais velha que Wolfe teve como amante por vários anos e que fora muito importante em momentos difíceis da vida do escritor.

Numa relação tão peculiar, em que há uma entrega ilimitada por parte do editor e na qual este tem a obrigação de se tornar invisível, a chance de problemas e rompimentos futuros é enorme. Há ainda a dificuldade de alguns autores em reconhecer que um editor, muitas vezes mais jovem — esse não é o caso de Wolfe e Perkins —, assuma um papel tão paternal e protetor na vida deles.

A reverência à importância do autor e do leitor — como os polos que devem, de fato, ter voz na cadeia de edição de um livro — gera uma obrigação de modéstia por parte dos editores que sem dúvida é fundamental para o exercício da função. Quando é o editor quem não aguenta o anonimato ou não possui o temperamento necessário à função, o problema caminhará inexoravelmente para uma só direção. Por não saber cumprir o seu papel de intermediário e não conseguir controlar seu ego, o profissional em questão perderá o principal patrimônio da sua editora num prazo curto. Verá seus autores partirem, procurando um local onde a competição se dê entre iguais e não entre editor e editado. O curioso é que com frequência a dificuldade vem da parte dos autores, já que aceitar a entrega de um editor nem sempre é fácil. Implica o exercício da modéstia e o espírito de colaboração, justamente numa arte produzida de modo individual, no recôndito da mais profunda solidão. Foi esse o caso de Wolfe com Perkins. O escritor se voltou contra o pai, ou contra o amante, de quem não suportava mais receber tanto.

É interessante pontuar que perguntaram a Perkins, em mais de uma ocasião, por que ele nunca pensara em se tornar escritor, depois de um trabalho criativo tão intenso junto a seus autores. A resposta veio fácil e direta:

"Porque sou editor!"

No entanto, não há muitos exemplos como esse, de que tratei aqui quase à exaustão. Talvez não tenha havido tantos Perkins através dos tempos, espalhados pelo mundo editorial.

É famoso o caso dos contos de Raymond Carver, fortemente editados por Gordon Lish, da editora Knopf, durante as décadas de 1960 e 1970. Quando se publicou o livro *What We Talk about When We Talk about Love*, de 1981, o autor se rebelou contra o volume de intervenções de Lish.

Pelo estilo de sua obra, Carver foi considerado um dos expoentes do minimalismo na literatura. Porém, isso talvez se deva menos ao estilo de Carver do que à enorme quantidade de cortes realizados pelo editor. Uma edição integral do livro citado, sem a intervenção de Lish e organizada por dois professores da Universidade de Hartford, William L. Stull e Maureen P. Carroll, foi lançada em 2009 nos Estados Unidos e no Brasil.[5] As opiniões se dividem, sendo grande o número dos que preferem o escritor inventado pelo editor. Há, contudo, questões éticas na imposição de alterações tão profundas num livro, com ou sem a anuência do autor. Certamente Carver aprovou o texto final na ocasião, mas depois se arrependeu, tendo publicado, em 1988, uma coletânea com alguns contos na versão que julgava melhor.

Alberto Manguel questiona, num artigo incluído em sua coletânea de ensaios intitulada *No bosque do espelho*, se a participação de um profissional, nos moldes de Perkins, é favorável aos livros. Manguel — escritor com quem tendo sempre a concordar — não apenas fala do editor de Fitzgerald, mas destaca o caso dos versos que Ezra Pound, enquanto editor, eliminou do grande poema épico de T.S. Eliot *The Waste Land*. Com base nos trechos suprimidos, Manguel afirma preferir o poema de Eliot em sua forma original. Ao optar por esse exemplo e apoiar-se com bons motivos na postura intelectualmente frágil de alguns editores da atualidade, o ensaísta argentino deixa um pouco de lado o que de melhor um editor pode dar aos seus autores: a entrega total, desde a mais minuciosa leitura até a resolução de problemas muitas vezes externos à literatura. É bem verdade que um editor cheio de vontade autoral pode atrapalhar livros que dele não precisam. A empáfia com que diversos colegas encaram a profissão é preocupante. O embaraço de Carver é um exemplo. Mas procuro partir dos bons trabalhos editoriais e defender quem sabe desempenhar a profissão com plenitude e sensibilidade. Mesmo assim, é interessante ouvir o argumento provocador de Manguel, pois na história dos livros há casos de todos os tipos.

Os versos cortados por Pound no poema de Eliot me fazem lembrar que este último, depois de breve experiência na vida bancária, foi convidado por Geoffrey Faber a se transformar em editor da Faber & Faber, cargo que exerceu por muito tempo. Não conheço histórias sobre o Eliot editor, a não ser a famosa recusa dos originais de *A revolução dos bichos* de George Orwell. Na Faber ele foi majoritariamente um editor de poesia, mas acabou, de forma involuntária, tendo papel fundamental para que a sua editora vivesse muito bem, por décadas a fio, como uma das grandes editoras independentes do mundo. O futuro da Faber foi garantido no momento em que Andrew Lloyd Weber, o mago dos musicais da Broadway, muitos anos após a morte do editor, resolveu levar para os palcos um livro de poemas sobre felinos escrito por Eliot, assim criando *Cats*, o musical de enorme sucesso mundial que foi exibido por dezoito anos na Broadway. A Faber & Faber manteve-se independente num ambiente dominado pelas grandes corporações e com parte de seus ganhos, até poucos anos atrás, vindo dos royalties oriundos da bilheteria de *Cats*, pagos diretamente à editora.

Há ainda uma anedota curiosa acerca dessa importante editora inglesa. Geoffrey Faber era inicialmente sócio de

Sir Maurice e Lady Alsina Gwyer na Faber & Gwyer. Com a saída da família Gwyer, ele rebatizou sua editora com dois Fabers em vez de um. Segundo a lenda, George teria feito isso para dar a impressão de que tinha outro sócio, em quem poderia jogar a culpa por recusar os originais que ele decidisse não publicar.

De volta ao tema do capítulo, me ocorre que muitos rompimentos acontecem porque não há mais tanta empatia entre a obra do autor e a linha da editora em questão. Também como numa relação amorosa, o editor acostumado à entrega quase incondicional aos escritores não percebe que seu amor já não é o mesmo e continua desejando publicar a obra do autor. Quer mantê-la, menos pelos livros que estão por vir do que pelo que já foi feito em comum. Ou em razão do ciúme de ver seu autor em outra editora, onde, eventualmente, obterá mais êxito do que o que ele teria conseguido proporcionar. É difícil para o editor reconhecer que o tesão murchou, ou que este depende mais do passado que do presente. Esse talvez seja um dos motivos por que boa parte dos rompimentos se dê por iniciativa do autor. Não estou me referindo aqui a rompimentos puramente comerciais, que sucedem por iniciativa dos dois lados. A separação é dolorosa, mas o dia seguinte pode não ser tão difícil como o imaginado pelo editor. Em muitos casos, a literatura já havia abandonado o casal, não havendo nenhum outro desejo capaz de mantê-los unidos para todo o sempre.

12. Zé Rubem

Rubem Fonseca já era meu ídolo quando ocorreu nosso primeiro encontro, uma noite histórica para mim, sem dúvida. Depois, o que construímos juntos foi crucial para minha trajetória, como profissional e como ser humano. Por isso nosso rompimento foi tão triste.

Não sei se tive contato tão frequente com algum outro autor da Companhia das Letras. Duvido que tenha pedido a alguém tantos conselhos literários. E o que recebi dele foi sempre muito mais do que pedi.

Certa vez, nos vimos nos corredores da Feira de Frankfurt, antes de a Companhia das Letras existir. Rubem ajudava o proprietário da Francisco Alves, realizando um trabalho de busca de novos livros, coisa que nunca vi nenhum escritor fazer. Mas nessa ocasião apenas nos cumprimentamos nos corredores.

O primeiro encontro de fato se deu na festa que a agente espanhola Carmen Balcells ofereceu para Isabel Allende numa sala privada do Copacabana Palace. Lá foram montadas duas mesas redondas, em cada uma das quais cabiam cerca de dez pessoas. Numa, tudo girava em torno da autora e, na outra, o centro era a famosa agente literária, que representava, além de Isabel Allende, García Márquez, Vargas Llosa, tantos outros autores espanhóis, latino-americanos e brasileiros, entre eles Rubem. Carmen me sentou ao lado dela, o que foi uma grande deferência. A Companhia não havia publicado nenhum livro até aquela data. É certo que a lista dos primeiros títulos a sair do prelo já estava definida, e a imprensa tinha conhecimento deles, pois, desde o anúncio do nascimento da editora, cobria cada passo que dávamos. Por iniciativa própria, repórteres dos jornais e revistas ligavam para saber quais seriam as nossas primeiras apostas. Carmen me conhecia da época da Brasiliense. Ela gostava da boa comida e, em suas vindas a São Paulo, eu a convidava para almoçar no Massimo, o restaurante de sua predileção na cidade. Ela apoiou muito minha nova editora, a ponto de me convidar para aquele jantar exclusivo.

Eu não tinha nenhuma intimidade com a maioria dos presentes, que deviam saber apenas superficialmente quem eu era pela divulgação do meu nome quando as coleções de bolso da Brasiliense estouraram. Além disso, foi amplamente difundida a filosofia editorial que estava por trás do que viria a ser a Companhia das Letras. A ideia de que o mercado estava pronto para receber uma editora de qualidade radical foi tratada pela primeira vez numa matéria grande, na contracapa da Ilustrada, caderno da *Folha de S.Paulo*. A repercussão foi muito acima do que eu esperava.

À mesa, também ao lado de Carmen, foi sentado o presidente da Record, na época o editor brasileiro com maior capital de relações internacionais, e que me fora apresentado por Caio Graco numa Bienal do Livro. Alfredo merecia a reputação de "o Rei do Brasil", conferida a ele pelos agentes literários estrangeiros. Publicava majoritariamente livros comerciais, misturados com clássicos brasileiros, como Jorge Amado e Graciliano Ramos. Era um gênio do metiê. Me senti muito lisonjeado com a posição em que fui colocado. Eu devia ter menos da metade da idade de Machado. O mais importante, porém, é que à mesma mesa, além de Zé Rubem (como o chamavam os próximos), estavam dois de seus grandes amigos, Zuenir Ventura e Sérgio Augusto. Já naquela ocasião eles eram estrelas do jornalismo nacional. Eu nunca havia sido apresentado a Zuenir, com quem logo desenvolvi uma relação de muita fraternidade, mas era próximo de Sérgio Augusto desde meu antigo emprego. A presença do presidente da Record não impediu que a Companhia e meus futuros planos fossem o centro das atenções à mesa, ou, ao menos, no canto direito desta, onde estavam os três amigos.

Só algum tempo depois daquela noite Fonseca ficou sabendo que o meu sonho era ser seu editor, coisa que eu dividira com a Lili e mais ninguém. Se falasse publicamente, seria tido como pretensioso. Eu tinha apenas trinta anos, demasiada energia de trabalho, alguma fama e muita convicção no projeto da Companhia das Letras. A ambição, no entanto, era moderada. Meu plano consistia em erguer uma casa editorial de livros de longa duração, sem grandes sucessos nem grandes fracassos. A linha editorial fora discutida por meses com a Lili. Amigos de origens completamente diferentes opinaram, entre eles Rodrigo Naves, Ruy Castro, Francisco Foot Hardman — que sugeriu a publicação de *Tudo que é sólido desmancha no ar*, um de nossos primeiros e inusitados best-sellers —, Marilena Chaui, Matinas Suzuki Jr. e Caio Túlio Costa. Augusto de Campos deu enorme apoio ao início da editora. Gilda de Mello e Souza nos brindou com sua joia, *O espírito das roupas*. A ideia de publicar o ensaio surgiu das inesquecíveis conversas com ela e Antonio Candido na vila de casas onde moravam. José Paulo Paes, Laura de Mello e Souza, Michael Hall, Silviano Santiago, Roberto Schwarz, Davi Arrigucci Jr., Celso Lafer e Leyla Perrone-Moisés, entre tantos outros intelectuais e escritores de peso, também apoiaram a jovem editora.

Rumo à estação Finlândia me havia sido indicado por Paulo Sérgio Pinheiro quando eu ainda estava na Brasiliense. Caio não quis editá-lo, por causa do tamanho. Guardei-o na gaveta. Poucos meses depois do jantar, saíam os primeiros quatro títulos, para minha surpresa com bastante sucesso. Além do livro de Wilson, *O anticrítico* de Augusto de Campos e a coletânea de poemas de Auden foram reimpressos rapidamente. O romance de Bernard Malamud, *A graça de Deus*, que na minha opinião iria ser o mais vendido, não foi tão bem. O destaque ficou mesmo com a história do socialismo narrada pelo notável crítico norte-americano, que vendeu mais aqui do que no seu país de origem e permaneceu em primeiro lugar nas listas de mais vendidos por longo período, espalhando o nome da Companhia das Letras pelo país. Mais à frente, Roger Straus, proprietário da Farrar, Straus and

Giroux, quis conhecer o jovem brasileiro que conseguira essa venda para o autor por cujo espólio era responsável e que fora seu grande amigo.

Mas, antes de tudo isso acontecer, eu já sonhava com a vinda de Rubem Fonseca para a editora. Pensava nessa vinda como algo a ocorrer em tempo longínquo, ou como uma ambição irrealizável.

Assim, com apenas o meu passado na Brasiliense e a expectativa favorável à nova editora, foi uma surpresa que a conversa girasse em torno da Companhia das Letras naquela parte da mesa. Tudo começou porque, sabendo do gosto literário de Rubem, comentei que publicaria *O mundo das maçãs e outros contos* de John Cheever e o romance *Ruído branco* de Don DeLillo. Ali pude testemunhar que o autor de *Feliz ano novo*, famoso por ser recluso, era um homem exuberante com os amigos, alguém que falava com entusiasmo e generosidade ao se dirigir a todos os seus interlocutores. Nesse sentido, a fama de misantropo que o escritor carregava não era totalmente correta. Nunca irei presenciar um momento de rabugice ou em que José Rubem se mostrasse ranzinza e emburrado. Por outro lado, seu contato social sempre se dava em grupos pequenos. Mesmo assim ele se considerava um misantropo. Costumava citar o cineasta Ingmar Bergman, que tinha essa mesma condição. Segundo o escritor, Bergman definia os misantropos como pessoas que se apaixonavam com facilidade, e por isso se protegiam do contato humano. Zé Rubem sem dúvida se apaixonava com facilidade.

Com a informação de que *Ruído branco* sairia pela Companhia, ele quase me desafiou. Não acreditava que no Brasil alguém conhecesse o romancista norte-americano, o qual para ele era um segredo literário bem guardado. A partir daí, o seu jeito expansivo e caloroso contagiou a mesa: "Esse cara vai editar o Don DeLillo. Ele vai editar o Cheever, porra!". Em seguida, as perguntas não paravam, e eu precisaria ter um número muito maior de livros comprados para dar conta de tanta curiosidade. Saí do jantar extasiado. Desci as escadas do Copa e encontrei Carmen Balcells fazendo as honras em frente ao hotel e se despedindo dos convidados. Passei por ela e na cara dura falei:

"Neste jantar estava um autor que sonho muito publicar."

"Quem?", ela perguntou, logo mencionando o nome de outra pessoa presente.

"Com todo o respeito, não. Meu sonho é o Rubem Fonseca."

"Uma pena, Luiz, ele é grande demais para você."

Embriagado sem ter bebido mais que uma taça de vinho, fui a pé para o meu hotel, o finado Ouro Verde, com a sensação de ter vivido uma noite que iria mudar minha vida. Eu estava certo.

Na sequência, Sérgio Augusto escreveu sobre o jantar em sua coluna, então hospedada na *Folha de S.Paulo*. Ele comentava a noitada dizendo que uma jovem editora concentrara as atenções durante o evento. De fato, essa crônica inesperada se juntava à cobertura constante dos jornais sobre a tal casa de publicações ainda inédita. A matéria inaugural saíra na contracapa da Folha Ilustrada, com uma chamada muito favorável. O público que consumia os bons livros da Zahar, Nova Fronteira, Civilização Brasileira, Brasiliense, Record e Martins Fontes, entre outras, vibrou com a proposta de uma empresa de qualidade radical, com o prometido cuidado que eu anunciava pretender agregar aos mínimos detalhes de cada produto. Eu deixava claro que minha proposta não tinha nada de inovadora, apenas aproveitava o melhor que cada um dos ótimos editores brasileiros faziam na época. A recepção, no entanto, foi diferente. Não reproduzia a minha visão comedida, exaltando a Companhia das Letras como algo verdadeiramente novo. Vários colegas, antipáticos ao projeto, alardeavam que minhas qualidades eram de divulgador e não de editor. Não ouviam quando eu fazia justiça à história do livro no Brasil e citava muitas das editoras que antecederam a Companhia. Tampouco davam valor ao que eu criara com o Caio Graco Prado na Brasiliense.

Em meio a essa cobertura "favorável", houve casos desagradáveis, como uma matéria no Caderno 2 que me colocava abaixo da manchete "Em busca do melhor", enquanto a meu lado aparecia uma foto do Caio sob o título "Na rota do McDonald's". O motivo da chamada sacana era um projeto de franquia de livrarias que a Brasiliense lançara, ideia pioneira que infelizmente não deu certo. Cometi um dos maiores erros de minha vida ao não mandar um bilhete empático ao meu ex-chefe. A essa altura, ele não falava mais comigo, mas mesmo assim errei feio deixando de me solidarizar com ele em relação àquela sacanagem do então editor do suplemento cultural do *Estadão*, que viria a se tornar editor de livros. Nunca foi meu propósito falar mal do meu antigo local de trabalho, muito menos desmerecer o grande amigo e mentor.

Não me conformei com a negativa de Carmen Balcells, e poucos meses depois enviei ao Rubem Fonseca os quatro primeiros livros da editora. Eles foram lançados numa festa no Museu da Casa Brasileira. A noitada se deu concomitantemente com uma celebração da campanha de Fernando Henrique Cardoso a senador, no Pinheiros, clube situado no outro lado da rua do Museu. Por isso, nós que esperávamos cem a duzentos convidados, recebemos mais que o dobro. As pessoas saíam do evento político e atravessavam a rua para prestigiar a jovem editora. A Lili teve que ir correndo comprar mais comida com minha então secretária Gisela Creni, que trabalha até hoje na Companhia, agora como profissional do Departamento de Produção.

Consegui o endereço do tão cobiçado autor com Zuenir Ventura. Mandei um bilhete simpático, esperando a reação de Rubem às minhas observações sobre o acabamento dos livros. Cara de pau, mas deu certo. Algumas semanas depois chegou, pelo correio, uma carta dele na qual comentava a escolha da tipologia dos livros e outros detalhes da produção gráfica. Mais à frente, Don DeLillo, para minha enorme surpresa, faria algo menos detalhado mas semelhante.

Foi a isca que eu esperava para escrever ao autor que todos achavam inalcançável. Na missiva eu dizia que havia falado com a agente dele mas não me conformava com o fato de que Balcells não via chances de a Companhia das Letras vir a editar seu novo romance, que diziam estar a caminho.

Passado um tempo e sem resposta, recebi um telefonema do meu amigo José Onofre, que substituíra o antigo editor do Caderno 2. Ele me dizia estar circulando entre os jornalistas a informação de que Rubem Fonseca fechara novo contrato com a editora Francisco Alves, e que um livro inédito deveria sair brevemente. Não tive dúvida e escrevi uma nova mensagem ao Zé Rubem. Dizia que havia muitos bons editores no Brasil, que não me julgava melhor que ninguém, mas que garantia que nenhum dos meus colegas gostava da obra dele como eu.

Cantada tão descarada eu só dei no Chico Buarque, a quem Zé Rubem me apresentou tempos depois. Eles eram consogros na época e eu já me tornara editor do grande ficcionista. Foi engraçadíssimo esse primeiro encontro a três, com Rubem exuberante, sempre dizendo o quanto os seus amigos eram geniais. No caso ele bradava: "Chico, você é um poeta, porra! Tem que publicar suas letras e escrever um romance, caramba". E declamou, para o embaraço do Chico, a letra de "Pedro pedreiro". Eu, quieto no meu canto, sentia medo de que tudo iria por água abaixo, por causa do jeito de Rubem ao elogiar os outros com efusão, enquanto Chico silenciava, encabulado.

Para me aproximar do Chico, me ofereci como goleiro para as peladas no Centro Recreativo Vinicius de Moraes, durante a semana, nas quais, eu sabia, faltavam arqueiros. "Se você não quiser um editor, me apresento como goleiro." De fato, mais tarde tomei a ponte aérea algumas vezes, para catar no gol e depois trabalhar com o Chico, inicialmente no livro com suas letras completas. Ganhei nesses jogos os apelidos de Aranha ou de Cejas — goleiro argentino que jogou no Santos e era meu grande ídolo.

* * *

Pouco depois da minha segunda carta, Rubem me escreveu marcando um encontro em seu apartamento. Fui para o Leblon mal contendo a emoção. Théa, sua mulher, me recebeu, ofereceu-me um chá e disse que ele não estava. Logo em seguida, vendo minha expressão, completou: "Ele foi à casa de um amigo imprimir o original, pois nossa impressora pifou. Por favor, sente-se aqui na biblioteca, ele logo vem".

Esperei por uma boa hora, achando aquilo tudo muito promissor. Quando Rubem chegou, com o calhamaço na mão, foi de pronto me dizendo: "Está aqui, *Vastas emoções e pensamentos imperfeitos*, meu novo romance, se gostar é seu". Tomando fôlego, perguntei como ele queria fazer com respeito a Carmen Balcells. Soube então que ela não era mais sua agente, que ele a dispensara da representação no Brasil. Preferia lidar direto comigo. Como adiantamento, queria receber antes da publicação os royalties da primeira edição completa, assim evitaríamos no futuro uma discussão caso a caso. Seria sempre assim. Confesso que esperava uma requisição bem maior. Meu queixo caiu. Eu apenas balbuciava. Temi que o escritor se arrependesse de entregar a obra a um editor que desaprendera a falar. Na saída, já esperando o elevador, eu disse: "Zé Rubem, se, no futuro, desejar que a Companhia edite algum livro já publicado, estamos à disposição". Ao que ele respondeu: "Acho que não fui claro, é tudo seu. Cada livro que se esgotar na atual editora passará para a Companhia das Letras".

Entrei num táxi na Delfim Moreira e com a janela aberta, socando o ar o caminho todo e gritando YES, UAU, URRA, CARALHO e outros grunhidos extáticos, fui para o mesmo hotel de sempre. Com certa vergonha, digo que me senti, naquele momento, como um paulista que se apossara do mundo literário carioca, o novo "Rei do Rio". Mais à frente muitas obras carioquíssimas viriam para nós: Vinicius de Moraes, Nelson Rodrigues, todos os livros de não ficção sobre o Rio ou sobre personagens cariocas de Ruy Castro, entre tantos outros. Cheguei a me considerar um editor carioca, apesar de tanta hostilidade por parte dos editores daquela cidade.

Varei a noite lendo o novo original. A transposição da história de um misterioso manuscrito de Isaac Babel para terras cariocas era garantia de diversão erudita, típica do trabalho do escritor como romancista. Adorei. Na volta a São Paulo procurei o famoso designer Hélio de Almeida para realizar o projeto gráfico do livro e da coleção das obras completas de Rubem Fonseca. Foi o início de uma relação de trabalho que deu muitos frutos para a Companhia das Letras. O desafio era fazer capas tipográficas, sem ilustrações realistas, uma das poucas exigências do autor, além de uma diagramação caprichada para seus livros. Precisávamos da ousadia tipográfica para agradar o leitor e o escritor ao mesmo tempo. Creio que conseguimos. *Vastas emoções* foi um grande sucesso comercial, e também uma vitrine da Companhia para outros autores nacionais.

Na ocasião da publicação desse livro, recebi um telefonema de um jornalista da *Veja*. O motivo era a disposição da revista em dar uma capa com o escritor, antes do lançamento do romance. Eu disse à pessoa que me ligou que isso era impossível, Rubem não dava entrevistas e ponto-final.

"Ele não precisa falar conosco, Luiz, precisamos apenas fotografar o apartamento dele e qualquer informação a mais, talvez a marca do carro que ele usa, por exemplo." A estratégia era aparentar que tinham entrevistado o escritor recluso, mesmo sem tê-lo feito.

Perguntei então qual argumento eu deveria usar para convencê-lo. "Daremos uma capa da revista, pois ele é o maior escritor do país." Tomei coragem e fui falar com Rubem. Lembro bem da cena na biblioteca dele. Bastante sem jeito, transmiti o convite. Uma capa da *Veja* representava muita coisa comercialmente para uma editora que já havia crescido mas ainda não era grande. A resposta veio rápido. A voz do escritor ficou mais grave, quase cavernosa, e olhando para baixo ele disse:

"Luiz, eu sou um grande filho da puta, tenho o direito de fazer isso com meu dinheiro, mas não com o seu. Mesmo assim, não atenderei a *Veja*. Se fizer com um, terei que fazer com todos."

Passei a admirá-lo ainda mais depois dessa atitude, que reforçou nossa amizade. Por vingança, a revista semanal deu apenas uma resenha, com um trecho em que dizia que muitos podiam considerá-lo o melhor escritor do país, mas que isso não fazia sentido; por que comparar sua obra com a de João Gilberto Noll entre outros? A afirmação anterior, feita para seduzi-lo, inverteu-se com a recusa do autor em falar com a revista, que criticava negativamente o livro.

* * *

No começo da editora publicamos somente livros de autores estrangeiros. Apenas *Garotos da fuzarca* de Ivan Lessa fora lançado por nós no primeiro ano da Companhia. Fui criticado por isso, pelo mesmo jornalista que havia me colocado em oposição a Caio Graco. Respondi dizendo que tinha ética suficiente para não sair abordando escritores e escritoras vinculados a outras casas. Se não tivesse ética, também não teria dinheiro para bancar essas apostas. Assim, o fato de nos primeiros anos da Companhia autores como Rubem Fonseca e Moacyr Scliar terem apoiado a editora foi fundamental.

A esse início da minha relação com Zé Rubem seguiu uma grande amizade. O escritor passou a dar seu parecer sobre livros novos que nos eram enviados pelos agentes, além de sugerir, com entusiasmo, autoras como Ana Miranda e Patrícia Melo. Ele era o escritor mais procurado pelos jovens autores, mas filtrava muito as suas indicações. Com essas duas autoras tinha intimidade, e certamente as ajudara nos primeiros originais, com sugestões de verdadeiro mestre. Cada uma a seu tempo, Ana e Patrícia formaram uma trinca conosco, e a crescente amizade que eu tinha com Zé Rubem se estendeu a elas. Sempre que ia ao Rio, eu visitava meus dois mestres, Jorge Zahar e Rubem Fonseca. Da rua México, onde ficava a editora Zahar, eu ia direto ao apartamento de Rubem no Leblon. Com a Ana e depois com a Patrícia almoçamos muitas vezes no antigo Antiquarius, que ficava a uma quadra da casa do exímio contista.

A primeira sugestão de um livro de autor nacional que Rubem nos deu foi *Boca do Inferno* de Ana Miranda. A indicação veio com a ênfase costumeira, e Zé Rubem mais uma vez estava certo. O romance era um *page-turner*, muito bem escrito, e a erudição sobre Gregório de Matos na Bahia colonial, leve e saborosa. A reação da imprensa ao lançamento do livro foi extremamente favorável, e me ocorreu a ideia de tentar vendê-lo para o exterior. Traduzi as resenhas — uma delas o comparava com *O nome da rosa* e fora escrita por Roberto Pompeu de Toledo, um dos grandes jornalistas da época. Encomendei uma versão do primeiro capítulo para o inglês e com isso procurei uma agente alemã, Ray--Güde Mertin, que trabalhava com autores de língua portuguesa. Em seguida, começamos a espalhar *Boca do Inferno* pelas editoras daquele país, antes da Feira de Frankfurt. Todas obtiveram pareceres bastante positivos do livro. A seguir, o que se deu foi uma explosão típica daquele evento, onde os editores ouvem falar de algo e, sem ler, saem para comprar os livros badalados. Um fica sabendo que um outro leu o parecer das editoras alemãs, e se põe no encalço desse que seria o "livro da Feira". O editor daquele país respeita o colega e, só com base na dica, vai atrás do original que quase ninguém leu. E repassa a informação a outros editores. Assim se forma uma verdadeira bola de neve. A postura dos editores e editoras nas feiras, em especial nos encontros sociais noturnos que acontecem freneticamente durante a semana, são uma grande demonstração de vaidade, algo que nos aparta do tratamento que devemos dar aos artistas que representamos. Em tais encontros um enorme espelho se coloca na nossa frente. Quando falamos com um colega numa festa, a bajulação mútua é a regra. Nos enxergamos no outro, que por seu turno afirma ebriamente nos admirar. Onde ficam os autores e autoras nesse momento? Esquecidos. Somos os donos do poder de escolher quem será editado, e as feiras são locais privilegiados da exibição desse domínio.

Apesar de a Companhia ter começado em 1986, talvez eu possa dizer que meu batismo de fogo em Frankfurt aconteceu em 1989, ano da publicação de *Boca do Inferno*. Fui ao evento, como sempre, para comprar direitos, e me vi caçado no estande coletivo brasileiro como alguém que tinha algo precioso para vender. Ninguém me achava debaixo das samambaias que decoravam o local, organizado pela Câmara Brasileira do Livro. Jamais imaginei que algo dessa natureza pudesse ocorrer, e estava sempre em outro lugar. Assim, os editores deixavam seus cartões e voltavam inúmeras vezes até me acharem. Graças a *Boca do Inferno*, alguns dos principais profissionais do mundo tomaram conhecimento da minha existência. Nós, brasileiros, em geral lidávamos com as pessoas responsáveis, nas editoras e agências, pela venda de direitos, mas nunca encontrávamos os editores diretamente. Passei então a frequentar os coquetéis das grandes editoras internacionais, cujos profissionais vieram a conhecer nosso pequeno catálogo e gostaram do que viram. Comecei também a ser convidado para jantares de editores, durante a semana de Frankfurt, nos quais cada um falava dos originais descobertos, sempre à procura do "livro da Feira". Na primeira vez em que fui a um desses encontros, lisonjeado, me preparei para um jantar social, isto é, não levei meu bloco de anotações. Fui olhado com perplexidade e provoquei risos. Pedi desculpas.

Decidi recusar as *blind offers*, feitas sem a leitura da obra, argumentando que só venderia depois da avaliação completa do livro, e que o critério não seria exclusivamente financeiro. Os editores não deram bola para o meu argumento e com a recusa dobravam o valor dos adiantamentos. Fui para Veneza descansar com a Lili por cinco dias após a Feira. Ficamos num hotel bem simples que havia comprado sua primeira máquina de fax naquela semana. De lá saíam bobinas espalhadas pelo chão do pequeno saguão. Ofertas e mais ofertas. Minha secretária, em São Paulo, recebia quantidades iguais de mensagens.

Tive que voltar às pressas para o Brasil, pois a doença pulmonar do meu avô se agravara e ele tinha pouco tempo de vida. Giuseppe fizera questão de que eu fosse à Feira e descansasse depois. Ele acompanhava cada etapa da nossa viagem com um mapa da Europa no colo. Pude ao menos me despedir de uma pessoa fundamental para mim, e para a Companhia das Letras. Meu avô, um ser humano excepcional, havia apoiado financeiramente a editora no seu início, e tinha muito orgulho do neto, e da empresa que eu criara.

Durante a reza que os judeus fazem em suas casas após o falecimento de um ente querido, recebi a ligação de um editor inglês querendo aumentar a sua oferta. Ele descobrira o número do telefone da minha casa e lá alguém lhe dera o do apartamento da minha avó, onde se realizava a cerimônia. Na ocasião dessa disputa, conheci Liz Calder, que também fez uma oferta mas não venceu o leilão. Ficamos amigos. Na Feira ela me contou que vivera no Brasil na década de 1960 e desejava vir para cá a passeio. Além disso, gostaria de conhecer autores importantes do país.

Não demorou muito, e ela decidiu vir com o marido para o Carnaval. Por coincidência, nessa mesma data chegava o editor alemão de Rubem. Estava acompanhado por um *scout* que lia livros em português e que foi extremamente grosseiro. Bêbado a maior parte do tempo, chegou a jogar bitucas de charuto na piscina do Copacabana Palace, onde se hospedara com seu chefe.

Pedi ao Rubem e à Ana que arranjassem duas mesas nas cadeiras de pista da Sapucaí, para irmos todos ao desfile. No Carnaval, acabamos nos afastando da dupla alemã. Foi a partir desse momento que se construiu uma amizade com Liz Calder e seu marido, Louis Baum, aproximação que englobou Zé Rubem, Ana e, mais tarde, Chico Buarque e Patrícia Melo — todos passariam a ser editados pela Bloomsbury, da qual Liz era sócia fundadora. O embrião do que viria a ser a Flip aconteceria alguns dias depois.

Durante o desfile, um grupo bastante embriagado, que estava sentado logo atrás de nós, ficava tirando sarro dos garis que limpavam a pista após a passagem de cada escola. Tinham um sotaque carioca muito acentuado. Ao observá-los, Fonseca me disse: "Esses caras nunca leram um livro da Companhia das Letras, nunca". Revoltados com as ofensas aos responsáveis pela limpeza da pista, fomos falar com o grupo. Na verdade eram paulistas, que forçavam o "r" e o "s" como se fossem cariocas da gema. Um deles não deu bola para nosso pleito e começou a olhar para mim fixamente. Passado um tempo, me disse:

"Peraí, eu te conheço, você é o... é o...?"

Tendo aceitado nosso argumento para não destratar os garis, o grupo nos abraçava, mas o sujeito, quase estrábico de tão bêbado, continuava dizendo: "Você é o... é o...?".

Resolvi entrar na brincadeira e respondi:

"Cara, você está diante do maior escritor brasileiro e fica preocupado com quem eu sou!"

Rubem, que usava um chapéu bem afundado na cabeça, olhou temeroso e bravo para mim. Com aquele disfarce dificilmente seria reconhecido por alguém. Pisquei na sua direção antes de continuar meu trote.

"Melhor escritor o caralho, já sei, você é o Shuartishh, isso mesmo, o Shuartishh."

Eu neguei e ele me desafiou:

"Me mostra teu RG, cara."

"Meu, Shuartishh o cacete", eu disse. Apontei para Rubem e acrescentei: "Aqui está o Jorge Amado em pessoa e você se preocupa com quem eu sou. Olha bem, é o Jorge Amado em carne e osso!".

Rubem sorriu, aliviado, mas os paulistas continuavam: "Companhia dasshh Letrashh, meu, eu sei, você não me engana, Companhia dasshh Letrasshh". Rimos muito dos falsos cariocas, e Rubem Fonseca, satisfeito, permaneceu incógnito.

Outro episódio do mesmo tipo mas de espírito diferente, que nos emocionou, se deu numa festa de fim de ano da Companhia das Letras. Embora já tivéssemos publicado Rubem, Ana Miranda e Chico Buarque, ainda éramos uma editora pequena. Convidei os três e o José Miguel Wisnik para a celebração com nossos vinte funcionários. Sendo uma empresa modesta e paulista da gema, comemorávamos o fim do ano a uma mesa dos fundos na Pizzaria Castelões, no bairro do Brás.

Ana, Chico e Rubem toparam vir, logo a festa tinha que acabar cedo, para que eles voltassem na última ponte aérea. Na hora certa, levei-os a Congonhas. Na ocasião, Chico havia lançado o long-play que abria com a música "Morro Dois Irmãos". A capa fora feita pelo Hélio de Almeida, na época nosso diretor de arte. Andávamos pelo aeroporto à espera do embarque, quando uma moça singela e encabulada, com o disco na mão, pediu um autógrafo ao Chico. Zé Rubem não se conteve ante a doçura da garçonete, que servia chope no bar do saguão, e, depois de perguntar seu nome, disse:

"... você está pedindo esse autógrafo para o Chico, mas, com todo o respeito, você também está ao lado de uma grande escritora."

"Eu sei, sim, senhor, é a Ana Miranda de *Boca do Inferno*, eu ainda não li o livro. Este mês comprei o disco do Chico, mas no próximo vou adquirir o livro da Ana."

Nós nos comportávamos bem, sem citar quem era o grande elogiador dos outros, respeitando sempre seu pedido de anonimato. A moça merecia saber, mas nos contivemos, quando Rubem, com seu jeito bem típico, apontou para a Lili dizendo já num tom mais alto:

"Essa é uma das maiores historiadoras do Brasil e aqui do meu lado direito está o maior editor da América Latina!"

"Sim, a Lilia Schwarcz, de quem li *Retrato em branco e negro*, e o esposo dela, o Luiz Schwarcz. Acabei de ver a entrevista que ele deu para as páginas iniciais da revista *IstoÉ*", ela replicou.

Tirado o exagero de Zé Rubem — eu estava longe de ser o que ele dizia —, ficamos todos emocionados. Aquela jovem garçonete representava um país que estava prestes a nascer, com as classes menos favorecidas batendo na porta do mercado cultural.

Voltando ao Carnaval, após aquela noite do desfile, o casal inglês, a Lili e eu começamos a nos aborrecer no Rio de Janeiro, superlotado e quente. O único autor brasileiro que Liz contratara até então, por sugestão minha, fora Amyr Klink. Liguei para ele e perguntei se estava em Paraty, e se sabia de algum lugar onde poderíamos dormir nos dias finais do feriado. Na época, Amyr arrendava a casa onde Julia Mann, a mãe do grande escritor alemão, fora criada.

"Vocês podem ficar no casarão que estou arrendando, mas lá não há móveis. Têm que dormir no chão."

Foi nessa ocasião que Liz Calder conheceu Paraty, onde mais tarde construiria uma casa. Passeávamos durante o dia no barco *Paraty* pilotado por Amyr, e à noite voltávamos para o chão da casa de Julia Mann. Nos passeios, por vezes Amyr descia para a cabine de comando e eu permanecia no convés. As escunas que passavam, entulhadas de turistas, reconheciam a embarcação e de longe achavam que eu era o navegador e escritor, pela estatura parecida que temos.

Acenavam felizes para o grande ídolo do mar, e eu gesticulava de volta, como se fosse ele. Por isso naquela viagem ganhei o apelido de Amyr Cover. Também nessa ocasião fomos apresentados a Mauro Munhoz, arquiteto que elaborara um projeto para a reforma do cais histórico da cidade colonial. Num fim de tarde, com os dois casais mais o Mauro, sentados à beira do mar de Paraty, Liz falou:

"Há um importante festival de livros em Hay-on-Wye, no País de Gales. O astral de Hay se parece com o daqui. As duas cidades têm o mesmo carisma. Acho que Paraty poderia hospedar um festival de literatura."

Foi a brilhante ideia inicial daquilo que acontece até hoje. Na ocasião eu dei uma sugestão utópica e boba, de que o festival se realizasse numa plataforma flutuante, que ficaria ancorada no canal. Loucura das boas.

Passado um tempo, ainda com a ideia da Flip só no papel, Liz Calder, a maior defensora da ficção brasileira na Inglaterra — já tendo publicado *Vastas emoções e pensamentos imperfeitos*, *Estorvo* de Chico Buarque e *O matador* de Patrícia Melo —, conseguiu que a embaixada do Brasil patrocinasse uma viagem dos três novos autores da Bloomsbury, assim como de João Gilberto Noll, publicado por outra editora, para um evento conjunto no festival do País de Gales. O objetivo não era apenas promover os livros e a literatura brasileira no Reino Unido, mas também que ela, Mauro Munhoz e eu fôssemos juntos ao festival, visando conhecer um modelo para o futuro festival sonhado por nós. A Bloomsbury, editora que Liz ajudou a fundar, alugou uma van para nos levar, enquanto ela foi com Mauro em seu próprio carro. O trajeto de Londres a Hay-on-Wye dura em torno de quatro horas. Saímos pouco antes do almoço e fizemos uma parada para ir ao banheiro, num local onde não havia comida. Fomos ficando famintos no caminho, o que só aumentou o bom humor entre nós. Num determinado momento, Rubem perguntou a Noll para que time ele torcia. João Gilberto era uma flor de pessoa, mas era bastante sério e compenetrado. Quando ele disse que não torcia para time algum, Zé Rubem e Chico passaram a tentar convencê-lo, com argumentos literários e musicais, a seguir o Fluminense (time do Chico) ou o Vasco (de Fonseca). Parecia um duelo de repentistas. Mesmo Noll, sempre muito introvertido, no final esboçava um sorriso com a encenação dos dois fanáticos por futebol. Drummond, Nelson Rodrigues, Noel Rosa, Pixinguinha, Tom Jobim e Rachel de Queiroz, entre muitos outros, foram citados. Patrícia e eu gargalhávamos com a argumentação artístico-futebolística, na qual valiam até os blefes mais descarados. O maior de todos, que encerrou a disputa, foi quando Chico, lembrando o famoso episódio em que fora visitar Clarice Lispector levado por Vinicius de Moraes, disse que, ao chegarem, encontraram a escritora com a camisa do Flu, calção branco e meião do tricolor. Com essa lorota — já que, além do traje absurdo, Lispector acompanhava futebol e era torcedora do Botafogo —, terminou o debate, todos no carro rindo à solta. Voltamos a nos concentrar na fome que nos assolava.

Chegamos finalmente a um lindo hotel, na região das Black Mountains, uma enorme casa normanda, com menos de uma dúzia de quartos. Ao descermos da van, um senhor veio nos ajudar com as malas. Ele trajava um macacão jeans e parecia ter acabado de jardinar. Como eu era o editor presente, o homem de negócios da trupe, dei uma gorjeta a ele, que não quis recebê-la. Com minha insistência, até empurrei as notas no bolso do senhor, ele aceitou e disse: "Darei a gorjeta à minha equipe, obrigado". Percebemos então que eu dera um trocado para o dono do hotel. Zé Rubem foi até o seu quarto com as mãos tapando a boca para segurar a gargalhada.

Logo ao chegar, perguntamos ao mesmo senhor se podíamos comer algo e ficamos sabendo que a cozinha acabara de fechar. Nossa cara de desespero foi tal que o proprietário disse que arrumaria um pedaço grande de queijo, para que forrássemos o estômago até o jantar. Sentamos a uma mesa no jardim e, antes mesmo de começar a atacar os furos do queijo, Zé Rubem me deu um tapa nas costas e soltou o que segurara até então: *"Luiz gave a tip to Lord Charles, he tipped Lord Charles, quaquaquaqua!"*. Patrícia e Chico entraram no coro da gorjeta ao Lord Charles. Eu embalei na piada e ria de mim mesmo. É claro que não sabíamos o nome do proprietário, mas para nós ele passou a se chamar Lord Charles, *forever*.

Estávamos só nós quatro em frente ao pedação de queijo quando falei que deveríamos chamar o João Gilberto Noll. A frase foi a senha para que os famintos incrementassem o ataque ao queijo. Daí para a frente, cada um que dizia que ia chamar o Noll fazia os outros pegarem um pedaço ainda maior. E morríamos de rir com a sacanagem. Estávamos de fato embriagados de fome. Enfim, fui até o quarto do escritor gaúcho, que declinou, não queria comer. Então, em poucos minutos liquidamos aquela iguaria.

A Flip, que seria criada poucos anos depois dessa viagem, foi um evento que me trouxe algum reconhecimento e decepção. Alegria por ter conseguido colocar em pé a ideia de Liz Calder, com Mauro Munhoz e Belita Cermelli no time principal. No segundo ano, ajudei a fazer o festival voar alto. Lembro de ter bolado com Mauro a localização da nova tenda, um salto grande com relação à pequena sala da primeira edição. Ajudei muito com o patrocínio e com a programação, a qual incluía grandes nomes da literatura brasileira e mundial. Na primeira edição do festival, um dos patrocinadores era um fabricante de televisores que, dada a crise econômica do país, decidiu honrar seu compromisso com televisores. Liz quis cancelar a festa. Eu disse que, se aquilo ocorresse, nunca mais faríamos o festival. Mauro e eu tivemos que vender dez aparelhos para não perder o apoio acordado.

Ainda na primeira edição, não havia ninguém para organizar as cadeiras na pequena sala da Fundação Roberto Marinho. Ajudei na arrumação e fiquei de porteiro do lugar. Liz foi a mentora e ajudou com contatos na imprensa inglesa, que deu muito destaque ao novo festival, para onde viriam grandes escritores da literatura mundial. Ajudou também com contatos com autores de seu conhecimento. O trabalho pesado ficou naturalmente com o grupo local. Os editores cariocas se opuseram frontalmente ao festival, que, para eles, ameaçava tirar o brilho da Bienal do Rio. Sérgio Machado, da Record, foi quem mais se opôs. Chegou a escrever um artigo alegando que a Flip era um evento de promoção da Companhia das Letras. Ele e sua equipe inclusive sugeriram que autores da sua casa não fossem a Paraty. Apoiaram um novo festival em Ouro Preto para competir com a Flip. O evento foi batizado de Flop (Fórum das Letras de Ouro Preto).

Ganhei um prêmio do jornal *O Globo*, principalmente pelo primeiro ano da Flip, e no início obtive reconhecimento justo, através da imprensa e dos colegas que trabalharam no grupo. Mas a pressão dos editores cariocas foi imensa, e tive que sair. Continuei por anos a contribuir informalmente com o festival. Porém, com medo dos colegas que antagonizavam a Flip, meu nome passou a ser esquecido nas entrevistas e pronunciamentos dos responsáveis pelo evento.

A convivência com Zé Rubem só fez crescer. Ele lia mais livros para a Companhia, nos indicara *Acqua toffana*, o excelente primeiro livro de Patrícia Melo, que passou a fazer parte do petit comité, ocupando um lugar do qual Ana Miranda andava um pouco afastada. Houve, no entanto, um episódio entre nós que me deixou constrangido, e no qual Rubem demonstrou mais uma vez sua abertura para ouvir os editores dele. Entre tantos livros com contos que se tornaram antológicos e romances com magistral voltagem de tensão, ocorreu que, ao ler um romance novo do autor carioca, fiquei perplexo; não sabia como contribuir, que sugestão lhe dar. Achava que o original devia ser refeito em grande escala, ou deixado de lado. Tratava-se de um caso em que minha participação não se resumiria a sugerir algum detalhe, numa ou noutra frase, mas consistiria na indicação de um enquadramento distinto à narrativa, no livro como um todo. Para tal, Rubem praticamente precisaria escrever um outro texto. E eu não tinha essa estrutura em mente para lhe recomendar.

Gelei ao pensar que meu dever era dizer isso a ele, da melhor maneira que encontrasse. E foi o que fiz, temeroso de apontar para um mestre que um livro merecia ser mais trabalhado, ou abandonado. Rubem, num primeiro momento, estranhou, ficou chateado, mas em seguida se pôs a reescrever o texto no sentido da minha sugestão. Cresci profissionalmente ao ter o desprendimento de falar, mas isso eu devo à grandeza do meu amigo. Se não tivesse certeza de que ele me ouviria, não sei se teria a coragem, naquele estágio da minha carreira, de tomar a ponte aérea com uma má notícia para um escritor tão importante. O livro afinal saiu parcialmente modificado. Eu sabia que não conseguiria uma mudança mais radical do que a realizada.

Mais tarde, Rubem passou a se dedicar somente aos contos. E eles nos traziam grande prazer. Era o que ele fazia melhor. Vendiam muito bem, mas menos que os romances. Nem ele nem eu nos importávamos com isso. Fui aprendendo, cada vez mais, a essência da escrita do gênero, que é saber parar na hora certa, deixando algo no ar. Ele era o maior mestre do conto no país, contudo vez ou outra eu me permitia fazer sugestões, por exemplo, nas poucas ocasiões nas quais um conto, no meu modo de ver, tinha uma linha ou duas a mais. Com o tempo tais sugestões surgiam mais naturalmente, mas a decisão era sempre dele, que não raro aceitava minhas indicações. O mérito não era meu, já que o final mais curto estava lá, escrito pelo autor, esperando uma leitura para ver que o corte ajudaria o conto. Embora casos como esse em geral não ocorressem, quando se davam, eu sentia mais confiança no meu trabalho.

Seus últimos livros conosco vendiam bem, mas não tanto como antes. Parte da crítica também deixara um pouco de lado a simpatia histórica por sua obra. Havia os que, por pirraça, implicavam com seu sucesso, ou alguns poucos que apontavam questões de cunho literário, na maior parte das vezes injustamente. Eu ficava enervado com os jornalistas, enquanto Zé Rubem não dava a menor bola. Dizia nunca ler resenhas. Esse conjunto de fatos não afetou nosso convívio nem o apreço por sua obra e pessoa, até que um dia me senti ofendido por uma atitude que ele tomou.

Nossa relação continuava boa como sempre, até que um e-mail seu foi enviado por engano, criando uma situação constrangedora. Não costumo me ofender facilmente, e de todo modo não é esperado que um editor tenha dificuldade em relevar uma atitude de um de seus escritores, mas naquela ocasião não consegui passar por cima. É certo que teria me magoado igualmente se o mesmo ato tivesse partido de qualquer outro autor. Vindo de quem veio, porém, doía mais. Tentei de todas as formas marcar um encontro com Rubem. Deixei um recado dizendo que estava disposto a esquecer o episódio desde que nos falássemos cara a cara. Eu iria para o Rio ao mínimo sinal da parte dele. O sinal não veio. Depois da última tentativa aguardei mais um pouco, respirei fundo, e tomei uma decisão.

Anunciei, unilateralmente, em nosso site que não éramos mais editores de Rubem Fonseca, e que a obra ficaria disponível após o esgotamento dos estoques ou em no máximo seis meses, para outra casa publicá-la. Oficialmente, dissemos que a decisão fora tomada de comum acordo. Foi dos momentos mais tristes da minha vida, mas tinha certeza de ter agido de maneira correta. Não havia mais confiança, de parte a parte, para manter a parceria. O embaraço sempre seria maior. Nossa relação não era uma relação qualquer. Apesar do ocorrido, até hoje não sei se ele esperava ou desejava o rompimento. Imagino que o sofrimento não tenha sido apenas meu. Com grande desolação julguei, ao menos, ter sido capaz de uma reação madura. Liberando a obra no prazo de contrato, eu permitia que Rubem Fonseca lucrasse financeiramente com a transferência, enquanto a Companhia das Letras perdia um dos seus autores mais representativos, com livros de venda contínua. Eu sabia, no entanto, que fizera todo o possível para contornar a situação.

Apesar disso, continuei falando dos livros de Rubem Fonseca aos editores estrangeiros, sugerindo que os contos fossem traduzidos. Numa visita de Roberto Calasso à Flip, passados anos daquele entrevero, sugeri ao editor da Adelphi que publicasse uma antologia com os melhores contos do autor. Lançado na Itália, por aquela editora fenomenal, Rubem poderia encontrar merecido sucesso internacional. Calasso era um mago do mercado de livros, capaz de transformar Georges Simenon e Sándor Márai, entre outros, em best-sellers de dezenas ou centenas de milhares de cópias. Ao me ouvir, em plena livraria da festa de Paraty, Roberto respondeu de bate-pronto:

"Se você fizer a seleção dos contos, eu publico."

Ao sair da Companhia, Rubem contratou Lucia Riff para cuidar da negociação da sua obra e ser sua agente literária. Terminada a Flip, liguei para ela, a quem admiro e de quem sou muito próximo, e contei sobre a ideia de Calasso. Eu me sentiria honrado se ele topasse. A resposta nunca veio, e entendi que tudo era um sonho, irrealista, como os sonhos tendem a ser. Que felicidade seria ter meu nome na edição dos contos de Rubem Fonseca, publicados por uma das melhores editoras do mundo, e dividir com ele a página de rosto onde se leria: *Racconti scelti* da Rubem Fonseca, e abaixo, com letras menores, *a cura di* Luiz Schwarcz.

13. Orgulho e poder

Não há nada mais importante na vida de um editor do que a descoberta de um novo talento literário. É nesse momento que contribuímos ativamente para a cultura do país. Do mesmo modo como tratei aqui das possíveis sugestões que fazemos ao ler um manuscrito — o que indicamos já está nos originais, na sua lógica e concepção —, a revelação de um jovem autor também é sempre menos relevante do que seus méritos próprios, do que o texto que existia antes do olhar do editor. No entanto, há grandes livros perdidos por aí ou recusados injustamente.

Volto ao caso de Max Perkins. A história é conhecida no meio editorial. Ela tem como principal personagem um oficial do exército norte-americano que, temendo ser mandado para fora do país, envia "um amontoado de contos, poemas e fragmentos"[1] para a tradicional e conservadora editora de Charles Scribner. Tendo angariado apenas leituras internas desfavoráveis, os originais chegam a Perkins, que neles reconhece um talento não lapidado. O autor era o tenente Scott Fitzgerald, que ganha, então, um defensor de seu futuro como escritor. Perkins escreve uma carta de recusa em que fazia observações gerais sobre os problemas identificados na obra e encorajava o autor a enviar novo material. Fitzgerald trabalha em seu texto e entrega uma versão revisada semanas mais tarde. Contudo, o original recebe nova recusa do comitê editorial. O que estava em jogo na época era dobrar o conservadorismo de Charles Scribner Jr. e de outros editores veteranos, fazendo-os aceitar a linguagem coloquial e moderna de Fitzgerald, o que seria ainda mais difícil alguns anos depois, no caso de Hemingway, levado para a Scribner justamente por Fitzgerald.

Max é persistente e consegue convencer o jovem a retrabalhar mais uma vez o livro, segundo as suas orientações. Nessa terceira ocasião, o original é aceito e o editor envia uma carta jubilosa a Scott Fitzgerald comunicando que *Este lado do paraíso*, seu primeiro romance, seria finalmente publicado.

Nas primeiras décadas do século xx, além da mentalidade retrógrada dos editores, havia o temor da censura moral dos críticos e da sociedade. A fabulosa história de Perkins continua com a transformação do primeiro romance do autor, que anos depois escreverá *O grande Gatsby*, num enorme sucesso comercial. Perkins, diz seu biógrafo, "tratava a literatura como questão de vida ou morte".

Fiquei emocionado inúmeras vezes durante a leitura da biografia de Perkins. Encontrei uma grandeza na profissão em que atuo, grandeza esta que não cheguei perto de exercer. Mas o que mais chamou a minha atenção foi saber que a gênese do trabalho do grande editor norte-americano se fundamentou na luta pelo reconhecimento de um talento; buscando aprovar a publicação de um jovem e inovador escritor, num ambiente conhecidamente tradicional e atrasado.

No caso brasileiro, temos a figura de Augusto Frederico Schmidt, que lançou o primeiro livro de Jorge Amado, *O país do Carnaval*.[2] Schmidt descobriu também Graciliano Ramos — surpreendentemente através da leitura de relatórios do autor, que era prefeito numa cidade do interior do Alagoas. Reconhecendo a qualidade literária daqueles documentos políticos, Augusto Frederico orientou seu secretário Rômulo de Castro a enviar cartas ao autor. "Com este texto ele deve ter um romance", disse Schmidt ao auxiliar. E tinha. Após algum tempo e muita insistência, *Caetés* chegou a Schmidt, que, meses depois, distraído, pensou ter perdido os originais. Foi legado à posteridade porque, na verdade, o editor o esquecera no bolso de um alentado casaco de chuva, editando-o a seguir.

Outro exemplo importante é o de Gilberto Freyre, com seu *Casa-grande & senzala* — também revelado pela Livraria Schmidt Editora e que representou o primeiro êxito comercial da pequena empresa. Há grandes méritos na atuação de Schmidt como editor, mas uma mistura de diletantismo com pessimismo nas tiragens fez a vida da empresa durar pouco. Seu início foi ligado a um grupo de intelectuais católicos, em sua maioria próximos do integralismo. Na Livraria Católica de Schmidt, que veio a retirar o "Católica" do nome, reuniam-se, no começo, "católicos, fascistas e comunistas".[3] Mais tarde perdido em muitas outras atividades, entre elas a de escritor, e sem acreditar no potencial do mercado brasileiro, o editor viu seus autores migrarem para outras casas e acabou fechando o negócio.[4]

Nesse ponto surge outro herói, muito diferente de Perkins, ou de Schmidt, mas de igual valor. É ele José Olympio Pereira Filho. Começou a trabalhar jovem, primeiro como balconista de uma farmácia e em seguida como ajudante, tirando pó e abrindo caixas na Casa Garraux. No futuro ele conseguirá fundos para comprar duas bibliotecas importantes e fundar a sua própria livraria, composta em grande parte de títulos estrangeiros. Como outras casas do ramo, ela se tornará ponto de encontro de jovens intelectuais, e aglutinará futuros escritores.

Mas o que fará de José Olympio um editor totalmente diferenciado não será, de início, a descoberta de escritores, boa parcela dos quais já vinha de outra casa editorial, e sim o tratamento para com estes. Olympio acreditava no Brasil e em sua literatura, antes e muito mais que a maioria dos seus contemporâneos. Foi ele quem transformou, com ousadia, os autores em profissionais de verdade, com adiantamento e altas tiragens iniciais garantidas. José Lins do Rego é um exemplo de escritor que se mudará para a nova casa, depois de passar por duas editoras. Migra seduzido pela oferta financeira e profissional, da qual se gabará publicamente.

Max Perkins e José Olympio são editores bastante diferentes — o trabalho com o texto na editora deste último ficava mais com o irmão, Daniel Pereira. O que os une são aspectos diversos do respeito ao autor. É essa entrega que funda a nossa profissão. Editores que não possuem tal característica tendem a fracassar. Por isso Perkins e Olympio, cada um a sua maneira, dão orgulho aos que seguem nosso ofício.

Um outro lado da relação entre autores e editores poderia ser abordado tendo em vista não só os atributos positivos elencados alguns parágrafos acima, como também a complexa autoridade que os editores exercem. Tal perspectiva implica narrar histórias, nem sempre edificantes, feitas de momentos delicados e problemáticos. Descobrir escritores como Scott Fitzgerald e Graciliano Ramos é um evento grandioso na vida de um editor. A experiência de dar estatuto profissional a autores como José Lins do Rego, Jorge Amado e Manuel Bandeira é igualmente fundamental. Mesmo assim, o editor — vivendo momentos de importância ou não — deve sempre lembrar que o flerte com a glória não lhe cai bem.

Uma vida repleta de emoções profissionais em muitos casos também colabora para a arrogância no trato com o trabalho alheio — uma forma de abuso no exercício do suposto poder que nos cabe. Um exemplo típico é o da recusa de originais, quando não escapamos dos enganos e podemos algumas vezes ser arbitrários e ignorantes. A profissão nos confere uma autoridade com frequência usada indevidamente.

Há um sem-fim de casos lendários e menos edificantes do que os relatos que abrem este capítulo. As recusas e erros dos editores já se tornaram folclore da profissão. A respeito desse tema, é bom lembrar não apenas o mais célebre de todos os episódios — o da rejeição de *Em busca do tempo perdido* de Marcel Proust por André Gide, na ocasião editor da Gallimard. Gide, que após muitos anos se tornou amigo de Proust, confessou ter devolvido os originais de uma das obras-primas da literatura universal tendo lido dois ou três trechos ao acaso. Mesmo depois de aceito pela Grasset, um editor de texto de *Em busca do tempo perdido* perguntou ao seu autor: "Será preciso escrever trinta páginas sobre virar-se na cama?".

Entre outras recusas famosas está a de T.S. Eliot ao romance *A revolução dos bichos* de George Orwell, já citada por mim. O original, que de modo alegórico criticava duramente o regime soviético e todas as formas de autoritarismo, foi rejeitado por inúmeras editoras, entre elas a Faber & Faber, onde o grande poeta trabalhava como diretor. É sabido que, entre os motivos que embasaram várias das devoluções desse romance, estava a vontade de não desagradar a Joseph Stálin — então aliado de guerra da Inglaterra. Em sua carta, T.S. Eliot qualifica (negativamente) o livro de Orwell como trotskista. Incluo trechos da carta a seguir:

> *13 de julho de 1944*
> *Caro Orwell,*
>   [...]
>   *Por outro lado, não estamos convencidos (e estou certo de que nenhum dos outros diretores se convencerá) de que este seja o ponto de vista mais acertado para criticar a situação política de nosso tempo.*

[...]

Agora, creio que meu próprio incômodo com esse apólogo se deve ao fato de seu efeito ser meramente de negação. Ele devia despertar alguma simpatia pelo que o autor quer, assim como simpatia por suas objeções a certas coisas: e o ponto de vista positivo, que considerei trotskista no geral, não convence. [...] *E, além disso, seus porcos são muito mais inteligentes que os outros animais, e portanto os mais qualificados para governar a fazenda — na verdade,* A revolução dos bichos *sequer teria existido sem eles: assim, o que seria preciso (alguém poderia argumentar) não era mais comunismo, e sim mais porcos com espírito público.*

[...]

Sinceramente seu,

T.S. Eliot[5]

Jack Kerouac também penou para conseguir publicar *On the Road*. Veja as opiniões sobre o ícone da literatura beat vindas de dois editores da Knopf, uma das melhores e mais pioneiras editoras norte-americanas:

"Isto é um talento bem mal direcionado e [...] esse grande, confuso e inacabado romance provavelmente venderia pouco e receberia críticas irônicas e indignadas de toda parte."

"Não consegui entender esse troço."[6]

O diário de Anne Frank foi recusado quinze vezes; numa delas com a justificativa de que o livro não tinha sentimentos ou visão de mundo que pudessem despertar a curiosidade dos leitores. O parecer que o livro recebeu, também da editora Alfred Knopf, dizia o seguinte: "A obra é muito monótona, um registro aborrecido e mesquinho de brigas familiares, e emoções adolescentes. [...] As vendas serão limitadas, pois os personagens não são familiares aos norte-americanos, nem ao menos atraentes".[7]

Lolita foi devolvido nos Estados Unidos seguidas vezes e teve que ser publicado na França, pela Olympia Press. Conta a lenda que uma das recusas veio com a recomendação de "enterrar o manuscrito debaixo de uma pedra por mil anos".[8]

A respeito de *Moby Dick* de Herman Melville um editor disse: "Precisa ser com uma baleia? [...] A luta do capitão não poderia ser contra a sua perversão com relação a jovens voluptuosas?".[9]

Flaubert, por seu turno, leu de seu futuro editor: "Deixe-nos tomar conta de seu texto integralmente [...], nós faremos os cortes necessários [...]. Acredito que se você não fizer isso comprometerá sua carreira [...]. Seja forte, feche seus olhos durante o processo [...]. Você afundou seu texto sob um montão de detalhes desnecessários".[10] O autor de *Madame Bovary* não aceitou a proposta e exigiu a publicação sem cortes. O resto da história nós conhecemos bem.

Stephen King, depois de mandar *Carrie* a várias editoras, recebeu uma missiva que dizia: "Não publicamos aqui ficção científica que parte de utopias negativas. Elas não vendem".[11]

As obras de Gertrude Stein, de Kurt Vonnegut, os livros da série de *Harry Potter*, entre muitos outros, penaram por anos até terem um parecer favorável de um editor. Uma das cartas endereçadas a Stein é das mais icônicas, por sua agressividade:

Cara Madame,

Sou apenas um, apenas um, apenas um. Apenas um ser humano, um a um só tempo. Nem dois, nem três, apenas um. Com apenas uma vida para viver, com apenas sessenta minutos em uma hora. Com apenas um par de olhos. Com apenas um cérebro. Apenas um ser. Sendo apenas um, tendo apenas um par de olhos, tendo apenas um tempo, tendo apenas uma vida, eu não posso ler seu manuscrito três ou quatro vezes. Nem mesmo uma vez. Apenas uma olhada, uma olhada basta. Dificilmente venderíamos uma cópia aqui. Dificilmente uma. Dificilmente uma.

[...]

Sinceramente seu, A. C. Fifield [12]

Embora eu desconheça cartas com essa arrogância escritas por editores brasileiros, o comum em nosso país é que manuscritos fiquem sem leitura, pela enorme dificuldade das editoras de dar conta das propostas enviadas. Não é possível dedicar o tempo necessário a todos que desejam transformar-se em romancistas. Nos Estados Unidos e em diversos outros países os livros não são sequer lidos quando enviados pelo correio, mas só analisados quando chegam às editoras por intermédio de agentes literários, que representam os autores e funcionam como um filtro dos que têm chance de edição. Temos ótimos e ótimas agentes, porém são poucos, e nunca abrigariam o volume de candidatos a escritor espalhados por todos os cantos do Brasil. Assim, sem apadrinhamento profissional ou pessoal, certamente deixamos de descobrir vários talentos. São fortuitas as ocasiões em que escolhemos um livro sem uma recomendação. Dá uma imensa alegria quando isso acontece.

A Companhia das Letras cometeu muitos erros ao recusar determinados livros estrangeiros. Um deles foi a série de *Harry Potter*, que Liz Calder, editora da obra na Inglaterra, nos sugeriu antes de ela ser o sucesso que foi. Como a Lili, que cuidava dos livros juvenis na época, estava preparando sua livre-docência, encaminhamos a série a uma parecerista externa. Nós a recusamos alegando que havia criações nacionais melhores. Não me conformo até hoje. As obras de Elena Ferrante e *A guerra dos tronos* foram devolvidas por serem extensas.

Por certo nos equivocamos quanto a livros nacionais, não sei se em menor medida. Erros são muito comuns, são fruto de falhas humanas mas também podem servir para nosso questionamento profissional. Afinal, de onde advém a capacidade decisória de um editor? O que nos confere tamanho poder? Um conhecimento que não tem origem na ciência, que depende basicamente da sensibilidade e que se funda, em grande parte, na entrega à causa literária? No caso, a bula para a "autoridade editorial" deveria vir com a recomendação: "Use com moderação".

O bom profissional consegue ser ouvido por seus autores até nas questões mais delicadas de intervenção no texto. Colocar-se, o tempo todo, ao lado dos escritores é o que permite essas intervenções. Ao representá-los, buscamos basicamente atender a dois dos mais sinceros desejos de um escritor: realizar o melhor trabalho literário possível e ter um número alto de leitores.

Questionar o próprio poder ou aliviá-lo com efetiva prestação de serviço aos autores é a melhor forma que encontro para conviver com a força sedutora que caracteriza a nossa posição profissional. Ter autoridade sem desprezar valores humanos representa um bom começo. Exercer a profissão sem desfrutar de nenhum deslumbramento por ela é melhor ainda. Moderar com humildade, compaixão e autocrítica a capacidade que temos de interferir na vida das pessoas é o que completa minha busca pela dignidade editorial. Um editor passa por momentos delicados durante o seu trabalho. É impossível não causar conflitos ao rejeitar um texto ou quando se faz necessário conciliar o universo da editora, o dos autores e o de seus leitores. Por isso, há que editar os livros sem perder a ternura jamais.

14. Amos

Será que a edição combina com amizade? Uma relação profissional que tem tantos momentos de disparidade, na qual um dos polos está sempre em posição de justa reverência ao outro; pode de uma situação como essa nascerem bons e francos amigos? Pelo que demonstra este livro, a resposta é claramente positiva. Mas por vezes não é assim. Tomo Amos Oz como exemplo máximo da amizade entre o autor e seu editor, e o uso como mote para falar da riqueza do convívio com outros grandes amigos e amigas com que a profissão me presenteou. Amos, que tanto me ensinou a respeito das relações humanas. Com quem aprendi também como devemos reconhecer uma grande obra literária, observando as mais diminutas particularidades que garantem um retrato singular da alma humana.

A ternura do escritor israelense aparecia nos menores detalhes do que ele costumava dizer. Por exemplo, quando caracterizava a escrita como uma gestação. Esse é o termo exato que ele usava. Enquanto produzia um novo romance ou contos, dizia: "Estou grávido de um novo livro".

É claro que a amizade com os autores nacionais que editamos desde o início tende a ser mais profunda. Inequivocamente há muita entrega e devoção de ambas as partes. Existem também maiores expectativas e, portanto, oportunidades para conflitos. Não que não haja um pouco de tudo isso na relação com autores estrangeiros, mas a natureza é outra, as proporções são diferentes.

Fiz muitas amizades na minha vida profissional, não só com os escritores brasileiros. A estes dedico-me de forma intensa, vivenciando relações que ultrapassam o padrão entre autor e editor. Durante o processo de publicação, o contato é frequente, porém mesmo fora dele, sem nos vermos ou falarmos com regularidade, os laços permanecem fortes. Os intervalos aumentaram devido ao meu temperamento cada vez mais recluso. Mas, apesar desses intervalos, é entre os autores e autoras que se concentra o meu maior número de amigos.

Os escritores que recebi no Brasil, ou com quem pude travar contato pessoal, não só epistolar, em boa parte viraram mais do que simples nomes no catálogo da Companhia das Letras.

Sem poder falar de amizades em curso com escritores brasileiros, ou selecionar neste caso um e não outro, me concentro aqui em Amos. Nosso afeto foi capaz de superar a grande distância geográfica e o longo tempo entre um livro e outro.

Curiosamente, foi de seu conterrâneo David Grossman que ouvi a frase mais bonita, em torno dos laços que nós dois criamos durante a primeira das suas curtas visitas ao Brasil: "Luiz, me sinto tão próximo de você que só lamento que não vivamos na mesma cidade, que eu não o tenha sempre por perto."

Tenho certeza de que Oz conhecia e Grossman conhece a história da amizade mais icônica entre um editor e um escritor: a de Carl Seelig com Robert Walser. O primeiro, mesmo não tendo sido editor dos principais livros de Walser, se apiedou da situação do autor austríaco, internado pela irmã em instituições manicomiais, depois de uma tentativa de suicídio. Walser viverá o resto de sua vida em hospícios e receberá visitas de Carl Seelig durante dezenove anos, após uma aproximação epistolar. Os dois faziam longas caminhadas e tinham conversas profundas que renderam o livro *Passeios com Robert Walser*.[1]

A partir do trabalho de Seelig, a obra de Walser, então esquecida, voltou a ter o merecido reconhecimento. No dia em que o editor teve que cancelar um encontro devido à doença de seu cão, o escritor foi achado morto na neve, num local distante do manicômio, como os que frequentava com Seelig.

A dedicação de Carl Seelig pode servir de exemplo da devoção absoluta de um editor para com um escritor. Após a morte de Walser, Seelig decifrará, com ajuda de dois especialistas, os manuscritos que Walser escreveu no manicômio, grafados em letra tão minúscula que eram praticamente incompreensíveis. Seelig conseguiu decodificá-los e editá-los, em conjunto com uma compilação de cinco volumes da obra completa de Walser.

Voltemos a Oz. Ele esteve no Brasil quatro vezes, e em cada uma delas vivemos momentos especiais. Na primeira deu uma palestra inesquecível no cinema Vitrine, que foi transformado em teatro. Amos Oz, um gigante de baixíssima estatura, falava segurando o microfone e andando pelo tablado. Sua altura contrastava com um palco imenso, que ficava bem ao fundo. Este possuía uma cortina vermelha, típica dos cinemas de antigamente. O humor e a ternura que escapavam, através do seu inglês com sotaque hebraico, deixaram o público mesmerizado. Tudo o que ele dizia soava memorável: tiradas literárias, anedotas, filosofia, citações dos seus escritores favoritos — com destaque para Anton Tchékhov e autores israelenses, seus contemporâneos. Na minha lembrança, elas se transformaram num bloco encantado de pensamentos sobre a literatura em geral e a alma judaica em particular.

No dia seguinte, José Saramago, outro dos meus melhores amigos, e sua esposa, Pilar del Río, chegavam a São Paulo. Lili e eu organizamos um almoço em casa, com os casais e Maria Emilia Bender, editora dos dois autores.

Amos e José na ocasião admiravam-se mutuamente, eram leitores um do outro. Mas não possuíam língua em comum. Por isso, cada frase que Saramago dizia eu traduzia para o inglês, enquanto o que Amos expressava em inglês era vertido para o português pela Lili. Num momento mágico, o primeiro fez uma reflexão sobre o tempo idêntica, palavra por palavra, à reflexão proferida por Oz em sua palestra na véspera. Não poderia haver surpresa maior — a coincidência literal de pensamentos — para marcar aquele almoço tão especial. Infelizmente, mais adiante, uma declaração de Saramago porá um fim na amizade deste com vários escritores progressistas israelenses, que assinariam um manifesto contra a comparação entre a Palestina e Auschwitz feita pelo autor português em Ramallah.

Nessa mesma viagem, Oz e sua esposa, Nily, decidiram passar um dia e meio no Rio de Janeiro. Lá escolheram, em vez de ir a algum monumento turístico, visitar o Museu do Pontal, distante mais de uma hora do centro da cidade e que exibia uma das mais belas coleções de arte popular brasileira. Oz disse que assim conheceria melhor o país. Estava certo. Muitos anos depois, Saramago foi ao mesmo local e falou que encontrou o final para seu livro *A caverna* enquanto observava os objetos ali expostos. Declarou que naquele ambiente sentiu seu livro de outra maneira.

A segunda vinda de Oz foi para a Flip, onde realizou um dos encontros mais memoráveis do festival. Ele e Nadine Gordimer, sua grande amiga, falaram por mais de uma hora, sem necessidade alguma da ajuda do mediador. Era pura empatia, pessoal e literária. Durante o festival, Nily encantou as ruas de Paraty com a sua alegria, e uma flauta doce nas mãos.

Nessa visita, o escritor israelense se emocionou profundamente ao encontrar, em São Paulo, professores do ensino médio que utilizariam seu livro juvenil em sala de aula, comprado, em tiragem altíssima, pelo governo do estado. Mais de 300 mil crianças da rede pública leram *De repente, nas profundezas do bosque*, o que significou muito para Oz e para sua relação com o Brasil. Certamente ele nunca vendera tantos livros, de uma só vez, como naquele pedido para as escolas públicas.

A terceira visita foi a convite nosso, para a celebração do 25º aniversário da Companhia das Letras. Amos deu uma palestra inspirada, na qual o espírito de seu ídolo, Anton Tchékhov, novamente pairou, do começo ao fim. A combinação de citações do escritor russo com reflexões próprias garantiu uma hora de bom humor e delicadeza.

O motivo da sua quarta estada em São Paulo foi o convite para uma palestra, paga por uma importante empresa de conferências, mas o que contou mais nessa visita — para a qual Oz veio depois de passar por uma cirurgia grande no joelho — foi seu evento na Casa do Povo, no Bom Retiro. Ao entrar no espaço despojado e carismático da rua Três Rios, onde gerações da esquerda judaica paulistana se reuniram e se reúnem até hoje, Amos se lembrou das redações dos jornais em Israel dos anos 1950 e se comoveu. Em seguida, encantou a todos com palavras cheias de humanismo. Foi ovacionado. Nessa ocasião, ele andava com bastante dificuldade, mas mesmo assim veio sozinho.

Nossa amizade ainda contemplou dois encontros em Tel Aviv. No segundo, Oz me mostrou o manuscrito em que trabalhava, e permitiu que eu tirasse uma foto à distância, para que ninguém pudesse reconhecer o que estava escrito ali, mas, infelizmente, não chegou a completá-lo. Ele, Paul Auster e Milton Hatoum, entre outros grandes autores, escreviam e escrevem à mão a primeira versão de seus livros.

O câncer voltou logo após esse nosso último encontro. Na época, Amos estava mais preocupado com a saúde da Nily do que com a sua. Mostrou-me pela janela o local dos seus passeios às quatro da manhã, horário em que costumava acordar e dar uma volta para pôr a cabeça em ordem, aprontá-la para a ficção. Dizia que, quando andava pelo bairro, nem os guardas haviam acordado. Começava a escrever ainda de madrugada, o que fazia até uma hora antes do almoço. Depois se ocupava da Nily e de afazeres menos demandantes que a escrita.

Também vi, em suas mãos, uma página que trazia o manuscrito de uma lição de hebraico de Franz Kafka e ficava emoldurada na parede do seu escritório. Essa eu pude fotografar de perto.

Nos falávamos por telefone e trocávamos e-mails, regularmente. Nessas conversas sempre nos mostrávamos preocupados com a saúde de todos, já que nós dois éramos claramente as *idishe mames* de nossas famílias e cuidávamos, com o exagero típico das mães judias, dos Oz e dos Schwarcz. Parece que tínhamos orgulho dessa função, que exibíamos um ao outro disputando qual de nós demonstrava mais zelo pelo amigo e por seus familiares. Além do mais, em nossos encontros púnhamos à prova, numa competição disfarçada, o nosso repertório de piadas judaicas. Ele sempre ganhava, é claro. A última vez que isso aconteceu foi num almoço em sua derradeira visita, quando os dois "humoristas *idishes*" duelaram, com o anedotário que guardavam na memória, na presença do presidente Fernando Henrique Cardoso, grande fã do livro *De amor e trevas*. Fui goleado sem apelação.

Sua morte foi um choque para mim, algo que tive que digerir por meses.

Como disse, conheci outras demonstrações de sincera amizade por parte de vários escritores e de colegas de profissão também estrangeiros. Falo aqui apenas dos que vivem ou viviam fora do Brasil. Tomás Eloy Martínez foi um que deu muito em troca do cuidado editorial e da amizade que obteve da minha pessoa. Alberto Manguel é um amigo que até hoje não encontra limites para sua generosidade. Em determinado momento me perguntei por que essa relação tão estreita e especial com dois argentinos e dois israelenses? Mas não há uma explicação genérica ou de cunho nacional para casos tão pessoais. Tomás e Alberto foram, além de amigos, os grandes incentivadores da minha curta carreira de contista. Ambos ameaçaram publicar meus contos à revelia. Vê-se que eram melhores amigos do que críticos literários. Uma vez, Tomás e eu passeávamos à europeia, de braço dado, pelo Central Park em Nova York, quando ele externou a intenção de publicar, num suplemento cultural argentino, independentemente da minha vontade, alguns dos contos que eu lhe mostrara. Depois disso fomos a uma exposição de fotos de Diane Arbus no Metropolitan Museum.

Continuei visitando Tomás em Rutgers, onde ele lecionava, e notei a evolução do câncer no cérebro que o tomava vertiginosamente. Na última vez em que nos encontramos no campus, ele foi me buscar, como sempre, na estação de trem, mas custou a me reconhecer da plataforma de onde olhava. Parecia não saber a quem procurava. Nem sei se lembrava que era a mim que fora buscar ali. Tomás morreu na Argentina, tendo vivido momentos pessoais muito tristes, em meio àquela doença que o deslocou da realidade. Foi, assim como Manguel, de uma bondade sem tamanho para comigo.

Alberto chegou a editar meus dois livros de contos em sua coleção literária na editora Actes Sud. Escolheu *Eloge de la coïncidence* como nome francês para *Discurso sobre o capim*, título intraduzível em qualquer língua. Fez também uma linda apresentação. Até que os livros foram bem recebidos, talvez pela bênção que receberam do editor, ou porque os gostos exóticos dos franceses são notórios.

Entre os momentos de extrema generosidade que guardo, também está um encontro com Kazuo Ishiguro, que, ao pedir para me conhecer quando passei a ser seu editor, só quis falar sobre meu livro infantil, *Minha vida de goleiro*, numa evidente inversão de papéis, talvez para deixar claro que ali começava uma amizade verdadeiramente paritária. Ish, como é chamado pelos amigos, declinou na ocasião a escalação da Seleção Brasileira em várias Copas do Mundo, e quis saber quais eram meus goleiros favoritos. Muitos anos mais tarde, me convidou para a cerimônia do prêmio Nobel, para a qual os autores escolhem um número limitado de editores. Eu já estivera em Estocolmo uma vez, quando da premiação de José Saramago. A cerimônia de alta pompa é uma grande curtição para os editores. Pelo carisma e importância do prêmio, quem se encontra na festa não contém a alegria, a gratidão nem a vaidade. Os homens trajam uma casaca especial, alugada previamente por internet na própria cidade, e as mulheres vestem longo — a sensação de sermos premiados em conjunto com o autor é tão pretensiosa como inevitável. Ish também se manifestou, através de sua agente, quando soube que a Companhia das Letras e eu pessoalmente havíamos nos posicionado contra a provável eleição de Bolsonaro. Por iniciativa própria, se mostrou orgulhoso de sua editora brasileira, e pediu que me fizessem saber disso. Na véspera da entrega do prêmio que ganhei na Feira de Londres — o qual reconhecia os méritos da minha carreira profissional —, convidou Sonny Mehta, seu lendário editor nos Estados Unidos, a Lili e a mim para jantarmos num restaurante peculiar da cidade. Era um local elegante de comida russa, cujo folclore derivava do fato de as mesas, cercadas por lambris, disporem de uma campainha pela qual era possível pedir refil de champanhe. É claro que Sonny, com sua bondade especial, não deixou mais ninguém pagar o jantar. Tenho certeza de que ele, premiado anteriormente em Londres com a mesma honraria, foi decisivo para a minha escolha no prestigioso prêmio, por tudo que realizamos na profissão. Foi ele ainda que, com sua esposa Gita, fez o papel de anfitrião no saguão do principal hotel de Estocolmo quando Ish ganhou o Nobel. Os editores presentes na cerimônia ficaram até altas horas regados pelos drinques oferecidos por Sonny, que vibrava com o prêmio concedido a um de seus autores mais íntimos. Aprendi muito com Sonny Mehta, sem nunca ter esperado privar de contato tão próximo com um editor da sua importância.

Numa época em que ele estava bastante infeliz com seu superior hierárquico no grupo Random House, uma grande editora brasileira foi posta à venda e meus sócios pensaram em comprá-la. O negócio não foi em frente, mas eu brincava com Sonny que ele viria ao Brasil para tocar as duas editoras comigo. A cada visita minha a Nova York nos víamos e ele dizia que gostaria de organizar uma festa para que eu encontrasse todos os meus autores e amigos. Sem jeito e não muito amigo de festas, sempre declinei.

Todo o enorme carisma de Sonny advinha da sua discrição e do seu silêncio. Era citado como um dos homens mais elegantes de Nova York, mas trajava sempre a mesma roupa: calça jeans, gola olímpica preta, blazer azul e delicados sapatênis de marcas sofisticadas. Fomos de fato grandes amigos.

Quando Markus Dohle, o então CEO da Penguin Random House, me telefonou bem tarde da noite, me preparou antes de comunicar a morte de Sonny. Falou com a Lili e depois perguntou se eu estava sentado, pois tinha uma notícia triste para me dar. Nas homenagens a Sonny, muitos amigos comuns vinham me consolar, dada a nossa proximidade. Hoje há quem acredite que Sonny, morto em 30 de dezembro de 2019 devido a complicações de uma pneumonia, tenha sido uma das primeiras vítimas da covid.

* * *

Salman Rushdie foi outro autor que se tornou bem próximo. Certo dia me ligou para perguntar se eu gostaria de acompanhá-lo à Copa do Mundo de 2006, na Alemanha. Ele havia sido premiado com dois ingressos para o jogo de estreia, Brasil contra Croácia, quando concedera uma entrevista a um programa de esportes alemão.

O convite, irrecusável, resultou em três dias memoráveis com Salman. Na chegada, fomos ao monumento em homenagem às vítimas do Holocausto, onde Rushdie foi identificado por uma equipe de televisão brasileira. Já avesso às câmeras, confesso que daquela vez eu desejava ser reconhecido ao lado do meu amigo, o que não ocorreu. Andamos pelas ruas de Berlim todos os dias, e tivemos um jantar inesquecível, a três, com Chico Buarque, que estava na cidade para um show e para o jogo. O aniversário dos dois é no mesmo dia e, embora eles já fossem amigos de longa data, não sabiam disso. Faltava pouco para o dia 19 de junho, então fomos celebrar os aniversários antecipadamente no Borchardt, um dos restaurantes mais charmosos de Berlim. Na véspera, assistimos a uma partida sofrível em que o Brasil ganhou de 1 a 0, em noite de péssima exibição. Na verdade, o desempenho da Seleção Brasileira pouco importou.

Bem antes disso, na sua primeira visita ao Brasil, Salman logo quebrou a formalidade e abriu espaço para conversas mais pessoais.

Rushdie aceitou lançar mundialmente seu romance *Shalimar, o equilibrista* na Flip em Paraty. Pelo feito, deveríamos ter capas das revistas mais importantes e de vários suplementos culturais dos jornais de caráter nacional. Um atentado terrorista islâmico ocorreu em Londres na semana do lançamento. A *Veja* com a primeira entrevista aventara a possibilidade de dar uma matéria de capa, mas o atentado atrapalhou. Assim, parte da mídia e no festival a maioria das perguntas dirigidas a Salman foram sobre terrorismo. Ele tentou protestar em seu evento, sem sucesso. De fato, Rushdie sempre foi um ser humano maravilhoso, lutando para ser considerado publicamente apenas como um grande escritor. Na presidência do Pen Club, criou um festival em Nova York para divulgar a literatura mundial. Objetivo tão nobre quanto espinhoso num país xenófobo como os Estados Unidos. Muitos autores brasileiros foram convidados. Entre eles, o primeiro foi Chico Buarque, que conversou na New York Public Library com Paul Auster.

Estive com Paul e Siri Hustvedt, sua esposa, inúmeras vezes, também na casa deles no Brooklyn ou vendo Paul montar um de seus filmes num estúdio no Soho. A carreira de roteirista e diretor de cinema de Paul foi controversa. Mas ele era fascinado pelo metiê. Naquele dia no Soho pude sentir isso.

Jantamos, os dois casais, num *diner* no Greenwich Village. Não poderia haver cenário mais nova-iorquino para um encontro com o grande escritor que faleceu precocemente, acometido por um câncer no pulmão. Tabagista convicto, Paul era visto com frequência portando um cigarro, enrolado manualmente, entre os dedos, cuja cor ficara marcada pelo tabaco.

Salman foi o primeiro autor estrangeiro a me parabenizar pela vitória de Lula, o candidato à Presidência do Brasil em 2022, por quem ele já torcia bem antes do atentado a faca que quase lhe tirou a vida. Visitei-o em sua casa meses depois desse atentado que ocorreu no interior de Nova York, e que o fez perder a visão de um olho, além de ter provocado vários outros danos físicos. Na ocasião, ele me descreveu todas as sequelas resultantes do ataque. Entre elas não estava a perda da vontade de viver nem a do bom humor.

Com Ian McEwan e sua esposa, Annalena McAfee, passei grandes momentos num tour de casais por Inhotim e pelas cidades barrocas mineiras. Ian não apreciou muito a arte barroca, por seu teor religioso, nem a arte muito contemporânea de Inhotim. Mas a alegria da viagem estava garantida pela presença de Deborah Rogers, agente literária inglesa com carreira brilhante e uma lista de autores que eram estrelas de várias gerações, sobretudo romancistas, entre os quais Ian. Deb foi das maiores amigas que fiz na vida. Além dela e de seu marido, outra figura notável estava presente: Jonathan Galassi, editor lendário da Farrar, Straus and Giroux. Saímos todos de Paraty num precário avião que aluguei. Ao entrar na aeronave, me preocupei com a minha imprudência.

Certa noite, em Ouro Preto, quando estávamos numa praça vendo um show da Velha Guarda da Portela, um senhor completamente ébrio tirou Deborah para dançar. O longo samba do senhor negro com a senhora loira londrina foi o grande espetáculo da viagem, que também contou com um réquiem de um compositor regional numa igreja de São João del-Rei, ao qual assistimos todos no campanário, apertados por dois sinos. Jonathan, amante de poesia e poeta ele próprio, ansiava mais que tudo pela visita à casa de Elizabeth Bishop em Ouro Preto. Gostamos muito de conhecer a residência, com todo o carisma da poeta ainda presente no local. Galassi, ao voltar para Nova York, tentou obter fundos para que a casa fosse transformada num centro de poesia e tradução. Sem sucesso.

Quase dois anos depois de vir ao Brasil, Deb teve um ataque cardíaco ao estacionar o carro na frente da sua casa e morreu na hora. Foi vista com a cabeça caída sobre o volante por um vizinho. Passados cinco anos daquela viagem, Ian saiu do interior da Inglaterra, onde mora, para fazer a apresentação do prêmio que ganhei na Feira de Londres em 2017. O mercado editorial passa longe da profissionalização, em vários aspectos. Um exemplo é este: o premiado do Life Achievement Award, e não a instituição outorgante, é quem deve convidar aquele que fará a entrega do prêmio e homenageará com um discurso o agraciado. Passei dias de suprema vergonha e ansiedade, depois de solicitar ao agente de Ian que o convidasse. Acho que escrevi a Peter Straus, que dirigia a agência depois do falecimento de Deb, umas três vezes, quase instando o autor a não topar. Por sorte ele não me ouviu.

Situações como essa são frequentes. Em muitas ocasiões, em outros países, ao editar um livro, o autor é incumbido de pedir comentários favoráveis, as famosas *quotes* ou *blurbs*, para constarem na contracapa. No caso do meu livro sobre depressão, publicado em 2021 e traduzido em algumas línguas, me recusei a fazer tal papel.

Andrew Solomon é mais que um bom amigo. Por uma dessas incompreensíveis bobagens de editor, perdi a oportunidade de ser o primeiro a lançar no Brasil *O demônio do meio-dia*, um dos melhores livros sobre depressão jamais escritos. Mais tarde, o livro passaria a ser publicado pela Companhia, junto com toda a obra de Solomon.

Andrew e eu temos em comum a depressão que nos acomete. Quando fui convidado a ir pela primeira vez à sua elegante residência no bairro do Chelsea, em Nova York, o assunto logo nos uniu. De alguns anos para cá, ele esteve entre as pessoas mais próximas de mim, com convites frequentes para jantares e almoços em sua casa, a cada ida minha a Nova York. Em muitas dessas ocasiões me incentivou, com sutil insistência, a escrever meu relato pessoal, além de atuar como conselheiro sobre a doença, que vira e mexe mostra sua cara. Fez questão de que eu checasse minha medicação com seu psiquiatra e ofereceu a casa para celebrar a edição de *The Absent Moon*, título das edições em inglês de *O ar que me falta*. Quando da publicação, Andrew quis dar uma grande festa, o que não pude aceitar, envergonhado. Escreveu um elogio, estampado na contracapa do livro, que leio sempre que perco a confiança nos meus dons como escritor. Me entrevistou para o lançamento da edição norte-americana num ato típico da sua generosidade.

Robert Darnton — um grande escritor norte-americano, conhecido por suas qualidades literárias e recortes historiográficos inovadores, no trato do cotidiano da França iluminista — é um caso parecido com o de Amos. Ficou nosso amigo numa ocasião em que foi trazido para o Brasil pelo serviço cultural do consulado do seu país. No domingo fomos ao Ibirapuera, bater uma bola com meu filho, Pedro, na época ainda bem pequeno. Depois almoçamos os dois numa churrascaria e assistimos à partida de futebol no Morumbi em que o Brasil ganhou da Venezuela de 6 a 0. No caminho para casa, paramos numa banca e tomamos uma água de coco bem doce e gelada. No começo da noite, fomos buscar a Lili e, sem ingressos, seguimos para o Palace a fim de tentar entrar no show de Caetano Veloso. Conseguimos três lugares ótimos, através de uma jornalista que me reconheceu. Quando o levávamos de volta ao hotel, Bob disse que aquele tinha sido o melhor dia da vida dele, excetuado o do seu casamento.

Além de Deborah Rogers, fiz grande amizade com a diretora de direitos autorais estrangeiros da editora Knopf, Carol Brown Janeway. A relação dos editores com os profissionais de venda de direitos nem sempre é pacífica. As disputas através de leilões de obras de potencial alto de vendas por vezes nos separam. No entanto, com Deb e Carol cheguei à mais pura amizade advinda de um contato profissional. Carol ouviu falar de mim quando a assistente dela comentou que um jovem, que abria uma nova editora no Brasil, de toda a lista de livros da Knopf desejava comprar somente os direitos para uma coletânea de poemas de Wallace Stevens. Carol quis saber quem era o rapaz que, segundo ela, tinha dinheiro para jogar pela janela. Por sorte, estava equivocada. A antologia, em tradução de Paulo Henriques Britto, vendeu bem, e se encontra no catálogo da Companhia até hoje.

Carol Brown Janeway costumava eleger um grupo de editores protegidos, em vários países, todos homens, para os quais oferecia seus livros preferencialmente. Entre eles estava eu. Com seu vestido sempre azul, abaloado, o comprimento chegando bem abaixo dos joelhos, maquiagem presente, para deixar a pele branquíssima e saudável, e uma bolsa preta entre as mãos, ela andava pelos corredores de Frankfurt, determinada, praticamente sem olhar para os lados. Carol era uma mina de informações sobre livros de outras editoras e agências, e gostava de compartilhá-las conosco. Assim, fiquei sabendo de Sándor Márai, entre outros. Ela foi o único caso que conheci de chefe de direitos que, além de coordenar as vendas do seu departamento, comprava licenças, editava e traduzia parte dos livros que contratava, nesse caso na função de editora, que acumulava com a que exercia.

Numa ocasião resolveu visitar o Brasil. Veio acompanhada de Maria Campbell, *scout* da Companhia das Letras em Nova York, e de seu marido Woody Campbell. Maria é das grandes amigas que fiz na vida. Foi, afora minha família e pouquíssimos amigos, a única pessoa a acompanhar de perto a minha crise depressiva de 1999. O trabalho de um *scout* é informar aos seus representados em primeira mão a respeito de livros que virão a ser publicados, em seu país e no mundo. Representa apenas um editor em cada mercado, e tem rotina absolutamente competitiva com seus pares. Em meio a esse dia a dia de trabalho agitado, Maria veio várias vezes para cá, onde cunhou o meu apelido de Concierge, pois eu organizava minuciosamente nossos tours pelo país.

A Knopf, na época em que Carol veio ao Brasil, havia encomendado as memórias de Caetano Veloso, *Verdade tropical*. Além disso, já publicara *Estorvo* — que se chamou *Turbulence* na edição norte-americana pelo selo Pantheon. Não sei como consegui nem o que passava pela minha cabeça, mas organizei um jantar no Rio com os dois compositores, Carol, Maria e Woody. Carol era uma senhora que nada entendia de música popular, frequentava um festival de canções de Schubert, ao qual ia todo ano com seu grande amigo Ravi Mirchandani, de quem também sou muito próximo. Eu sempre a convidava a me acompanhar a óperas e concertos em Nova York. Quando saímos do jantar, que foi maravilhoso apesar do grupo inusitado, ainda no táxi Woody Campbell perguntou à nossa amiga da Knopf: "Carol, você faz alguma ideia de quem são as pessoas com quem jantou hoje? Simplesmente esteve por algumas horas com John Lennon e Bob Dylan!".

Vale a pena narrar um último episódio meu com Carol. Ao ser agraciada com o prestigioso Ottaway Award, minha amiga me pediu que fizesse o discurso de apresentação na noite em que receberia o prêmio. Fiquei honrado. Acontece que tive uma ideia ridícula e meu discurso, em vez de versar exclusivamente sobre Carol, começava com parte de um conto meu em que um empresário que ganhava um prêmio de marketing não falava sobre seus méritos, mas fazia longa digressão sobre um quadro de sua importante coleção, no qual um ramo de capim brotava em plena praia tropical. Minha intenção era mostrar que a literatura surge de certa maneira com componentes inesperados, ao acaso. Ninguém entendeu que se tratava de uma ficção, e muitos, depois do discurso, vieram me perguntar sobre meu amigo, se ele estava bem. Minhas intenções com aquela metáfora me parecem hoje incompreensíveis. Após a introdução pseudoliterária, fiz todos os elogios à minha amiga, que, no final, acho que ficou feliz, ou ao menos nada disse sobre algum constrangimento em razão da minha infantilidade na abertura do discurso.

Não há espaço para falar de todas as amizades. Menciono as que espelham de certa forma a relação com meu querido Amos. Cada uma é, portanto, única e inigualável.

Lembro também que são bastante comuns casos opostos. Fraternidades que nunca surgem, sendo a edição apenas um negócio ou uma sociedade. Há casos piores, aqueles que terminam em enorme sentimento de ingratidão, seja por parte do editor, seja por parte dos escritores ou escritoras.

Quase sempre, o anúncio do Nobel ocorre durante a festa do livro na Alemanha. Enquanto Amos estava vivo, eu ia todo ano ao pequeno estande de sua agente, Deborah Owen, para torcer com ela pela premiação do nosso grande amigo. Numa ocasião ele ficou bem perto de ganhar. A Academia Sueca chegou a consultar, um dia antes, o editor francês de Oz, que lhe era bastante íntimo, para saber onde o autor estaria no horário do tradicional anúncio. Esse editor me contou, em confidência, sobre o telefonema, mas no momento da premiação foi pronunciado o nome de Doris Lessing no lugar do de Amos. Com todo o respeito à maravilhosa autora britânica, fiquei muito triste. O escritor israelense, por outro lado, nunca acreditou que o prêmio lhe seria concedido. Dizia que a Academia Sueca, nos anos mais recentes, não premiaria alguém do Estado de Israel, ainda que se tratasse de um pacifista.

Quando há amizade, afeto ou algum tipo de amorosidade no trabalho editorial, nossa vida fica bem melhor. É bom quando podemos encontrar nos autores a grandeza que emana da sua literatura. E em contrapartida ter inteireza para lidar com a obra alheia. (Isso também vale, como vimos, para profissionais com quem compartilhamos os mesmos valores.)

Amos me proporcionou tudo isso e muito mais. De sua literatura emanava afeto e grandeza humana, que ele, com generosidade incomum, trouxe para nossa convivência.

15. James Joyce encontra Adelaide Carraro

No início deste livro, contei a história da fundação da Random House por Bennett Cerf e Donald Klopfer, em 1927. É interessante saber que o primeiro best-seller da nova editora irá aparecer só em 1934, e de forma bastante inesperada — como, aliás, costuma acontecer com os best-sellers. Além disso, o grande hit de vendas da Random House nasceu a partir de um memorável marco em defesa da liberdade de expressão.

Trechos de *Ulysses* de James Joyce foram publicados em 1918 pela primeira vez nos Estados Unidos pela *Little Review*. A reação foi imediata. Com direção literária do poeta Ezra Pound, o periódico, como o próprio nome dizia, era pequeno, também em circulação e recursos. Os problemas da revista com a censura começaram em 1917, em virtude da edição de um conto de autoria de Wyndham Lewis sobre um soldado britânico que engravida uma mulher durante a

Primeira Guerra Mundial e ignora seus chamados, por estar na trincheira, como se dizia então, "estourando miolos de alemães". O texto foi considerado "obsceno", justamente numa época em que a preocupação com a espionagem e o patriotismo se misturavam com a censura moral e de costumes. Suponho que o conto passava no primeiro quesito, mas não no segundo. *Ulysses* foi um problema ainda maior.

Na ocasião, o órgão responsável pela censura era o Serviço Postal dos Estados Unidos, que tinha 300 mil funcionários distribuídos pelo país. Com seu poder brutal e disseminado, e num contexto marcado por conflitos externos e internos, as arbitrariedades foram imensas. Dizem, aliás, que a preocupação dos censores com James Joyce teria se iniciado por conta da nacionalidade do escritor. Na Primeira Guerra, um número significativo de irlandeses atuavam como espiões, pois viam no apoio à Alemanha uma forma de enfraquecer o Reino Unido e, assim, viabilizar a independência do seu país. Em determinado momento, os censores britânicos chegaram a cogitar que a linguagem truncada de *Ulysses* era um código de guerra. Apesar de Pound haver cortado alguns trechos mais fortes, quando da impressão dos primeiros fragmentos pela *Little Review* o texto foi imediatamente proibido, tornando inviável a edição integral do livro nos Estados Unidos.

A luta pelos interesses nacionais de guerra e a confusão entre anarquismo e linguagem livre são muito significativas para entender a cabeça dos censores de livros, não só então, mas história afora. No Espionage Act, arrolado para a interdição de obras literárias, a liberdade de expressão era literalmente considerada um crime. O primeiro trecho censurado de *Ulysses* na *Little Review* é uma rememoração em que o afeto entre Leopold e Molly acaba culminando apenas em beijos calorosos. Mas a situação se prolongará, num crescendo, com a tentativa da mesma revista de publicar novos excertos. As seguidas interdições à obra começaram nos Estados Unidos em 1918, no fim da guerra, estendendo-se até 1922. Na Inglaterra, os processos duraram até muitos anos depois de findo o conflito mundial. A literatura mais ousada continuava sendo tida como um risco à sociedade, e Joyce foi admoestado nas ruas de Paris, onde certa vez o chamaram de "escritor abominável". O "anarquismo literário" de um texto sublime, que nada possuía de subversivo além de sua linguagem, tinha um carisma tão grande que diversas forças conservadoras se juntaram contra ele.

Com *Ulysses* proibido nos Estados Unidos e em seguida na Inglaterra, a única edição em inglês disponível era a da também pequena livraria Shakespeare and Company, de Paris, que, vez por outra, era levada às escondidas, para outros países, por leitores afeitos para ler a obra-prima do autor irlandês. Dizem que Ernest Hemingway, que morava entre os Estados Unidos e Paris, foi um dos maiores contrabandistas do livro.

Em 1932, Bennett Cerf pediu à dona da livraria parisiense que marcasse um encontro com Joyce, e com ele acertou a compra dos direitos norte-americanos de *Ulysses*. Cerf organizou uma estratégia de luta jurídica pelo fim do banimento da obra em território americano. Para tal contratou um conceituado advogado chamado Morris Ernst, oferecendo-lhe participação nos direitos autorais do livro, caso a liberação viesse a ser lograda. O advogado, que acabaria recebendo direitos até *Ulysses* entrar em domínio público — e assim ficando milionário com a vitória —, preparou a defesa com a montagem de uma edição especial do livro, de um exemplar apenas. Nesse volume, foram inseridas as mais importantes críticas publicadas a respeito do texto, de autores renomados como Ezra Pound, Edmund Wilson e Ford Madox Ford. O passo seguinte era fazer com que aquele exemplar fosse trazido para os Estados Unidos e apreendido na alfândega. Só desse modo poderia ser aberta uma ação contra a proibição.

Para garantir a apreensão, Cerf enviou um despachante para aguardar o portador do volume manufaturado, antes desgastado propositalmente, para que parecesse um surrado exemplar da obra. O emissário então denunciou o portador aos funcionários da alfândega, dizendo que sabia que ele contrabandeava um item proibido no país. Os representantes da polícia alfandegária não deram bola para a contravenção, e o despachante foi obrigado a exigir, em altos brados, a verificação da bagagem do viajante. Ao abrir a mala, mais uma vez se recusaram a apreender a cópia, alegando que todo mundo que vinha de Paris trazia um exemplar de *Ulysses*. Foi necessária muita insistência, e mais berros, para que o item fosse confiscado. A partir daí se tornou possível a apelação à corte. Ernst defendeu de maneira brilhante o livro, conjuntamente com um discurso a favor da liberdade de criação. No seu parecer, os argumentos literários se transformam em jurídicos. Em 1934, dois anos depois dos primeiros contatos de Cerf com Joyce, *Ulysses* foi enfim publicado nos Estados Unidos.

Tendo a proibição prévia e a campanha judicial pela liberdade artística como grandes esteios para a divulgação da obra, um dos romances mais difíceis da língua inglesa se converteu num enorme best-seller. O primeiro e, até ali, o maior da jovem editora.

Cerf relata também, em *At Random*,[1] uma batalha posterior que travou pelo *Ulysses* de Joyce e que é igualmente curiosa. Para expor o livro recém-liberado no maior número possível de pontos de venda, o editor procurou a American News Company, que possuía uma grande rede de distribuição espalhada pelo país. A conversa de Cerf com o comprador da empresa é fantástica, e a comemoração do editor norte-americano, ao vender 5 mil exemplares de uma obra tão difícil, em pontos apropriados para produtos puramente comerciais, pode parecer um déjà-vu para qualquer editor em atividade. Mas não, o que Cerf logrou para o tipo de obra em questão foi um feito extraordinário, num tempo em que as tiragens e vendas médias eram bem menores.

Hoje, entendo perfeitamente a alegria de Cerf naquela ocasião. Vitória tornada jurisprudência a favor da liberdade de expressão, seguida de sucesso comercial de uma das obras-primas da literatura mundial: poderia haver exemplo mais significativo para quem militou e para os que continuam a lutar pela literatura e pela popularização de obras complexas e de antigas manifestações artísticas da humanidade?[2]

Outro caso de banimento, ainda mais grave, atingiu, muito tempo depois, a obra *Os versos satânicos*, com a ordem de assassinato de seu autor, Salman Rushdie, dada pelo aiatolá Ruhollah Khomeini a todos os fiéis do Islã no dia 14 de fevereiro de 1989.

A conclamação começava com a frase: "De Alá viemos e a ele retornaremos!". A condenação se estendeu aos tradutores e editores da obra. O escritor passou a viver clandestinamente, com proteção da Scotland Yard. O seu tradutor japonês foi atacado e morto com inúmeras facadas. O tradutor italiano também foi esfaqueado, mas sobreviveu. Já o editor norueguês sofreu um atentado a tiros. Foi ferido, mas não ocorreu nada de mais sério. Salman ficou escondido durante muito tempo. Há muitos anos voltou a circular livremente, supondo que a *fatwa* fora esquecida. No dia 12 de agosto de 2022, um jovem de nome Hadi Matar, depois de uma pesquisa na internet, resolveu cumprir a sentença, que completava 33 anos. Para isso seguiu o escritor até a Chautauqua Institution, no interior do estado de Nova York, onde Salman daria uma palestra. Lá, aproveitando que não havia nenhum esquema de segurança especial, subiu no palco e esfaqueou Rushdie doze vezes. Este, após longa internação e várias intervenções cirúrgicas, sobreviveu com bravura, mas perdeu o movimento de um dos braços e uma vista. Esteve muito perto da morte, quando se imaginava livre para viver normalmente. Escrevi-lhe no período em que estava no hospital e chorei quando, mais tarde, ele me respondeu: *"Luiz, I am on my way back"*.

O que aconteceu com *Os versos satânicos* no Brasil é também digno de nota. Quando a obra foi publicada em inglês, a editora brasileira de Rushdie era a Guanabara, cuja linha literária era comandada por Pedro Paulo de Senna Madureira. Antes da *fatwa*, Andrew Wylie, agente literário do escritor, desejava trocar a casa de Rushdie aqui. Falou comigo durante a Feira de Frankfurt e ficou de enviar o novo livro do autor. Passado pouco tempo da conversa, saí de férias com a minha família. No hotel em que nos hospedávamos só havia uma tv, que ficava numa sala ao lado do saguão. Certa noite, assistindo ao *Jornal Nacional*, vi a notícia da assustadora condenação do escritor. Imediatamente telefonei para minha secretária e perguntei se chegara algum pacote fechado da agência Wylie, Aitken & Stone. Na época os livros eram enviados em cópias impressas. No topo da correspondência encontrava-se um envelope com *Os versos satânicos*. Pedi a ela que mantivesse o pacote fechado e não comentasse o fato com ninguém.

Quando voltei de viagem, já havia um burburinho a respeito do destino do livro no Brasil. Pedi dois pareceres sobre a obra. Um para Rubem Fonseca, que foi francamente favorável à publicação, e outro para Paulo Francis, que foi contra. A revista *Veja* me ligou perguntando se eu iria publicar o romance. Disse que estava esperando os pareceres. Já tinha decidido editar *Os versos satânicos*, mas precisava ganhar tempo. A resposta que ouvi do jornalista foi: "Você está louco, você é judeu!". Eu disse que não me importava, que era minha obrigação lutar contra uma determinação como aquela, mas que aguardava as leituras.

Logo em seguida, Alfredo Machado anunciou que publicaria a obra como ato simbólico pela liberdade de expressão. Tive uma conversa com meu sócio e com meus funcionários e, para minha surpresa, uma pessoa importante na Companhia se opôs veementemente à edição. O argumento era o de que poríamos em risco a integridade física de muita gente. Não tive como não aceitar a objeção. Quando comuniquei, com enorme desconforto, a decisão da editora, a *Veja* soltou uma matéria criticando a pusilanimidade dos editores brasileiros. Alfredo Machado voltou atrás, dizendo que a minha recusa trouxera má publicidade ao livro e que por isso a obra não iria vender. Tentou montar um consórcio de cinco editoras para a publicação. Eu argumentei que deveríamos estendê-lo a qualquer editora que desejasse se manifestar a favor da liberdade de expressão, e procurei os órgãos de classe. Tanto a Câmara Brasileira do Livro como o Sindicato Nacional dos Editores de Livros se opuseram a organizar tal empreendimento. Falei com Fernando Morais, na ocasião secretário da Cultura do governo Orestes Quércia, que topou encabeçar o consórcio. Respirei aliviado, mas por pouco tempo. O governador vetou a realização da edição coletiva pela Secretaria de Cultura do Estado.

Passados alguns anos, venci as resistências e publiquei *Os versos satânicos*. O escritor vivia com alguma liberdade, ainda protegido pela Scotland Yard, mas aceitou meu convite para vir ao Brasil. Antes dele, recebemos um emissário do serviço secreto inglês, que verificaria todos os detalhes da visita. Na ocasião, fomos informados de que a Scotland Yard só podia operar em território britânico, logo a permanência de Rushdie aqui seria supervisionada pela Polícia Federal brasileira. Foi aí que a viagem começou a se tornar inviável. Para sua estadia, o escritor teria que usar um colete à prova de bala, não poderia passear por locais públicos nem ir a um jogo de futebol. Analisando com os olhos de hoje, talvez tivessem razão. Nesse meio-tempo, creio que um publicitário que sabia da visita, pois trabalhava para nós, contou a uma coluna social sobre a vinda de Salman. O assunto, por motivos óbvios, era mais que sigiloso. A colunista publicou uma nota dizendo algo do gênero: "Se você entrasse num voo e a seu lado estivesse o autor de *Os versos satânicos*, o que você faria? Pois isto está para ocorrer. Salman Rushdie vem para o Brasil".

Após essa nota, a Polícia Federal ampliou suas exigências. A Companhia das Letras deveria fechar dois andares inteiros do hotel onde o escritor se hospedaria e pagar por eles. Teria também que contratar dois carros blindados e garantir a remuneração dos policiais alocados para a tarefa. Logicamente abortamos a viagem, informando a Rushdie que, se ele viesse para o Brasil, acabaria refém da Polícia Federal, preso a um esquema de segurança muito mais rígido que o implantado no Reino Unido. Além do quê, nunca poderíamos arcar com todas as despesas propostas.

Mais à frente, Salman viria três vezes ao país, com toda a liberdade. Nem ele nem nós poderíamos imaginar que a maldição lançada pelo aiatolá ainda cairia sobre as suas costas, por um acaso terrível, tantos anos depois.

Nos dias de hoje, os banimentos nos Estados Unidos voltaram à moda. Por todo o país, grupos conservadores, incluindo pais de alunos, têm entrado com ações que pedem o recolhimento de livros das bibliotecas públicas e escolares. Os "militantes morais", que atuam nos conselhos das escolas e distritos educacionais, conseguem a proibição de obras de Harper Lee, Margaret Atwood, Anne Frank, Aldous Huxley, John Steinbeck, Mark Twain, John Green e Dav Pilkey (autor de *Capitão Cueca*), entre tantos outros autores, nessas bibliotecas. A lista é enorme. Quando este livro foi escrito, ela atingia 1207 autores, 268 ilustradores e catorze tradutores. O estado que concentra, de longe, o maior número de banimentos é a Flórida, cuja legislação permite tal prática. A maioria das obras censuradas se destina ao público jovem, e uma boa quantidade delas traz personagens negros. O preconceito racial expresso na censura aos livros salta aos olhos. Vem disfarçado de denúncia moral. Entre os escritores banidos, estão luminares da literatura mundial como Toni Morrison e Alice Walker.

A prática está disseminada pela maior parte dos estados norte-americanos. Há instituições lutando contra a fúria censora, mas a verdade é que perto de 80% dos casos passam despercebidos. A Penguin Random House, de maneira corajosa, entrou recentemente com uma ação, em conjunto com a Iowa State Education Association, para combater uma lei do estado que permite o banimento de livros. Juntaram-se ao processo uma escola, um aluno, dois professores, um bibliotecário e quatro autores, entre eles John Green e Jodi Picoult. Por essa nova lei de Iowa fica proibida a oferta de livros, em bibliotecas públicas ou escolares, com qualquer tipo de descrição ou ilustração de cunho erótico, ou mesmo sobre identidade de gênero e orientação sexual. A editora e seus parceiros tentam mostrar que deve haver liberdade para retratar literariamente tudo, sem classificar obras importantes da literatura juvenil e mundial como pornografia. Buscaram defender direitos dos cidadãos, através da lei federal, que garante a liberdade de expressão. A lei do estado de Iowa, que originou a ação judicial da maior editora do mundo, é paradoxal, já que permite a compreensão de que um jovem de dezesseis anos pode fazer sexo e assistir a material de cunho erótico nas redes, mas não pode ler a esse respeito. Boa parcela dos livros banidos, vale dizer, não têm o conteúdo sexual como parte central da narrativa. A Penguin Random House também lançou um site chamado Let Kids Read, num passo a mais para acabar com essa prática discriminatória. São atitudes que honram a memória do fundador da casa, Bennett Cerf.

Mais recentemente, as cinco maiores editoras dos Estados Unidos, sob a liderança da Penguin Random House, entraram com uma nova ação, desta vez contra uma lei do estado de Idaho, que permite, entre outros atos de censura, que pais de menores de idade peçam a interdição de obras literárias que considerem inapropriadas para a leitura dos jovens. Além disso, nos primeiros dias do segundo mandato da administração Trump, fizeram-se ameaças às escolas militares que não viessem a exercer o banimento moral de livros, como nos exemplos anteriores. No estado do Tennessee, mais de 1400 livros foram retirados das bibliotecas de escolas públicas, de 2023 até o final de 2024. Do mesmo modo que obras a respeito dos temas citados acima, livros como *Vive la France*, sobre a Resistência Francesa durante a

Segunda Guerra Mundial, *Guerra dos tronos* e o clássico de Andrew Solomon, *Longe da árvore*, sobre vários tipos de parentalidade, foram proscritos.

Infelizmente, nos últimos anos, tentativas de banimento por critérios morais têm acontecido com frequência no Brasil. Os números são menores do que nos Estados Unidos, porém os casos são graves. O clamor pela proibição de livros em escolas privadas parte dos pais, que querem impedir que obras contendo violência e qualquer alusão a sexo cheguem a seus filhos, mesmo que estes já frequentem o ensino médio. Mas há também iniciativas públicas de censura, encabeçadas por deputados e vereadores de vários pontos do país.

Episódios brasileiros de banimento ocorreram, por exemplo, em Santa Catarina, onde a influência bolsonarista tem sido forte nos últimos tempos. Lá o governo estadual baniu de qualquer instituição escolar livros como *Laranja mecânica* de Anthony Burgess, *It* de Stephen King, *A química entre nós* de Larry Young e Brian Alexander, e outros nove títulos. No caso, o medo do censor se referia mais a livros de horror e distópicos. Recentemente, um deputado conservador exigiu a retirada, do vestibular da Universidade de Rio Verde, em Goiás, do livro *Eu receberia as piores notícias dos seus lindos lábios* de Marçal Aquino. A escritora Luisa Geisler foi desconvidada de um festival do livro em Nova Hartz, no Rio Grande do Sul, pela prefeitura local. Os motivos desses atos censórios nem sempre são claros, usualmente são arbitrários e têm origem no grupo de direita radical que tomou conta de parte do nosso país.

O escritor Jeferson Tenório e seu importante livro *O avesso da pele* têm sido alvo de censura. O romance, vencedor do prêmio Jabuti, desvenda, através de trama muito bem urdida, as práticas de racismo no Brasil. Em 2022, Jeferson aceitou o convite para participar de um debate com alunos do colégio Land School, em Salvador, que adotara a obra. Antes de embarcar para a capital baiana, o escritor começou a receber, em seu Instagram, ameaças de morte por meio de um perfil anônimo. O evento foi mantido, mas teve que ser digital, pois a escola não tinha como garantir a integridade física do autor. Este ano, a mesma obra, que havia sido selecionada em 2022 por um programa significativo do Ministério da Educação, foi atacada nas redes pela diretora de uma escola e posteriormente retirada dos colégios pela Coordenadoria Regional de Educação. Diante da indignação geral, a instituição voltou atrás. O fato se deu na cidade gaúcha de Santa Cruz do Sul. A razão alegada foi a presença de "palavras de baixo calão" no romance. A compra dos livros do Programa Nacional do Livro Didático (PNLD) é descentralizada e passa pelo crivo dos professores e de especialistas em educação. A diretora que protestou tinha assinado a ficha de compra de *O avesso da pele* por sua escola. Trata-se de mais um episódio em que o racismo se disfarça de defesa da moral e dos bons costumes. Se nesse caso o veto foi suspenso, o vídeo da diretora repercutiu nas lides bolsonaristas e o pedido de recolhimento do livro ocorreu, em sequência, no Paraná, em Goiás e em Mato Grosso do Sul. Conseguimos através dos advogados da editora que a decisão de compra do governo federal fosse mantida e que os livros retornassem às bibliotecas em dois estados, Paraná e Goiás. Como nos Estados Unidos, o que está implícito nos atos de censura parte, além da motivação política, de um desconhecimento da maturidade do jovem leitor de mais de quinze anos, e do abuso moralista contestando os critérios educacionais de profissionais ilibados contratados tanto pelas editoras como pelo Ministério da Educação. Por trás de tudo está o racismo dissimulado, ao transformar em romance pornográfico uma obra com denúncia de violência policial contra negros.

Voltando um pouco na história, durante a ditadura militar no Brasil a censura proibiu cerca de 220 livros, de ficção e de não ficção. É curioso que a mesma proibição de caráter moral tenha estado muito presente já naquela época, levando autoras de livros eróticos como Cassandra Rios, Adelaide Carraro e outras a se tornarem as mais proibidas do Brasil militar. Juntar esses casos com os de censura e banimento a livros mais literários ou de outros gêneros é interessante. O que teriam em comum James Joyce e Cassandra Rios? Os dois mostram a absurda desculpa moral que embasa a maior parte das decisões dos censores advindos dos grupos ultraconservadores.

Feliz ano novo de Rubem Fonseca, *Zero* de Ignácio de Loyola Brandão, *O casamento* de Nelson Rodrigues, e livros de Caio Prado Jr., Darcy Ribeiro e Fernando Henrique Cardoso estiveram juntos sob a pecha de "vetados". Assim como dezenas de obras de teatro de Plínio Marcos e Oduvaldo Vianna Filho, e tantas outras.

É verdade que a censura de livros nos anos de chumbo não foi muito eficaz. Talvez possa ter inibido novas edições, mas na prática a máquina do governo não conseguia retirar os livros de circulação. A censura não era prévia, como nos jornais, que eram poucos e onde os censores podiam trabalhar in loco. Como controlar antecipadamente os aproximados 10 mil títulos por ano que as centenas de editoras do país publicavam? Apesar de algumas obras de cientistas políticos terem tido sua circulação proibida, várias outras, desses mesmos autores ou de outros analistas do regime militar, tomaram as livrarias. Com texto de alto nível, esquartejavam o Brasil da ditadura. Editores foram verdadeiros heróis e mostraram como pode ser importante atuar contra o autoritarismo por meio da literatura, ensaios e obras de denúncia. Entre eles se destacaram Ênio Silveira, da Civilização Brasileira, Jorge Zahar, da Zahar, Fernando Gasparian, da Paz e Terra e da revista *Argumento*, e Caio Graco Prado, da Brasiliense.

Todas essas tristes histórias servem para nos lembrar como é bom poder escolher o que queremos ler. Se um livro ferir moralmente algum leitor ou leitora, basta reagir a ele com desprezo, para que aqueles que não compartilham da mesma ideia possam usufruir livremente da obra. Assim, os jovens leitores serão tratados como pessoas maduras, capazes do exercício da escolha. No caso dos pequenos leitores, a seleção dos livros cabe aos professores e aos pais, que para tanto também devem ter liberdade. Sem ela não podemos viver plenamente.

16. Oliver

Conhecer Oliver Sacks pessoalmente foi dos grandes privilégios da minha vida profissional. Eu admirava muito a obra dele, e um de seus livros, *Vendo vozes* — quando já éramos amigos —, me inspirou a tentar escrever um romance. Por sorte, caí fora dessa empreitada a tempo.

Oliver se encantou com as capas realizadas por Zaven Paré e Hélio de Almeida. Eram abstratas, com cores fortes. Foi minha a ideia de fazê-las assim, com um acetato portando o título e seu nome. A arte reproduzia a multiplicidade de cores que emanava da obra do grande neurologista. Nela, Sacks trata do cérebro, assim como das emoções humanas, com um estilo simples mas muito literário. A mente humana em seus livros é como um romance involuntário, pleno de cores e singularidades.

Partindo do fato de sua assistente, Kate Edgar, ter dito que aquelas capas estavam entre as favoritas dele, tomei coragem e o convidei para um almoço numa das minhas estadas em Nova York.

Deu certo. Nos encontramos num restaurante japonês perto do seu escritório, no Village. Ele estava bastante calado, trajava um terno que parecia uma armadura num homem que claramente precisava de espaço e não costumava usar aquele tipo de vestimenta. Nunca mais o vi com uma roupa tão formal. No meio do almoço, sem pedir licença, ele saiu para andar pela rua. Kate explicou que Oliver não conseguia ficar parado num lugar por muito tempo. O mais inacreditável foi o momento em que ele se dirigiu a uma daquelas tampas, típicas das ruas de Nova York, de onde emanam nuvens de fumaça branca. Ficou ali, por alguns momentos, cheirando o vapor do qual ninguém se aproxima. Eu o olhava intrigado, com seu terno cinza, os braços para trás e o dorso inclinado na direção da fumarada.

Depois disso, o almoço continuou bem; eu não estava tímido, e Kate ajudou bastante. Percebi que Oliver Sacks era gago naquele dia. Quando ele veio ao Brasil pela primeira vez, me preocupei com esse fato antes da sua palestra num teatro no Rio de Janeiro. É claro que não toquei no assunto, mas após a conferência, na qual falou com desenvoltura, ele me disse que durante eventos públicos a tartamudez não ocorria. Nesse ponto, Oliver lembrava um personagem do seu livro *Um antropólogo em Marte*, o cirurgião que tinha síndrome de Tourette e que apenas na sala de operações não tremia nem se descontrolava fisicamente ou falava palavrões. Sacks ficou muito emocionado com o fato de que uma mulher negra resolveu, por si própria, fazer a tradução da conferência em linguagem de sinais num canto do palco. Foi mágico.

Ao escrever este texto, me pergunto como tive coragem de sugerir o encontro, coisa pouco comum entre editor estrangeiro e escritor. Um autor da estirpe de Oliver Sacks pode ter em torno de quarenta editores espalhados pelo mundo. Não há como receber a todos. Não sobraria tempo para escrever. E mais, não sei dizer como se deu o salto desse primeiro encontro para um contato frequente, a cada visita minha a Nova York. Além disso, Sacks foi um dos autores que me enviaram mais de uma carta, datilografada num bonito papel pessoal, comentando as edições de seus livros no Brasil.

Criei tal espaço com muitos escritores. Será que o recrudescimento da minha timidez permitiria essa desenvoltura social que tive em tantas ocasiões? De fato, eu era outra pessoa. Talvez ainda hoje, no exercício da minha profissão, eu conseguisse o que consegui, porém tenho dúvidas. Me tornei bem mais fechado e antissocial. Por outro lado, é fácil ser assim após algumas conquistas realizadas e contando com uma ótima equipe de editores. Mas pode ser que minha audácia, ou cara de pau, continuasse a mesma.

As duas vindas do escritor ao Brasil foram memoráveis. Ele fez um par de exigências para visitar o país: horários livres para as sessões telefônicas com seu psicanalista e uma piscina de pelo menos 25 metros para nadar todo dia. No Copacabana Palace, onde o hospedamos, este último desejo foi satisfeito. Em São Paulo, fizemos um acordo com o Clube Pinheiros. No Rio, Oliver e seu companheiro de viagem foram tomar um banho de mar na Prainha, que fica no final da Barra da Tijuca. Um motorista contratado pela Companhia das Letras os acompanhou. Passado muito tempo, o chofer começou a ficar preocupado. Olhou na direção do horizonte e não conseguiu enxergá-los. Pensava no pior quando Oliver e seu amigo apareceram. Haviam nadado para longe, talvez até alto-mar.

Ainda no Rio de Janeiro, o maior prazer dele foi ir ao Jardim Botânico. Passou horas ali, examinando cada planta em detalhe. Essa também tinha sido uma de suas requisições, conhecer o parque criado por d. João vi, que possuía espécimes não encontráveis em outros locais.

Em São Paulo, o ponto alto da visita foi uma ida ao centro da cidade com a Lili. Lá visitaram a Botica Ao Veado d'Ouro, uma farmácia como as de antigamente, com os componentes medicinais, in natura, armazenados em frascos volumosos de vidro. Sacks se emocionou com o que viu. Depois foram ao Sebo do Messias, de onde ele saiu também maravilhado. Se não me falha a memória, o visitante comprou um livro de poesia em inglês. No mais, amou o centro antigo.

Uma palestra estava programada para o dia seguinte no auditório do Masp. No jantar da véspera, eu aproveitei a intimidade conquistada e perguntei a ele como fazia para falar tão bem para grandes plateias.

"Luiz, eu escolho uma pessoa no auditório e falo só para ela, o tempo todo."

Na noite da conferência, fiz uma breve apresentação do seu trabalho e, ao passar a palavra ao escritor, tomei assento a seu lado. Minha mãe costumava ir aos eventos da editora, e justamente nessa ocasião estava sentada na primeira fileira do teatro. De repente, no meio da fala de Oliver, olho para ela e a vejo num sono profundo, roncando com a cabeça caída sobre o torso. Entrei em pânico: e se ela tivesse sido a escolhida para guiar a concentração dele? E mais, no final dos lançamentos, para meu constrangimento, a Mirta costumava se apresentar aos autores, dizendo ser minha mãe. Isso não poderia acontecer naquela noite! Comecei a balançar meu rosto, fazer caretas e mexer as mãos, mas não podia descer do palco para acordá-la. Tomei cuidado para que ela não se apresentasse ao autor. Dei uma desculpa e a afastei da fila dos autógrafos.

Os encontros em Nova York nos tornaram mais próximos. Passei a ir ao seu escritório na maior parte das minhas estadas na cidade. Numa visita ele tocou piano. Noutra, encomendou comida japonesa para nosso almoço. Recebemos os pacotes, comemos e lavamos os pratos.

Numa ocasião, houve um breve constrangimento entre nós. Depois de ler *Vendo vozes*, me apaixonei pela história dos meninos selvagens que não dominavam nenhuma linguagem mais elaborada. Eles estiveram na moda no século XVIII, quando foram aprisionados e exibidos como objetos exóticos em jaulas, nos castelos, para a realeza e em alguns casos também a populares. Constituíam um contraponto ao Iluminismo. No livro, Sacks se debruça sobre a trajetória de Victor de Aveyron e de Kaspar Hauser, onde há disputa entre a linguagem e a natureza. Fascinado com esse trecho de *Vendo vozes* fui pesquisar os casos reais de Mogli e Robinson Crusoé. A história do náufrago no qual Defoe se inspirou para escrever seu famoso livro parece ter sido muito distinta da que aparece na ficção. Vivendo entre os animais e a natureza selvagem, o náufrago perde o domínio da fala e, ao ser encontrado, demora um tempo para recobrá-lo. O marinheiro escocês não domesticou a natureza, como reza a lenda, mas foi dominado por ela. O caso de Mogli também difere muito dos livros e filmes a seu respeito. Entre os humanos a vida do menino-lobo Dina Sanichar, que inspirou a fábula, definitivamente não tem final feliz.

Com as portas que esse livro me abriu, resolvi tentar escrever um romance, que incluiria todas essas vidas e também a do escultor Franz Xaver Messerschmidt, um estranho artista, ligado às teorias do mesmerismo, que realizou sessenta bustos com diferentes expressões humanas, as quais, de tão humanas, nunca poderiam ser imitadas por nós.* O silêncio e a dificuldade de expressão já eram meus temas prediletos, por isso procurei usar partes do livro de Sacks como inspiração para um romance. Meu texto era sofrível e por demais erudito — eu havia pesquisado todos aqueles casos, e tinha pouca imaginação. Foi a última vez que tentei uma incursão no gênero.

No meio do caminho, enquanto ainda estava entusiasmado com o tema que abordava, fui visitar o neurologista e comecei a falar sem parar sobre o assunto, em especial sobre o escultor austríaco. Oliver me interrompeu, colocando-me no meu devido lugar:

"Eu não estou aqui para ouvir sobre o seu livro, Luiz, mas sim para falar do que estou escrevendo neste momento."

* As esculturas de Messerschmidt encontram-se no Museu Belvedere em Viena.

Percebi o tamanho da minha gafe, mas soube depois dar toda a atenção ao autor e ao texto que ele estava escrevendo. Oliver Sacks me antecipou muitas vezes os temas dos seus livros seguintes.

Uma vez, me contou que sofria de prosopagnosia, doença que dificulta o reconhecimento dos rostos humanos. Disse prestar atenção na voz, na altura e nas formas externas das faces das pessoas, para poder viver melhor socialmente.

Em outra ocasião, me contou do câncer que o fez perder uma das vistas. Falou longamente, misturando saber médico e condição pessoal. Mais tarde, a metástase desse tumor iria aparecer no fígado, feroz e surpreendente. Oliver não escreveu, no fim da vida, apenas a respeito do problema da visão. Num texto comovente descreveu seu sentimento sobre a morte que se aproximava. Ele vivia feliz com um companheiro novo depois de ter assumido publicamente a homossexualidade.

Nem sempre é bom encontrar nossos ídolos pessoalmente. Não foi o que ocorreu no caso de Oliver Sacks. Que privilégio eu tive de conhecê-lo, para além dos livros. Fui a seu memorial, onde Kate Edgar me apresentou o namorado dele. Foi ótimo conhecer o amor que o escritor encontrou já no fim da vida. Sua secretária ficou incumbida de manter viva a chama da obra de Sacks. Tem sido muito bem-sucedida.

Lembro-me por fim de que, numa de suas duas visitas ao Brasil, levei-o para comer num dos ótimos restaurantes de sushi de São Paulo. Enquanto jantávamos, pensei no começo de nossa amizade, em Nova York, quando aquele homenzarrão se curvou para respirar a fumaça das ruas.

17. O escritor no palco

A famosa frase de Flaubert ("Eu sou Madame Bovary") e os célebres versos de Fernando Pessoa ("O poeta é um fingidor/ Finge tão completamente/ Que chega a fingir que é dor/ A dor que deveras sente") são das mais surradas defesas diretas da literatura enquanto dissimulação. Dostoiévski, o autor que escrevia agudamente a respeito das sombrias profundezas da alma humana e mesmo assim dizia acreditar que "a beleza salvará o mundo",[1] era também um grande ideólogo da falsidade implícita no universo da literatura. "A mentira é o único privilégio humano perante todos os organismos."[2] O notável escritor russo incluiu essas questões vitais em alguns de seus romances, na voz de seus personagens.

Ficção, fingimento ou exagero; mentira ou autoengano, a literatura se utiliza de uma série de componentes que, na vida real, são malvistos ou tidos como falhas morais. Dessa maneira, se na vida procuramos uma identidade própria, na literatura fugimos dela. Se na vida devemos ser honestos e comedidos, na literatura o exagero e a dissimulação, em muitos casos, valem tanto quanto a fidedignidade ou mais do que ela.

O melhor exemplo que me ocorre de escritor que usa o exagero como recurso primordial é o austríaco Thomas Bernhard. Sua literatura é filha da raiva, não permite contenção. Muitas vezes, lhe cabe melhor a distorção — mesmo em meio a uma prosa realista. Num conjunto maravilhoso de livros de memórias, publicado aqui num só volume sob o título *Origem*, o autor já de cara apresenta-se de forma imoderada. Ele conta que aos oito anos de idade montou pela primeira vez numa bicicleta, que pertencia a seu tutor, e, sem nunca ter aprendido a pedalar e sem pedir autorização, tentou ir sozinho até Salzburgo, a mais de trinta quilômetros de onde morava. O roubo da bicicleta do padrasto e a implausível fuga para um lugar longínquo, logo no dia em que o protagonista aprendeu a pedalar, são fundamentais para marcar o início de uma vida de transgressões, na qual o narrador, o tempo todo, se mostra deslocado socialmente. Em seus romances, parte deles autobiográficos, Bernhard está alheio do mundo. Seu eu exagerado e central às tramas tem um contraponto na tediosa realidade austríaca. Algumas páginas depois da sua fuga, tendo chegado à casa de um colega, o autor passa a descrever o que seria, na verdade, o seu primeiro ato como narrador. Fala de si, contando a um terceiro o feito do roubo da bicicleta, com as seguintes palavras:

[...] fiz a ele um relato absolutamente dramático, o qual, eu estava convencido, só podia ser considerado uma bem-acabada obra de arte, embora não houvesse nenhuma dúvida de que se tratava de acontecimentos e fatos reais. Nos pontos que me pareciam mais favoráveis detive-me um pouco mais, reforçando um aspecto, atenuando outro, sempre visando o ápice da história toda, sem antecipar nenhum momento culminante e, de resto, sem perder de vista meu papel central naquele meu poema dramático.[3]

Mais à frente, no mesmo conjunto de livros, Bernhard se qualificará como um encrenqueiro: "[...] tudo o que escrevo, tudo que faço é perturbação e irritação".[4] E continua:

Queremos dizer a verdade e, no entanto, não dizemos a verdade. [...] Do ponto de vista lógico, a verdade que conhecemos é a mentira que, incapazes que somos de contorná-la, se faz verdade. [...] Em toda a nossa existência de leitores, jamais lemos uma verdade, ainda que com frequência sejam fatos as coisas que lemos. O que lemos é, pois, invariavelmente a mentira como verdade, a verdade como mentira etc.[5]

Escolhendo sempre em sua vida opções distantes das esperadas socialmente, o escritor austríaco é um fugitivo, e assim aproveita para caracterizar a espécie humana, em especial os escritores e artistas que transformam a vida num teatro. Em outro trecho, ele escreve: "Toda criança é sempre um diretor teatral, e eu fui desde muito cedo um diretor de teatro. [...] O teatro, no verdadeiro sentido da palavra, foi nosso ponto de partida. A natureza é o teatro em si. E nessa natureza que é o teatro em si os seres humanos são os atores, dos quais já não há de esperar muito".[6]

Mas, se para Bernhard tanto a vida como a ficção precisam da liberdade, do fingimento, ela só é bem-sucedida se criar uma distorção, ou um teatro, coerente, do começo ao fim. Além da representação ou do fingimento, a distorção pode ser uma boa definição da prática mais usual dos escritores. Porém, ela só deve ocorrer na base ou estrutura do livro. Uma vez realizado o salto para a situação imaginada, um segundo falseamento ganha ares de pecado, de incoerência ou de contradição. Ao entrar na fantasia, tudo o que o autor precisa fazer é seguir em frente, representando por completo o que imaginou, até o ponto-final do romance. Forjar com convicção, fingir com propriedade, se descolar do real.

Ao editor cabe avaliar cada detalhe da dissimulação, ou, em termos mais coloquiais, ver se a mentira cola. No fundo, somos fiscais do fingimento, o que, diga-se de passagem, nem sempre é tarefa fácil. No nosso dia a dia não entra em discussão se as narrativas ficcionais ou até algumas memorialísticas são baseadas em fatos reais ou não, mas sim se a ficção se sustenta com propriedade até o final. José Saramago usava em seus romances um tipo de distorção curiosa. Levava o caráter literal da cultura e do uso da língua portuguesa a tal ponto, que o corriqueiro virava absurdo. Era um Ionesco que subvertia a forma de pensar em português. Para entendê-lo, é preciso entrar nessa viagem radical com a língua.

O curioso é que muitas vezes a realidade aparenta ser até mais implausível que a ficção. O próprio Dostoiévski —

aqui já apresentado como o ideólogo tanto da beleza como da mentira — certa vez afirmou: "A verdade verdadeira é sempre inverossímil".

Uma das acusações mais frequentes aos escritores é a de que eles querem chamar a atenção para si o tempo todo. Muitos acham que os autores têm mania de grandeza e que se acostumaram tanto a fingir e representar, que na vida real exageram até ao pedir uma média na padaria da esquina. Infelizmente, há casos desse tipo — por sorte são uma absoluta minoria. Mesmo assim, eu discordo de tal avaliação. É natural imaginar que, ao criar mundos inteiramente novos, o ficcionista possa por vezes ter dificuldade de transitar entre a imaginação e a realidade. E, em diversos casos, é bom que seja assim.

Há histórias hilárias de escritores que foram grandes histriões e protagonizaram cenas dignas da melhor ficção; cenas que caberiam em seus roteiros, peças, romances, sem necessidade de revisão ou copidesque. Fizeram isso com naturalidade, sem que seu trabalho literário perdesse a qualidade. As frases do dia a dia saem ou saíam da boca desses autores já editadas, como se destinadas a personagens, para irem direto para as páginas dos livros. Hemingway, por exemplo, transformou parte de sua vida em representação, e muitas de suas falas pareciam moldadas para serem epígrafes de seus livros. Nelson Rodrigues foi outro. O dramaturgo carioca claramente construiu uma persona, e é um exemplo extremo e divertido. No entanto, hoje em dia, a representação ininterrupta pode ser um perigo na vida de um escritor. Vivemos tempos em que as editoras exigem que os autores sejam os principais promotores de suas obras e cobram deles desempenho midiático em grande escala. Essa atuação, num mundo dominado pelas mídias sociais, tem que ter um tom de "verdade", não pode parecer pura representação. Atualmente, nos Estados Unidos, um escritor que não tenha plataforma social para falar sobre o seu trabalho talvez nem consiga ser publicado por uma editora respeitada. Se um autor tem aversão a entrevistas, pior ainda. Com a presença midiática ocupando papel tão importante na carreira dos livros, a representação constante pode ser perigosa, pois o público muitas vezes gostaria de encontrar o escritor e passa a desconfiar de um alter ego pouco crível. Se a falsa naturalidade contemporânea é complexa para qualquer um, o que dizer para aqueles que vivem de criar realidades paralelas? Completando esse quadro, além das mídias e jornais, hoje um escritor tem que subir no palco dos festivais literários e representar sem perder a espontaneidade. O personagem no palco é o próprio escritor.

O exemplo de Jonathan Franzen na décima edição da Flip é interessante. O autor que viera para cá lançar *Liberdade* era o mais aguardado do festival. Já postado para falar, ele ouviu a apresentação do mediador e, num determinado momento, respirou fundo, olhou para a grande plateia, se levantou e começou a sua palestra. Foi interrompido por Ángel Gurría-Quintana, que disse: "Espera aí, ainda não terminei minha apresentação". Aquele momento em que o mediador chamou a atenção do escritor bastou para lembrá-lo de seus medos, de que estava num teatro, diante de mais de quinhentas pessoas. Foi dramático. Depois disso, ele mal conseguiu falar. O que restou no palco, durante a hora que se seguiu, foi um ser humano externando a sua fragilidade, e não um escritor apresentando a sua obra, em busca da aprovação do público. Muitos sentiram mais empatia assim, perceberam estar presenciando um momento único da vulnerabilidade de um artista. Talvez tenham se dado conta da contradição inerente à representação na vida editorial e da dificuldade que resulta da requisição de constante performance aos autores. Outros não entenderam desse modo. Estes certamente não esperam ver o escritor como ser humano se expondo em público. Desejam uma representação dele, para considerarem verdadeira.

Se a escrita é por natureza um teatro — como nos mostrou Thomas Bernhard —, a representação pública dos autores não para por aí. O sistema editorial hoje conta com o autor/ator e com o ator/marketólogo. Com isso, alguns escritores representam tanto a si mesmos que se esquecem dos outros, matéria-prima central de seus livros. A obra se esvai. Ou até deixam de escrever para só frequentar festivais, numa roda-viva quase sem fim.

Contudo, há poucos casos de autores cuja literatura se sustenta voltada exclusivamente para o próprio umbigo. Entre os livros dessa categoria estão muitos romances de autoficção que não alçam voo, por não vislumbrarem um contexto maior, ou por nem irem a fundo na viagem pessoal a ponto de criarem algum tipo de empatia com a sensibilidade dos leitores. É bom não confundir esse gênero de livros com a obra de Thomas Bernhard que aqui mencionei. Ele olha para fora de si, com profundo desprezo mas olha.

Por outro lado, não convém generalizar a crítica a todos os livros do gênero acima citado. Há entre eles obras-primas.

Assim, vale perguntar quanto do exibicionismo vem do escritor, se faz parte do vício inerente à profissão de "dramaturgo social", ou se é principalmente uma nova prática mercadológica das editoras, aguçada pelo surgimento dos festivais literários.

Se deixarmos fora da discussão a pressão exercida pelas editoras, há que entender a sensação que fica naqueles que vivem de criar mundos paralelos, manipular vidas inteiras, dar à luz, fazer sofrer, gozar, matar. Quando se encerra a tarefa de escrever, como se dá a volta do escritor para seu dia a dia? Fora da sua escrivaninha, será que ele se despoja rapidamente dos personagens e passa a cuidar de si, a conviver com aqueles que o cercam — o cachorro, o porteiro, o cobrador, a família?

Voltando ao início deste capítulo, e com outro exemplo, gostaria de comentar como a literatura traz em si aspectos de onipotência. A dissimulação dos escritores é um vício cuja origem vem da essência da literatura. E isso muitas vezes não tem caráter negativo. Pelo contrário, dá grandeza ao que é escrito.

Um dos grandes romances que li se chama *Vida e destino*, escrito por Vassili Grossman.[7] Trata-se de um painel amplo da Rússia durante a Segunda Guerra Mundial, um retrato do stalinismo, e também do nazismo. Mais que isso, *Vida e destino* é uma ficção tocante sobre a convivência com a morte nas ruas de várias cidades russas e nos campos de extermínio dos dois regimes. Tudo o que se pode dizer sobre essa obra é pouco. A gama de personagens e de cenários, a riqueza das descrições, a pureza de espírito do autor, tudo é maior no romance, a ponto de nos perguntarmos se fora da escrita e da arte o ser humano pode viver momentos tão sublimes como os que sua leitura nos proporciona. É um desses livros que nos faz acreditar na literatura e no ser humano.

Pincei o livro de Vassili Grossman para mostrar que, numa obra singular como essa, encontramos exemplos da grandiosidade da ficção e da exposição da alma do escritor. Mesmo com um painel tão amplo de personagens, a literatura de Grossman em vários momentos fala de si, apresenta seus recursos e garras, evidencia como o centro gravitacional da literatura é seguidamente ela própria. No fundo, o bom escritor sempre presta reverência ao seu ofício, explicitamente ou não. Seguem exemplos tirados de *Vida e destino*.

Víktorov, um dos inúmeros personagens do romance, é um piloto de aviões de guerra que se encontra numa floresta, caminhando. Lembra-se de um livro que lera havia muito, no qual uma mulher é dada em matrimônio a um homem poderoso praticamente sem conhecê-lo. Logo após o casamento forçado, o marido é preso e levado a uma torre de madeira. A esposa, em vez de fugir para uma vida livre, agora exercendo a sua escolha, se põe a procurá-lo. Chega a encontrar seu paradeiro, passa a morar ao pé da torre, até descobrir que ele não está mais lá. A partir de então ajoelha-se defronte a cada passante implorando informações sobre o destino do companheiro. Descobre depois de certo tempo que o homem fora esquartejado. Caminha longamente na direção de um convento, onde faz os votos de castidade. Desse dia em diante, consagra a vida à religião, mas reluta muito em entregar sua aliança, da qual não queria se separar.

A fábula de amor, de todo deslocada da trama e pertencente a outro livro, é narrada em meio a um raro momento de calma, numa clareira durante a guerra — um instante em que uma ficção de natureza completamente diversa ocupa o relato marcado pela morte de milhões de civis e combatentes. Essa fábula tem várias serventias para Grossman, entre elas a de lembrar que estamos no palco da literatura; é a literatura quem comanda as ações.

O escritor, com frequência, fala de si através de muitos de seus personagens, libera da mente seus sonhos, como disse Faulkner. Mas na literatura há uma força gravitacional, egocêntrica, que está sempre a afirmar: estou aqui, veja como sou bela e poderosa, levo-os para onde eu quiser, da floresta russa da década de 1940 a uma torre de madeira em século pregresso, supostamente fruto da imaginação de outro escritor, onde um grande amor não se cumpriu.

O escritor pode ser um exibido por natureza, mas a natureza da sua arte é ainda mais. Nessa breve passagem, pode-se notar como a prática da escrita leva, ainda que dissimuladamente, a um tipo de exibição dos seus recursos e dos seus sempre superáveis limites. Do mesmo livro, tomo mais um pequeno exemplo, para tentar mostrar como os expedientes da literatura permitem a manipulação da vida real dos autores.

Muitas páginas à frente daquelas que aqui citei, o narrador, ao falar do cientista Viktor Chtrum, que está no centro da trama do livro, é posto à prova constantemente pela censura do stalinismo. Sobre ele Grossman conclui: "Enquanto percorria o longo trajeto de volta para casa não pensou em nada; nem nas lágrimas na escada, nem na conversa com Tchepíjin, [...] nem na carta da mãe, que estava no bolso lateral do paletó".[8] A carta no bolso do paletó do cientista é inspirada num aspecto crucial da biografia do próprio Grossman. Irineu Franco Perpetuo nos conta, em seu ótimo prefácio à edição brasileira,[9] que a carta representaria a ficcionalização da missiva de despedida que Grossman gostaria de ter recebido de sua mãe, o que nunca aconteceu. A mãe do escritor fora praticamente abandonada por ele em outra cidade. Grossman deu ouvidos nesse caso à vontade da esposa, deixando a mãe morar sozinha durante a guerra. É provável que tenha se arrependido disso profundamente. Se o autor fosse, ele próprio, o personagem de *Vida e destino* no lugar de Chtrum e portasse a tal carta em seu paletó, nunca poderia se esquecer dela. Nós mesmos, leitores de *Vida e destino*, depois de lê-la, jamais a tiraríamos da memória. Fica claro aqui como a literatura é capciosa, como seus recursos de manipulação da realidade são infinitos.

Grossman diz que Chtrum não pensava em nada, mas tenta indicar o que ele poderia ou deveria estar pensando. Inverte a realidade a respeito da missiva. Chtrum, ao desprezar a carta, assume a culpa pelo que Grossman fez com a mãe. Assim, o escritor encontra em seus personagens companhia para a sua fraqueza. Leva-nos a pensar no lugar de Chtrum e dele próprio — os dois estão exaustos após tantas provações.

O escritor russo não conseguiu ver esse livro publicado em vida. Nele seu personagem central — um cientista perseguido pelo regime soviético — recebeu a carta que a mãe de Grossman nunca lhe enviou. Assim, dela pode se esquecer, por um breve momento. O escritor — que não recebeu carta alguma, na vida real — dela nunca teria se esquecido. Por isso, nos faz lembrar sempre de sua existência, enquanto afunda Chtrum no desespero e cansaço que certamente também vivenciou.

Com Grossman e com todos os bons escritores, somos levados, sem perceber, para o centro do mundo da ficção, ou nos transformamos em personagens, agindo e pensando por eles, se assim o narrador o desejar.

O jogo da ficção é complexo. Tem idas e vindas simbólicas que nem mesmo o autor sabe explicar. Como combinar as profundezas da realização literária com os requisitos promocionais que se apresentam a um escritor quando o trabalho da escrita findou? Qual será o sacrifício que se opera quando uma ficção acaba e o autor passa a ser chamado para uma esfera pública, de autopromoção, cuja demanda por vezes até se confronta com o que ele escreveu?

O escritor, hoje em dia, é jogado simultaneamente em campos distintos: o da intimidade e o público. Dessa maneira, quando sua imaginação precisa se materializar numa performance e subir em palcos mais reais do que os inventados, temos de nos perguntar: qual o preço a ser pago para divulgar um livro?

18. Jô

A cena é inesquecível. O show *O Gordo ao vivo* que acontecia no Teatro Cultura Artística, no transcorrer do ano de 1989, trazia números impagáveis. E o comediante ainda guardava uma surpresa para o final. De repente escolhia alguém da plateia e o chamava ao palco. Pedia a ele o nome completo e o número do telefone de um amigo próximo. Perguntava alguns detalhes sobre o sujeito para quem telefonaria e, em seguida, ligava para a pessoa. O público ouvia a chamada amplificada em alto e bom som. Jô Soares então dizia estar telefonando do necrotério do Hospital das Clínicas, em São Paulo, onde se encontrava um anão falecido poucas horas antes. Dizia que este deixara uma carta-testamento para quem atendesse o telefone. Seguia com o trote insinuando que, pelo teor da carta, notava-se que o anão era amante do sujeito com quem o artista falava. A cada negativa do interlocutor, Jô se saía com uma tirada nova. Inventava trechos picantes da tal carta. Uma série de insinuações politicamente incorretas, algumas de cunho sexual, faziam a plateia morrer de rir, até que se encerrava o trote.

As mudanças sociais e as justas preocupações com a correção política deixaram claro que esse e outros quadros de humor nunca mais poderiam ser apresentados. Na época, absolutamente ninguém valorizava os direitos de todas as formas de diversidade. Hoje nem sempre lembramos quão recente é esse movimento.

Jô se adaptou aos novos tempos, mas já estava num período em que não fazia mais turnês. Nos novos tempos continuou sendo hilário, porém, por vezes, se questionava sobre qual era a demarcação dos limites entre o humor e a correção política, fato importante mas que muitas vezes era distorcido pela caça às bruxas das mídias sociais.

Lembrei da cena acima menos para falar sobre as mudanças no humor e mais para recordar que foi nesse show que nos conhecemos. O cupido foi o jornalista Mário de Andrade, que me apresentou ao multiartista no camarim após o espetáculo. A intenção do Mário era mesmo a de que houvesse um casamento editorial. Na ocasião, na cara dura, sugeri que Jô escrevesse um livro de memórias, focando num primeiro volume no começo da televisão brasileira, ideia que ele negou prontamente. Disse que era superjovem para tal empreitada e que muita coisa ainda iria acontecer em sua vida. Décadas mais tarde, com grande alegria, ele faria essas memórias em parceria com Matinas Suzuki Jr., de quem se tornou amigo íntimo. Por outro lado, é possível que naquele momento eu tenha lhe despertado uma vontade que ele já tinha: a de escrever um romance. Logo, meus méritos são parcos. Com ou sem o encontro depois do show, o Jô escritor um dia iria surgir.

Antes de eu publicar qualquer romance do humorista, ficamos amigos; foi tudo mesmo muito rápido. Seu programa no SBT era a melhor forma de divulgar livros no Brasil. Quando Jô gostava e indicava um livro, era possível vender, no dia seguinte, a primeira tiragem, em geral de 3 mil cópias. Por isso tive uma ideia. Propus um programa exclusivamente sobre livros, dirigido e apresentado por ele, a ser exibido, uma vez por semana, no SBT. Jô Soares se entusiasmou. A ideia era replicar o que o *Apostrophes*, o programa de livros de Bernard Pivot, representava para a França, mas, é claro, com o estilo e o humor peculiares do artista e grande leitor brasileiro.

Na época, a Câmara Brasileira do Livro possuía uma verba para promover o comércio de livros, oriunda de um acordo com os fabricantes de papel. Se não me engano, 1% da venda de papel destinado à publicação de livros era alocado obrigatoriamente para ser empregado com fins promocionais, visando incentivar a leitura. Até então fora muito mal utilizado. Sem nunca ter me envolvido nas ações dos órgãos de classe, sugeri a Pedro Herz, dono da Livraria Cultura e então responsável pelo fundo, que este fosse usado para bancar o programa semanal de livros com duração de trinta minutos que Jô intitulara de "A orelha do Gordo". O publicitário Washington Olivetto chegou a desenhar a vinheta de abertura.

De início, a CBL demonstrou interesse, marcou uma reunião com Jô e comigo, para depois negar o projeto, desconfiando do seu profissionalismo, sob o argumento de que ele poderia favorecer a Companhia das Letras na escolha dos livros a serem comentados. Uma vergonha. Lembro que em seguida o apresentador tentou obter patrocínio para "A orelha do Gordo". Antônio Ermírio de Moraes, da Votorantim, chegou a topar, mas não honrou o compromisso. Eram os tempos do Plano Collor, com todas as empresas em apuros. Minha frustração foi tão grande quanto a do Jô, e suficiente para que eu nunca viesse a participar de nenhuma outra reunião de órgãos de classe. Eu já tinha fama de arrogante. Essa atitude só fez a minha reputação crescer.

Passado um tempo, Jô Soares me chamou. Estava tomado pela ideia que resultaria no seu primeiro romance, *O Xangô de Baker Street*. A trama partia do hilário encontro de Sarah Bernhardt com Sherlock Holmes, na corte de d. Pedro II, onde ocorrera o roubo de um Stradivarius. Como em todos os seus livros posteriores, o escritor preparou um storyboard, planejando de antemão cena a cena. Na confecção sempre surgiam surpresas, mas o básico era todo planejado. Jô pediu que eu, como editor, e a Lili, como historiadora, acompanhássemos a escrita, passo a passo. Não sabíamos que "passo a passo" para ele era, na verdade, "página a página". Jô as escrevia e mandava para a nossa casa por fax. (Não havia internet na época.) Ele enviava as páginas isoladas, sem se importar com o horário. Jô, em suas atividades de redação de roteiros, colunas de humor ou de livros, rendia mais nas madrugadas. Dormia muito tarde, quase de manhã, e acordava ao meio-dia. Assim, a máquina de fax da nossa casa fazia aquela barulheira nas mais inesperadas horas da noite, trazendo as páginas que ele acabara de escrever e a respeito das quais exigia comentários imediatos. A Lili dava sugestões históricas, como o uso violento da máscara de flandres, comum no período da escravidão, que o escritor incorporou no livro. Certa ocasião, Jô mandou trechos por volta das treze horas, para uma consulta específica com a Lili. Ela explicou que não podia ler prontamente, pois dava aula na USP naquela tarde e estava de saída. Jô, meio brincando meio a sério, disse que ela teria que ler, de toda forma, antes da aula. Lili foi peremptória. Não dava. Rindo, o escritor disse que ela iria se arrepender.

No meio da aula, no Departamento de Antropologia da USP, Lili ouviu o secretário do departamento bater à porta, ansioso. Através do quadrado de vidro, ela fez sinal de que estava ocupada, mas ele insistiu. Lili se desculpou com a classe e foi ouvir o que o funcionário tinha a dizer:

"Professora, tem uma pessoa na linha, muito estranha e insistente, dizendo que precisa falar com a senhora urgentemente. Diz que é seu traficante e fornecedor de pigmeus e que precisa entregar o último espécime comprado pela senhora. Quer confirmar o local, se é aqui na USP, no Laboratório da Antropologia, ou na sua casa."

Lili caiu na gargalhada e compreendeu o recado. "Quero meu texto lido na hora que eu pedir, custe o que custar", disse Jô, galhofeiro, quando Lili atendeu o telefone.

O *Xangô* trouxe muita alegria para o Jô e para mim. Nunca me acontecera acompanhar página a página a confecção de um livro. Construímos uma das amizades mais importantes da minha vida. Ele exigia bastante, como um menino mimado, mas retribuía em igual medida. Para ele, eu era o Lulu — entre nós nunca fui chamado pelo meu nome próprio.

Xangô saiu e mudou a vida do artista. Ao receber uma cesta de flores, com os primeiros exemplares e um cartão meu, Jô me ligou e disse: "Lulu, eu já fiz teatro, televisão, cinema, música e artes plásticas, mas nunca tive uma emoção como esta. Estou aos prantos".

E o livro foi um enorme sucesso, desde o primeiro momento. *Xangô* atestava a capacidade dele de fazer humor com uma trama bem urdida, nos moldes da boa literatura de entretenimento. A reação da imprensa foi calorosa, e a resposta dos leitores correspondeu: em poucos dias, o livro foi para o primeiro lugar nas listas de mais vendidos, e por lá ficou durante muito tempo. Vendeu centenas de milhares de cópias. Na época, o SBT dava ao apresentador espaço para anúncios de cortesia, ajudando-o a promover suas atividades extratelevisivas. Assim, nós fizemos um filme publicitário para o *Xangô*, e um livro foi anunciado fortemente na TV quem sabe pela primeira vez.

O primeiro romance do humorista foi uma verdadeira consagração. Poucos autores viveram um sucesso inicial como ele. Sua dedicação ao *Xangô* era integral. Os lançamentos duravam horas e horas, e, no evento do Rio, na Biblioteca Nacional, a fila abraçava o quarteirão. Obviamente o autor não poderia atender a todos. Quando o relógio marcasse meia-noite, o evento teria que terminar. De modo que, antes de as portas do recinto serem fechadas, ele teve a ideia de pedir a todos que ainda esperavam por um autógrafo para ficarem com o livro aberto na página de rosto, à altura da cabeça. Então o escritor passou, de um em um, e assinou tudo numa carreira só, vencendo a fila que restara, a qual não era pequena.

Embriagado com o êxito do livro, Jô ia muitas tardes ao pequeno escritório da Companhia das Letras na rua Tupi. Era um sobrado típico do Pacaembu, um andar no nível da rua e outro abaixo da entrada. Foi a nossa primeira sede, depois das salas emprestadas na gráfica do meu avô, onde a editora começou. O início, de fato, se deu no quintal da minha casa, com dois funcionários apenas, mas esses meses fazem parte do período preparatório da Companhia.

O humorista queria saber diariamente os dados comerciais, gostava de curtir o sucesso, a cada minuto. Numa ocasião, estávamos juntos na minha sala quando a secretária avisou que o Ciro Gomes, na época licenciado da política, estava na linha. Jô, com uma cara sacana, fez sinal para que eu não deixasse de atender. Comecei a falar com o político e ele se aproximou para ouvir. Ciro Gomes me dizia que estivera em Harvard e escrevera um livro com o professor Mangabeira Unger. Depois de ouvir a novidade, colado à minha orelha, o comediante roubou o telefone da minha mão e se pôs a falar com uma voz empolada e grossa: "Oh, senhor Ciro Gomes, que beleza o senhor telefonar para esta editora, a melhor do Brasil, que inclusive acabou de publicar o livro do Jô Soares, não sei se o senhor sabe, é *O Xangô de Baker Street*". Eu tentava recuperar o telefone, mas Jô não deixava, e continuava: "Quer dizer que o senhor escreveu um livro com o professor Mangabeira Unger, imagine só, como o senhor conseguiu? Ele é gago!". Nesse momento roubei o aparelho das mãos do apresentador e contei a Ciro Gomes de quem era a voz, pedindo desculpas. Ele não achou graça alguma na brincadeira.

Com toda a popularidade que conquistou em sua vida de teatro e TV, o reconhecimento literário foi algo para o qual Jô não estava preparado. Ainda mais quando os direitos de *Xangô* foram vendidos, pela Companhia, para França, Itália, Estados Unidos e Portugal, entre outros países. Jô compareceu a três desses lançamentos. Em Paris, foi entrevistado na TV por Bernard Pivot, o divulgador de livros mais importante da França. Nos Estados Unidos, seu livro teve os direitos comprados e foi editado pelo lendário editor Robert Gottlieb, que, depois de dirigir a Knopf por muitos anos, foi editor da revista *New Yorker*. Em Portugal, o lançamento teve um momento de humor típico do comediante. Jô fora convidado a um programa de televisão, exibido ao vivo nas noites de domingo, que em grande parte tratava dos resultados das partidas de futebol daquele dia. Um tipo de *Fantástico* que incluía, em horário nobre, debates esportivos. Antes de o entrevistarem, no momento em que o apresentador falou do jogo de um time chamado Vitória de Setúbal, Jô o cortou e perguntou: "Por favor, me desculpe pela interrupção, mas esse time Vitória de Setúbal quando empata passa a se chamar Empate de Setúbal, e em caso de derrota, de Derrota de Setúbal?". Foi prontamente atendido e informado de que o nome continuava o mesmo, em qualquer dos casos.

O sucesso e nossa relação bastante próxima levaram Jô a desenvolver um enorme ciúme de outros autores da Companhia das Letras. Esse sentimento muitas vezes é comum, mas no caso dele chegou a proporções quase patológicas. Eu não podia citar nenhum autor ou autora que vinha uma reclamação. Além disso, tinha que atender a todos os seus pedidos, por vezes mimos infantis, dos quais eu afinal achava graça.

Numa ocasião, ele me fez uma requisição impossível. Tentei, mas não consegui atendê-lo. Jô se ofendeu e deixou de falar comigo. Fiquei abalado. Passados alguns dias, comprei uma cesta de flores redonda que eu mal conseguia carregar. Entrei no apartamento dele em Higienópolis involuntariamente escondido atrás do volumoso presente. É engraçado, mas ao escrever este texto lembro do formato da cesta e penso que não havia nenhum simbolismo intencional em dar a ele uma cesta de flores tão grande e arredondada. Jô achou graça e até se comoveu com a minha cara escondida pelas flores. A paz se restabeleceu no mesmo instante. Aquele episódio me fez ver que o que ele queria era apenas atenção. O tempo todo.

Após o *Xangô*, outros livros vieram. *O homem que matou Getúlio Vargas* foi o seguinte, e nesse caso eu cometi um erro, sendo pretensioso e antiprofissional. A intenção de Jô era escrever um romance que girasse em torno do fenômeno do ebola, um vírus que parecia ser de alta letalidade e que iria atingir o globo em pouco tempo. Houve certo pânico, os jornais faziam previsões alarmantes todos os dias. Lutei contra a ideia, disse a ele que livros colados a uma situação cotidiana, política, social ou de saúde pública tendiam a envelhecer muito rápido. Foi nesse momento, num trajeto que fazíamos em seu carro, que surgiu a ideia do novo livro. A base seria a história de um homem que queria matar Getúlio Vargas mas não conseguia porque o presidente se suicidava antes, diante do fracassado matador, o qual se encontrava no recinto, armado, para consumar o crime. Minha participação na formulação inicial do segundo livro foi significativa. A construção posterior, no entanto, não contou em nada com minha ajuda, sendo realizada integralmente pelo escritor.

O homem que matou Getúlio Vargas é um dos melhores livros de Jô Soares. Além disso, espelha a nossa parceria desde a ideia original. Éramos muito próximos, a ponto de um romance nascer de uma conversa no carro, testemunhada pelo motorista superelegante do Jô, o grande Sebastian, a quem eu fornecia gravatas e ternos que estavam parados no meu armário.

Quando o livro foi publicado, eu imaginei que aquela nossa conversa seria mencionada nas entrevistas à imprensa. Uma grande estupidez da minha parte, pois afinal o que contava era a urdidura de toda a trama, bolada pelo Jô, a qual incluía um anarquista sérvio com doze dedos nas mãos que tentara matar o arquiduque Ferdinand mas acabava vindo assassinar Getúlio Vargas. Ele conseguia entrar nos aposentos do presidente no Palácio do Catete e o via dar cabo da sua vida.

Como pude esquecer que o trabalho do editor, por mais presente que fosse, deveria ficar nos bastidores? Eu era jovem, mas já tinha muitos anos de estrada para saber que não deveria nem sequer sonhar com créditos, na minha profissão. Além do mais, eu tinha consciência de que a ideia geral do livro era o elemento mais simples em todo o processo de escrita. Talvez os fortes laços que nos uniam, a mim e ao Jô, tenham sido a razão do meu esquecimento.

O livro seguinte foi *Assassinato na Academia Brasileira de Letras*. Após a publicação, eu cavei uma visita à ABL, numa tarde de quinta-feira, quando acontece o famoso chá dos acadêmicos. Foi uma diversão. Jô estava radiante com o convite. Fomos com a Flavinha, então sua mulher, num jatinho emprestado, pois as cadeiras da ponte aérea eram desconfortáveis para acomodar o humorista. Nos hospedamos no Copacabana Palace, hotel que foi a residência dele na juventude. A direção do Copa colocou tanto o casal como a mim em quartos maravilhosos. Lembro que, no dia do chá, Jô trajava um terno claro, camisa bem vistosa com listras azuis e brancas, e chapéu-panamá, elegantíssimo. Os dois chegaram antes e subiram diretamente à sala do chá. Eu cheguei poucos minutos depois, e pude ouvir um acadêmico com sotaque nordestino e porte volumoso, também atrasado, entrar no saguão e dizer em altos brados: "Dia fúnebre para esta casa". O preconceito contra o terceiro livro do escritor grassava na ABL. No entanto, a instituição reconhecia sua importância cultural e homenageava o artista, que trazia a Academia para o centro do seu romance, com simpática ironia.

Os livros de Jô Soares, que não tinha vergonha de fazer literatura de entretenimento de alta qualidade, não eram bem recebidos no meio acadêmico. Isso revela a dificuldade de compreender um trabalho que não se enquadra nos moldes da alta literatura. O público, porém, atestava o contrário.

O autor foi reconhecido pelas resenhas no exterior, destacando-se uma muito elogiosa no *Washington Post* a respeito de *O homem que matou Getúlio Vargas* (*Twelve Fingers*, nos Estados Unidos). Jô ficou orgulhoso com essa matéria.

Jô Soares publicou quatro romances — *As esganadas* foi o derradeiro — e preparava um novo quando faleceu. Contou para o Matinas e para mim que a trama envolvia um crime ocorrido num prédio. Estava trabalhando no storyboard, muito mais lentamente do que nos livros anteriores. Talvez sentisse que o fim estava próximo. Flavinha, de quem estava separado — mas com quem mantinha a relação amorosa mais linda que já vi entre casais que não vivem mais juntos —, testemunhou a fraqueza que foi tomando o artista e a calma que ele teve ao perceber que iria morrer. Manteve o espírito crítico até o último minuto, ao responder que a única visita que não aceitaria no hospital era a do presidente Jair Bolsonaro.

Vidas plenas como a dele são raras. Jô aproveitou cada minuto. E aos amigos deu muito, em troca do carinho que tanto ansiava receber.

19. A cara das capas
e o papel do papel

Uma das etapas do meu trabalho que me dá mais prazer é a de ver o livro ganhar uma cara. No passado, esse momento ocorria bem no final do processo de edição, quando o texto já se encontrava editado, prestes a sair. Para os departamentos de Vendas e Divulgação isso significava um corre--corre, já que o livro precisava necessariamente de uma capa para ser divulgado e posto à venda. Lembro da época em que mostrávamos a capa dos livros para as livrarias e imprensa em provas de papel, correndo para tirar o pedido. De certa maneira, fazia sentido esse processo. A editora só conseguia visualizar a cara da obra após terminadas todas as etapas da edição, depois de conviver intimamente com o texto. Os tempos eram outros.

A partir do meu contato mais próximo com editoras estrangeiras, sobretudo aquelas que passaram a comprar direitos internacionais de livros brasileiros, pude ver que em outros locais o original ganhava identidade gráfica bem mais cedo. Quase no instante em que um editor contratava um texto, ele deveria pautar o Departamento de Arte com as informações que o tinham levado a apostar naquele livro. Assim, era feita uma primeira versão da capa, e todos na empresa conviviam com ela, antes da publicação. Hoje, em várias editoras, é possível entrar na sala de um publisher, ou de um profissional de marketing, e ver um print, menos bem-acabado, da capa do livro que só sairá dali a muito tempo.

Com a digitalização de todo o processo editorial, as provas em papel cuchê quase já não existem, e a arte em formato digital é realizada cada vez com maior antecedência. Presentes nas nossas telas, o design fica vivo, enquanto o texto ainda está sendo revisto ou traduzido por seu autor ou tradutor. A versão final da arte poderá sofrer modificações, mas ela começa a nascer junto com a edição.

Essa discussão tem mais decorrências do que apenas aquelas relacionadas ao aspecto prático do cronograma editorial. Ao pararmos para pensar na influência da ordem em que as coisas são confeccionadas, colocamos também em debate o modo como se mescla a característica literária do original ao marketing.

A cara do livro não nasce exclusivamente do seu texto. Com isso, será que pode condicionar indiretamente o trabalho de edição? Como acomodar o desenho das capas equilibrando, ao mesmo tempo, as demandas do conteúdo do livro com as das necessidades comerciais da empresa?

As respostas a tais indagações dependem do bom senso. Um livro não é apenas um produto subjetivo, artesanal ou artístico; faz parte, simultaneamente, de uma rede comercial que envolve editoras, livrarias e consumidores. Assim, a pergunta que resta é: como os editores podem ser respeitosos com todos esses elementos singulares do livro num mercado em que a competição por exposição e sucesso é cada dia mais selvagem? Além disso, o design não é feito só de decisões criativas ou estéticas. Há ética envolvida, como em tudo do nosso dia a dia.

A capa muito antecipada responde em grande parte ao novo formato das vendas hoje, em que a pré-venda é feita meses antes do lançamento, e se tornou fundamental. Trata-se de um mundo onde a compra futura, ou virtual, é uma realidade sem volta.

Adquirimos todos os dias produtos que ainda não existem materialmente. No cotidiano de um editor, imaginar um livro não realizado ou completo é a tarefa mais comum. Temos que apostar em originais com poucas páginas, ou nem isso, só num plano contendo a proposta do autor. Elaborar a sua identidade visual com larga antecedência é apenas mais um sintoma dos nossos dias.

Mas que cara deve ter um livro? No mundo ideal, e principalmente para os livros de ficção, ela deveria ser neutra a ponto de permitir que cada leitor criasse em sua mente a imagem do texto que leu. Uma identidade visual muito definida, sem espaço para a imaginação, é pouco respeitosa para com os leitores. Aprofundando a questão expressa no capítulo "A quem pertence este livro?", a pergunta que faço agora é: onde ficam as "entrelinhas" das capas, os espaços para a fantasia dos leitores?

Em livros de literatura, quanto menos imagens fixas ou figurativas a capa tiver, determinando previamente a cara dos personagens, maior será o espaço conferido à imaginação do leitor. No começo da Companhia das Letras, cheguei a proibir capas nas quais o rosto dos personagens aparecesse com clareza e precisão. Ao estampar uma feição definida na frente de um livro de literatura, estamos impondo nossa visão do personagem para os leitores.

Com o tempo, o crescimento do número de livros publicados, e a disputa feroz pelos espaços nos balcões e sites de venda de livros, esse meu princípio foi relativizado, e o que defendo acima não consigo mais praticar. Até editoras como a Gallimard, na França, que costumava publicar todos os seus livros com capas tipográficas idênticas, passou a usar cintas ou sobrecapas com ilustrações para chamar a atenção do leitor. Confesso que ainda hoje, editando mais de um livro por dia, dos mais diversos gêneros, estranho quando uma capa olha para mim em vez de eu olhar para ela.

Os livros de narrativa literária seguem mantendo muitas características da produção artesanal. São obras individualizadas por seu caráter artístico e profundo, percorrem um caminho próprio na mente de cada leitor. No entanto, eles requerem um sistema industrial para serem distribuídos, num mundo onde há mais livros em busca de leitores do que leitores à cata de livros.

Na minha juventude, estudei e idolatrei os teóricos da Escola de Frankfurt, que criticavam a reprodutibilidade das obras de arte. Hoje, muita coisa mudou.

Sei que contribuo com a massificação dos livros, e me reconforto — quando a angústia sobre meu papel no mundo editorial me assola — imaginando que assim a leitura no Brasil pode se concentrar cada vez menos entre os privilegiados e atingir também a população de baixa renda. Não quero com isso me desculpar por mudanças no que sempre pratiquei, ou pelo esquecimento de princípios que ainda admiro. No meu dia a dia, grande parte das decisões são de cunho literário ou comercial. Mas a política é também um importante componente, que influi na postura de um editor. Sempre que posso, procuro mesclar os três fatores, e sou bem mais feliz quando penso no primeiro e no terceiro.

O sociólogo Gilberto Vasconcellos, com quem convivi na Fundação Getulio Vargas, disse alguns anos atrás, com escárnio, que os jovens que liam com ele os livros da Escola de Frankfurt estavam àquela altura nos postos de direção da indústria cultural. Embora não tenha sido aluno do famoso Giba, tive muito contato com ele na faculdade, e sei que a crítica era em parte dirigida a mim e a Matinas Suzuki Jr., na época editor na *Folha de S.Paulo*. Hoje, aceito as regras de mercado, entendo que uma obra-prima de James Baldwin ou Lygia Fagundes Telles vai disputar espaço nas livrarias com produtos puramente comerciais. Capas discretas infelizmente sentem mais o peso da concorrência.

Para que se entenda o nosso dilema, cito um episódio ocorrido já há alguns anos. Na edição do romance *Neve*, de Orhan Pamuk, a capa apresentava uma mulher encarando o leitor com um olho bem aberto na capa e outro na contracapa. Mas suas feições ficam muito fortes mesmo assim.

Relutei em aceitá-la. O livro, também por esse entre outros motivos, foi um enorme best-seller. Hoje, talvez perderia menos tempo com tal dúvida. Aceito a mudança, mas não me orgulho disso.

A capa certa é aquela que mais se aproxima da alma do livro, a que permite que o carisma do texto se propague, até alcançar o interesse dos leitores. Se o designer respeitar esse carisma, fará o autor falar por si próprio. Fará uma capa que funcione como extensão do que foi escrito.

O compositor norte-americano Aaron Copland, numa entrevista, sem aceitar o fato de que a música clássica virasse produto de massa, disse que ouvir gravações numa vitrola era como ir para a cama com um retrato.

Não há mais espaço para discutir a legitimidade da transformação da literatura em produto industrial. Mas quem sabe ainda possamos torcer para que cada leitor vá para a cama não só com um retrato estampado na capa dos livros, mas acompanhado de outro, que resta guardado em sua imaginação.

Tendo abordado tantos temas relativos à edição, me pergunto agora qual o papel do papel nas publicações de livros físicos, já que há tempos convivemos também com o livro digital, aquele que ligamos no "on" do nosso tablet e some da tela, sozinho, quando vamos dormir. A reflexão sobre esse tema deve muito à minha convivência com Elisa Braga, diretora de produção da Companhia das Letras por vários anos, a quem eu chamava carinhosamente de "o coração da editora". Sem esse diálogo, a editora nunca teria o apuro gráfico que sempre pretendeu alcançar. Vários componentes do papel utilizado numa edição passam desapercebidos a um grande número de leitores, mas não são por isso menos importantes. No mercado global, o livro físico tem crescido, e o digital, depois de aguda aceleração em seu início, começa a traçar movimento contrário. Apesar disso, os arautos do apocalipse continuam de plantão. O fim do livro, como o conhecemos, vem sendo anunciado desde o advento do rádio até o surgimento da televisão, do livro digital, da internet, e agora dos audiolivros.

O que explica essa longa permanência e mesmo o atual crescimento do livro tal como inventado no século xv? O contato físico pode ser um dos fatores. E, se assim for, por que é melhor ler em páginas menos brancas do que nas alvas de outrora, ou nas telas dos tablets e iPhones? Por que será que o toque com os dedos num papel mais poroso cria uma sensação diferente para a leitura?

Depois de muito tempo acostumados ao papel creme, lançamos um livro com um papel totalmente alvo, com a intenção de manter mais identificadas as cores das ilustrações, em preto e laranja, que acompanham a edição. Ao receber o primeiro exemplar, confesso que tive um choque. Quis devolver toda a edição e mudar de papel.

Desde o segundo ano da editora, passamos a usar, de maneira crescente, o papel de cor creme, desenvolvido pela Suzano em parte para atender um pedido da Companhia das Letras. Naquela época, eu já me incomodava com as edições brasileiras, todas impressas em papel offset convencional, em que as palavras vibram mais, devido ao contraste entre a tinta escura e a página muito branca. Isso não ocorria nos outros países, onde as edições em capa dura há muito tempo são impressas em papel de tonalidade menos clara, e para os *pockets* se usa um papel-jornal mais caprichado que o normal, mais acinzentado.

Sabe-se que com a diminuição do contraste entre papel e tinta os olhos descansam mais durante a leitura. As telas, nesse sentido, são piores ainda que a brancura de alguns tipos de papel. São também pouco recomendadas para insones. O iPad desliga com um toque. A mente, não.

Para mim, não é só isso que acontece. Ao marcar as páginas totalmente brancas com a tinta preta durante a impressão, parece que realizamos um ato mais definitivo. Passa a sensação de que o que está impresso assim permanecerá para sempre.

Desse modo, o preto no branco potencializa o sentido peremptório das ideias ou da criatividade dos escritores. O contraste exacerbado entre papel e tinta tem quase um toque de declaração, transforma o livro em *statement*, o que, no meu entender, está longe do ideal. Acreditar que algo publicado não passará por elaborações pessoais diversas é mais que uma simples ideia equivocada. É falta de respeito com o leitor.

Assim, um papel mais próximo da tinta, que diminua o contraste entre o que é dito e o que se lê, garante maior igualdade entre escritor e leitor.

Seguindo a mesma linha de raciocínio, acredito que um papel poroso, menos liso e uniforme, tem uma função importante. Ao tocarmos uma página antes de virá-la, sentindo na pele suas irregularidades, inconscientemente nos colocamos em contato com algo que pode mudar durante a leitura e lembramos que o livro traz imperfeições que o tornam mais humano.

Antigamente, um livro tinha que ser aberto pelo próprio leitor com um cortador de páginas. Era necessário separar as páginas, uma a uma, já que elas vinham agrupadas, demarcando um trabalho que cabia ao leitor, e não ao autor, editor ou gráfico. Cada página trazia, assim, uma dimensão diferente, todas elas constituídas pela imperfeição do corte feito à mão. E ao leitor cabia uma participação na forma final do produto.

O livro visto de lado não era uniforme, as folhas singulares tinham o seu próprio tamanho, simbolizando o percurso imprevisto da imaginação de quem lê. O texto apresentava-se fisicamente mutante, nos intervalos assinalados pela alternância das páginas.

Ocasionalmente, demoramos dias para voltar a um livro, e tudo que parecia estabelecido no papel mudou devido a uma nova condição do leitor ou da leitora. O desenrolar de um romance acompanha acontecimentos por vezes dramáticos em nossa vida. Podemos começar uma história casados e terminá-la solitários, ou tendo nos despedido de alguém importante para nós. Será que a página virada é diferente apenas pelo novo sentido agregado pelo autor, pela continuidade da história? Ainda hoje, algumas editoras norte-americanas, como a Knopf, mantêm acabamento irregular nas bordas das páginas de seus livros, levando-os a se assemelharem às edições que exigiam a abertura pelo leitor. Acho maravilhosos os livros que nos lembram desse tempo, que marcam fisicamente as diferenças que virão, aos poucos, com a leitura. Além disso, o papel usado em tais edições é muito mais poroso que o disponível no Brasil.

Não quero dizer que o livro era irregular de propósito, para marcar o que imagino ser inerente ao ato da leitura, e sim que esses sentidos poderiam ou podem ser atribuídos ao formato material de um livro, já que os símbolos não passam a existir por vontade ou intenção de alguém, mas pela riqueza espontânea de nossa vida interior e social.

20. José

Saramago estava sentado no meio da sala, lendo uma página datilografada que continha algumas correções à mão. Isso queria dizer que ele estava na etapa final da escrita de um novo livro, pronto para passar a limpo todo o texto, sem nenhuma falha, e enviá-lo ao seu editor português. Antes dessa fase, ele pensara no original por aproximados seis meses, sem escrever nada, e em seguida manuscrevera uma primeira versão. Só depois ele datilografava o texto duas vezes, uma passível de correções, a outra não.

Eu ouvia a leitura boquiaberto, sem acreditar que estava naquele apartamento só com Pilar e José. Ele lia para mim um trecho de *História do cerco de Lisboa* — o primeiro livro seu que iria sair simultaneamente em Portugal e no Brasil. O segundo que a Companhia das Letras publicou. O primeiro que lançamos foi *A jangada de pedra*, porém um tempo depois da edição portuguesa.

Naquela ocasião, eles moravam num charmoso apartamento na rua dos Ferreiros à Estrela. Eu me hospedara no hotel York House, na rua das Janelas Verdes. O nome das ruas parecia saído dos livros de José Saramago.

Pilar arranjou tudo para aquela minha viagem, durante a qual me levou a alguns locais que foram cenários da trama de *O ano da morte de Ricardo Reis*. No fim da minha estada em Lisboa, a jornalista espanhola, que estava com o escritor não fazia muito tempo, me pediu que fosse com ela ao Amoreiras Shopping Center, onde iria comprar para José o primeiro computador, que acabamos escolhendo juntos. O trabalho datilografado que vi em suas mãos foi o último. Nos originais seguintes, um processador de texto assumiria a função.

Eu conhecera pessoalmente o casal pouco antes, por ocasião da vinda dos dois para acompanhar o lançamento de *A jangada de pedra* no Brasil. A obra de Saramago era mais popular no Rio de Janeiro, por onde começou a programação. Millôr Fernandes havia descoberto o *Memorial do convento* e espalhara suas qualidades por todos os cantos da cidade. Lili e eu fomos para esse primeiro encontro, e ficamos os quatro hospedados no mesmo hotel, aquele onde eu sempre ficava, o Ouro Verde, em Copacabana.

A liga entre os casais foi imediata, incluindo uma ida à praia e passeios pela orla de braço dado. Há uma foto de José Saramago de traje de banho, olhando para o horizonte.

Cheguei, estupidamente, a abusar dessa proximidade e fazer uma piada de mau gosto. Eu ainda tinha um senso de humor aguçado, mas naquela ocasião passei dos limites. Um dia, perguntei ao José se era verdade que o filme *Vertigo*, de Alfred Hitchcock, em Portugal, fora intitulado de *A mulher que viveu duas vezes*, e *Psicose* fora chamado de *O pai que era mãe*. Ele, com razão, não achou graça alguma e negou veementemente. Teve a generosidade de não interromper o início da nossa relação profissional e da nossa amizade. Nem a parca idade podia justificar tamanha molecagem da minha parte.

Desde esse encontro, tudo correu muito bem, com uma intimidade que só aumentou. Animado com a amizade que começava tão harmoniosa, José me fez um pedido, antes de deixar o Brasil: "Gostaria de não ter que me hospedar mais em hotéis ao vir a São Paulo, queria morar em vossa casa, com a Pilar". José tinha pavor de hotéis, onde passaria a pernoitar, cada vez mais, com a carreira internacional crescendo tanto. Assim, por vários anos, o quarto da nossa filha, Júlia — temporariamente deslocada para o quarto do irmão, Pedro —, hospedou o casal Saramago. Quando me mudei para uma casa maior, eles ficavam no quarto destinado às visitas das nossas netas.

Construímos, assim, a maior intimidade que jamais tive com um escritor estrangeiro. Nela, Pilar teve papel fundamental, se tornando praticamente um membro da nossa família. E tudo começou por acaso.

Pois foi desse modo que conquistei os direitos do José Saramago — depois de ter dito, à toa, para a sua agente no último encontro de que participava na Feira de Frankfurt, em 1987, que lera o *Memorial do convento* e o incluíra entre meus livros favoritos de todos os tempos.

Ray-Güde Mertin se assustou e perguntou se eu dizia isso por algum motivo específico. Em seguida, me pediu que passasse novamente na Feira antes de ir para o aeroporto. A obra de José estava prestes a ser transferida para outro editor brasileiro naquele mesmo evento, mas ela preferia a jovem Companhia das Letras. Deixei a mala no táxi, voltei ao local, e acertei todos os detalhes para o que viria a ser muito mais que a edição das futuras obras de Saramago, mas uma amizade sem tamanho. Convivíamos em casa a cada livro novo do autor, ou palestra para a qual ele era convidado. Descobrimos os gostos pessoais e as idiossincrasias gastronômicas do José, como, por exemplo, detestar coco. Lili, que adorava a fruta, o provocava, dizia que iria escrever uma tese sobre a dialética do coco.

Dois dos aniversários do escritor foram comemorados na nossa casa, com direito a bolo, decoração, velinha e tudo o mais.

Viajamos para as cidades mineiras, com a família toda. O autor português ainda não tinha ganhado o prêmio Nobel, mas já era parado nas ruas, ou nas igrejas que visitávamos. O afeto do público brasileiro sempre o comovia.

Certa vez fomos ao nosso sítio na serra da Mantiqueira. Me incumbi de uma tarefa difícil. Meu pai, sobrevivente do nazismo, se chateara muito com uma declaração de Saramago na qual comparava a Palestina com Auschwitz. Combinei com a Lili que subiríamos na Pedra do Baú, na parte de fácil acesso, e que lá ela me deixaria a sós com José Saramago. Sentados no Bauzinho, com o enorme vale a nossos pés, disse o que tinha que dizer. Comentei que meu pai me ligara chorando e que, por mais que eu achasse inaceitável o expansionismo israelense e o tratamento que os palestinos recebiam no país, não julgava correta aquela comparação. A reação de José foi dura, mas com o tempo se modificou. Passou a me dizer, desde então, que sua declaração fora deturpada pelo jornalista.

Uma das nossas viagens mais icônicas ocorreu quando o escritor ganhou o prêmio Camões. Fomos todos a Brasília, onde o laurel seria entregue pelo presidente Fernando Henrique Cardoso. Entre outros presentes estavam Jorge Amado e Zélia Gattai. Antes do evento, José e Pilar haviam sido convidados a ir em seguida para Salvador. Lá ficariam na casa de Jorge e Zélia. Ao receber o convite, pediram que o mesmo se estendesse a Lili e a mim.

Acontece que a casa do escritor baiano fora tomada por cupins. Por conta disso, ele nos reservou um hotel no mesmo bairro do Rio Vermelho, a duas casas de distância de onde Caetano Veloso e Paula Lavigne se instalavam quando ficavam na cidade. Depois de um tempo, o charmoso hotel seria comprado e se transformaria na casa de Gal Costa.

Jorge organizou almoços, a cada dia numa casa ou restaurante diferente, escolhendo os locais onde estavam as melhores cozinheiras e cozinheiros de Salvador. O primeiro almoço foi na residência de Caetano — uma feijoada baiana feita pelo irmão do compositor, exímio na arte culinária. Era o dia da Festa da Entrega, quando os barqueiros saem da praia no Rio Vermelho para levar oferendas a Iemanjá. Do alto da casa de Caetano e Paula se vê a comemoração. Assim, o almoço durou das três da tarde às três da manhã.

Saramago não tinha levado roupa esporte, nem calção ou camiseta. Naquele calorão, acabou usando os meus. Nessa tarde, José, na cara dura, abordou Jorge Amado, afirmando que ele devia mudar de editora. Fiquei morrendo de vergonha. Jorge olhou para mim sem jeito, dizendo com os olhos que não podia fazê-lo ou mesmo que não desejava tal transição. Eu demonstrei sem palavras, também apenas com meu olhar, que compreendia a reação do romancista baiano. A profecia de Saramago acabou ocorrendo anos depois da morte de Jorge Amado.

Durante parte da noite, Saramago e Lili separaram em vários arquivos seguros o livro de memórias que Caetano Veloso estava escrevendo, e fizeram cópias de tudo. Do jeito que o material estava, o compositor se arriscava a perder o que produzira até aquela altura.

Em todos os almoços, o clã de amigos que seguiam Jorge Amado nos acompanhava. Entre eles estavam os artistas Calasans Neto e Carybé. Numa visita ao ateliê deste último, compramos, em segredo, uma pintura para o casal Saramago, e eles também compraram uma para nos brindar. No fim da visita, nos presenteamos com as surpresas. A esposa de Carybé, na ocasião, nos pediu que cedêssemos as aquarelas, temporariamente, para uma exposição em Sevilha, cidade onde Pilar del Río passou grande parte de sua vida. Aceitamos, e nunca recebemos as pinturas de volta! Acabaram sendo presentes simbólicos.

Poucos dias depois da primeira feijoada, haveria o tradicional show em comemoração ao aniversário de Santo Amaro da Purificação. Caetano nos convidou para ir à casa onde morara na cidade natal e em seguida assistir a seu espetáculo, no qual dona Canô ficava sentada no palco, de frente para o público, recebendo as devidas homenagens. Todos que chegavam para a festa ganhavam um botton que dizia: "Eu vi Caetano em Santo Amaro". Em meio à multidão, Saramago era abordado com pedidos para autografar o suvenir.

Na volta de Salvador, José, vendo da janela da aeronave a imensidão da cidade de São Paulo, virou-se para nós e disse: "Acabo de ter a ideia para um novo livro". Como sempre, ele imaginava pela primeira vez uma obra e já lhe dava um título: *Todos os nomes*, meu livro favorito de Saramago.

Fui com a Lili para a ilha de Lanzarote visitar a residência do casal depois que, motivados por um ato de censura em Portugal, eles decidiram se mudar para lá. Foi emocionante ver o novo recanto de trabalho do José, com seus discos e a escrivaninha cercada pelos cachorros. As óperas de Mozart eram os cds favoritos do autor para acompanhar sua atividade. Fizemos passeios percorrendo a linda paisagem vulcânica. Era como se aquelas pedras tivessem a força da escrita do futuro prêmio Nobel. Pareciam deixar seu silêncio para entrar nas páginas dos romances do escritor português. Andando pela ilha, os cabelos de Saramago esvoaçavam em virtude do vento forte das Canárias. Essa imagem foi eternizada numa foto tirada por Sebastião Salgado.

Uma das maiores emoções ficou guardada para a escolha e cerimônia do prêmio Nobel. Como eu comemorei em Frankfurt ao ser informado da vitória!

José estava prestes a embarcar para Madri quando soube, por uma atendente da companhia aérea, que ganhara o prêmio. Retornou então para a Feira de Frankfurt — onde promovia alguns de seus livros publicados na Alemanha — a fim de comemorar a láurea com seus editores e amigos do mercado de livros. Pouco tempo depois, nos preparávamos para a cerimônia de entrega do Nobel, eu com fraque alugado, Lili com um vestido longo comprado para a ocasião. Em Estocolmo, ficávamos durante várias horas na suíte presidencial que o casal ocupava, onde Pilar provou seu bonito vestido vermelho para que a Lili opinasse. Havia dois quartos desse tamanho e pompa. No outro, ao lado, se hospedara Bruce Springsteen. Saramago não fazia a menor ideia de quem se tratava. No evento, Pilar estava tão linda que, no dia seguinte, ela, e não Saramago, apareceu na capa do principal jornal local.

José entrou bastante compenetrado no palácio e fez um discurso lapidar. As fotos comprovam: aquela não era ocasião para sorrisos da parte dele. Sentados às mesas com seus outros editores, vivíamos tudo com grande emoção. Recordo que fiquei impressionado com a qualidade do vinho servido, para cerca de mil pessoas.

Muito antes do Nobel, ainda logo após a publicação de *A jangada de pedra*, as noites de autógrafos de José começaram a reunir uma multidão de leitores. Lembro que, numa das suas primeiras vindas ao Rio de Janeiro, no evento de assinaturas na livraria Timbre, a fila dava voltas em torno da escada rolante. Eu pedia a ele que só assinasse os livros, sem fazer dedicatória, mas o autor se recusava a não escrever o nome de cada leitor antes do seu autógrafo. No meio do lançamento, uma mulher tirou colares do próprio pescoço e os colocou em José, como forma de presente ou bênção. Ela o abraçava e beijava em reverência. Assim que a cena terminou, Saramago me chamou de lado e, entre emocionado e assustado, disse: "Luiz, essa gente vai me matar de amor".

A cada vinda dele ao Brasil, os eventos se tornavam maiores. Em São Paulo, passaram a ocorrer no Sesc, e em muitos casos abriam com leituras de trechos da obra por grandes atores, atrizes, escritores e escritoras. Participaram Fernanda Montenegro, Raul Cortez, Marieta Severo, Milton Hatoum e Raduan Nassar e Fernanda Torres, entre tantos outros. Saramago não aceitava limitar o número de autógrafos e, assim, com frequência voltávamos para casa no começo da madrugada. Em homenagem à Companhia das Letras, ele decidiu que lançaria *A viagem do elefante* primeiro aqui e depois em Portugal. Na minha opinião, esse era o seu melhor livro em muitos anos. José veio para cá bastante magro e fraco. A doença pulmonar que o mataria já estava presente. Marcamos almoços no finado Antiquarius do Rio de Janeiro, com Rubem Fonseca, Ana Miranda e Chico Buarque, ou em casa, com seus amigos de sempre, Leyla Perrone-Moisés, Raduan Nassar e Lygia Fagundes Telles.

No Rio, dessa vez nos hospedamos no Copacabana Palace, onde uma cena hilária aconteceu. Saramago vinha de braço dado com Pilar, próximo à piscina, em minha direção. Seu andar era lento. Uma socialite que morava no prédio colado ao hotel e frequentava a piscina como se fosse uma extensão da casa dela, se aproximou de mim e disse: "Quem é ele? Eu conheço! É o... é...", e logo saiu gritando na direção do escritor português: "Que loucuraaaa, é o García Márquez, que loucuraaaa, o Garcíaaa Márquez". Nós caímos na gargalhada e não negamos. Dessa forma, a socialite, que cumprimentou José Saramago achando que se tratava do seu amigo Gabo, deve pensar, até hoje, que cumprimentou o autor de *Cem anos de solidão*. Dmitri Medvedev, então primeiro-ministro da Rússia, iria encontrar-se com o presidente Lula naquele hotel e eu, cabeça quente, acabei tendo um entrevero com um guarda-costas do líder russo, que me empurrou, a fim de abrir espaço para uma bagagem que portava. Saramago nada percebeu, mas a Lili me livrou de uma briga absurda. Seria um vexame a mais, típico do meu temperamento, num momento tão importante para o escritor e para mim.

Embora mais abatido ainda pela doença, aqui Saramago decidiu que teria forças para escrever um derradeiro livro, que foi *Caim*. Após esse, passou a ter mais ganas de criar outros textos, e chegou a começar *Alabardas, alabardas*, sobre a indústria bélica global, que restou inacabado.

A saúde do escritor foi piorando, e os médicos não conseguiam debelar a infecção no pulmão. Assim, alguns meses depois de Saramago iniciar seu libelo contra a indústria armamentista, Pilar me ligou e pediu que eu abrisse no vídeo do Skype. Em seguida, me mostrou José morto, na cama. Seu falecimento era esperado, mas foi muito duro vê-lo daquele jeito. Prefiro guardar outras imagens dele, na praia no Rio, com seus óculos avantajados, sem ser reconhecido pelos banhistas, ou concedendo um autógrafo na igreja de Nossa Senhora do Rosário dos Pretos, em Tiradentes, quando ainda se espantava com o sucesso que fazia no Brasil, ou mesmo de nós quatro, sentados juntos, de frente para o pequeno jardim de sua casa em Lanzarote.

21. A espera

Se, por vezes, os editores sabem dizer se um livro é bom lendo apenas sua abertura, outro desafio de um profissional da área é avaliar se um texto termina bem. A dificuldade, naturalmente, é maior em relação à ficção do que aos ensaios, devido ao grau de subjetividade que cerca as obras literárias. É mais fácil verificar se uma obra de não ficção cobriu todos os aspectos do assunto central de um livro. Num romance ou coletânea de contos, essa avaliação é sempre mais nebulosa.

Sabemos que um romance pode começar sem grande impacto e crescer ao longo de suas páginas, mas no final o leitor ou a leitora deve sentir que o livro permanece em sua mente, mesmo depois de terminar de lê-lo. E é curioso como essa é a grande questão de muitos escritores, sobretudo os menos experientes, que algumas vezes procuram se livrar do livro antes do tempo.

A tarefa de escrever um romance é exaustiva. Exige do autor uma convivência profunda consigo mesmo, com seus fantasmas, traumas e recalques. Eles com certeza aparecerão na tela ou na página branca. Todo esse esforço mental de criação, somado à angústia de ver com frequência o tempo passar sem que nada de produtivo ocorra, dá à escrita um componente psicológico extenuante. Assim, o desgaste de um dia de trabalho aparentemente vazio pode não parecer mas é enorme. Sabemos, claro, que um dia produtivo resulta em menos cansaço do que o contrário. Além disso, são menos comuns as profissões nas quais praticamente não há com quem compartilhar o esforço feito, antes de chegar ao ponto-final.

A grande maioria dos autores atesta que, depois das horas diárias tentando se transportar para a pele de seus personagens, sentem-se esgotados, como se tivessem exercido um trabalho descomunal.

Cada escritor tem seu método. Alguns batem nas teclas ou rabiscam, deixando em primeira instância o fluxo de consciência livre. Já outros querem ver, mesmo no rascunho, apenas o texto já limpo. Escrevem poucas linhas por dia e as revisam centenas de vezes. E dessa maneira exaurem-se, até por guardar, por tanto tempo, frases e mais frases incompletas dentro de si. Para os dois casos vale lembrar de um pensamento, ou angústia, que nos persegue dias a fio e entenderemos o sentimento que toma conta dos autores.

No caso dos escritores que deixam jorrar o fluxo de pensamento na tela, o cansaço pode parecer até menor, uma vez que as páginas cheias denotam o fim de um dia aparentemente produtivo. Mas, no momento de revisar o texto, o desgaste acaba crescendo em progressão geométrica. Revisar o que jorra na folha de papel não é uma tarefa qualquer.

Há quem atribua a Hemingway a frase: "Escrever é cortar e cortar". Já ouvi dizerem que foi Carlos Drummond de Andrade quem a cunhou. Pode não ter sido nenhum dos dois, mas o escritor norte-americano era um exemplo típico dos que escreviam livremente, para depois buscar a forma final. Para os que gostam mais dos seus contos que dos romances, aí pode estar a explicação. O Papa, como era chamado, apreciava e sabia cortar, o que, como veremos, é um dom absolutamente fundamental para um bom contista.

De qualquer modo, há no movimento literário, como em toda arte, a busca de uma expressão perfeita, com a peculiaridade de que a maturação do trabalho do escritor é particularmente lenta. A sensação de esgotamento é grande também porque a intuição, por vezes, conta muito pouco para um autor. Se ela não for sucedida por um enorme tempo de desenvolvimento e por um mergulho profundo na alma e na linguagem humana, o retrato que resulta dos personagens será ralo. Uma frase próxima da perfeição não se encontra de cara, na primeira tentativa. Se na vida real a mesma coisa pode ser dita repetidamente, imaginemos a dificuldade se formos dar voz a um personagem criado do zero, um ser cujas reações dependem do escritor ou do andamento da trama e que deve se comunicar de maneira singular, caso contrário não faz parte do mundo da literatura.

Por isso, a maior parte dos jovens escritores e editores já ouviu de seu primeiro publisher o chavão que diz ser a escrita feita de 95% de transpiração e apenas 5% de inspiração. Caio Graco me disse isso inúmeras vezes. Mesmo considerando-a um pouco exagerada eu repito a frase até hoje.

Se entendermos a natureza do tempo e do empenho necessários para a escrita de um romance, ficará mais fácil compreender a tendência do autor a se livrar logo dele. Um editor tarimbado pressente quando isso vai acontecer, antes mesmo de terminar o texto. Particularmente, depois de anos e anos de leitura, consigo sentir o cansaço do escritor antes do ponto-final. Perdi a conta das ocasiões em que sugeri mudanças nas últimas páginas de livros de ficção. O escritor deixa sinais de esgotamento pelo caminho, como passagens menos acabadas que tendem a desembocar num final precipitado. Na ficção, criador e criatura amiúde entram em conflito.

Assim, são mais raros os casos de romances que passam do ponto do que os daqueles que acabam antes do momento em que deveriam se encerrar.

É nessa questão, a da forma e do tempo certo de terminar uma ficção, que se encontra, a meu ver, a grande diferença entre os contos e os romances. Os primeiros precisam acabar antes do esperado; um bom conto dificilmente sobrevive se a sua história chegar ao fim. Quando isso ocorre, é possível que ele vire uma fábula e perca parte da sua força. As generalizações em literatura são perigosas, mas na maioria dos casos o grande conto é o que termina inconcluso, que quase delega o final ao leitor. Nesse sentido, se toda ficção abre uma parceria entre o autor e o leitor, nos contos tal parceria se realiza com plenitude no que não foi dito. O contista entrega menos, tem a brevidade como desafio. Antecipa seu silêncio para que o leitor e sua imaginação tomem conta do que fecharia por completo a trama. A dúvida é a principal herança que o contista deixa ao leitor.

Um escritor como Rubem Fonseca considerava que escrever contos é muito mais difícil do que dedicar-se a uma narrativa de longa extensão. Não sei se concordo. Cada gênero oferece dificuldades próprias. O conto exige um esforço supremo de condensação e procura a perfeição na falta. O romance almeja algum tipo de abrangência ou carrega certa plenitude como parte de sua ambição. Dessa maneira, ao editarmos contos, talvez acabemos nos ocupando mais dos textos que terminam depois do que deveriam. No que se refere aos romances, ao contrário, esbarra-se mais com casos em que o escritor tenta se livrar do texto com o qual já não consegue conviver.

Dizemos que um romance não está redondo ou bem amarrado para mostrar que ele acabou cedo demais, deixou arestas e não silêncios pelo caminho. É como se o escritor não oferecesse completamente sua companhia ao leitor. Com isso não pretendo afirmar que o vazio e o silêncio não façam parte de bons romances, e sim que o bom romance administra o vazio no transcorrer de todo o texto, caso contrário não restaria espaço para a imaginação de quem lê. A dúvida que o escritor delega ao leitor não pode se confundir com apuro, que não é bom em nenhum gênero literário. O romance confeccionado em prazo mais extenso gera uma convivência que não deve ser interrompida de uma hora para outra, enquanto muitos contos podem usar desse artifício com grande força.

Do mesmo modo como me referi em outro capítulo à abertura de *Anna Kariênina* — que poderia ser invertida e permanecer válida mesmo assim —, tudo o que eu disse a respeito de contos e romances talvez não faça sentido para o leitor deste livro, que pode preferir os romances sempre inacabados e contos perfeitamente redondos, de aspecto mais fabular. Entenda, leitor, que estas são apenas impressões que recolhi ao longo da vida, e que deixo registradas sem um ponto-final.

Se aqui já tratamos dos começos e dos finais, vale a pena nos debruçarmos sobre o corpo do texto literário. Inúmeros escritores pensam em tramas mirabolantes como forma de fisgar o leitor. Procuram conquistar seu público com viradas inesperadas na história, que no fundo mais respondem aos anseios do ego de quem escreve — que se julga esperto ao conceber tantas fantasias inusitadas — do que dialogam com o imaginário de quem lê. Tentar seduzir o público com surpresas maltrabalhadas ou novidades em excesso é um erro comum. Talvez alguns autores não entendam que o mais importante é criar uma situação de igualdade com o leitor, uma verdadeira parceria, em que não há um polo superior. Coelhos na manga são um recurso dos mágicos profissionais, não do ficcionista. Eles excluem o leitor do que foi construído em conjunto.

Há muitos livros que necessitam de surpresas, no entanto elas precisam ter alguma base, por mais espetaculares que procurem ser. Fazem parte da trama, não surgem do nada. Na maior parte das vezes, a surpresa tem base sólida no que se construiu no caminho, e não o contrário. É só assim que pode cumprir sua função. Caso contrário, é no meio ou no final do livro que o contrato entre autor e leitor, do qual falamos, se quebra. Escrever não é apenas uma forma de exibição artística, mas um ato de entrega que inclui generosidade e compreensão, a cada passo.

Há artistas que se tornam arrogantes, agindo como verdadeiras estrelas. Se essa não é uma situação aceitável na vida privada, por que seria no momento da escrita? Arrisco dizer que quem escreve sem generosidade, sem querer se colocar em posição equivalente à de quem está na outra ponta, dificilmente criará valores literários importantes. Mesmo os escritores mais rabugentos — como Thomas Bernhard ou Louis-Ferdinand Céline —, ao escreverem expondo repetidamente um suposto desprezo pela humanidade, o fazem com respeito pelo leitor. Como se com seus livros estivessem dizendo: eu desprezo o mundo, a todos, menos a você que me lê. Autores que em seu texto desdenham dos leitores, ou estão construindo uma persona que no fundo dialoga com o leitor ou perderão o leitor de vista.

O que nos prende a um texto é o convite que o escritor nos faz, a sugestão de que esperemos juntos em muitos momentos da trama. Na vida, temos cada vez menos tempo para esperar. Na literatura, a espera é fundamental, e seu objetivo é mais concreto. O escritor nos concede a oportunidade de suspender o tempo, e dentro dessa suspensão cria outras suspensões, que aqui chamo de esperas. Ao ler, aguardamos uma surpresa detetivesca, ou vivenciamos um mergulho psicológico na mente humana, ou nos entregamos a um romance água com açúcar, ou ainda deixamos que o autor nos apresente uma voz singular que não ouvimos no dia a dia. Na ficção bem-sucedida, entramos em contato com a fragilidade humana. E para isso precisamos de tempo.

Esperar seguidas vezes é o que nos propõe um bom texto de ficção. Essa espera pode durar algumas páginas ou mesmo restar para sempre em nossa imaginação. Aí está um valor fundamental da literatura, que a torna mais especial num tempo em que tendemos a não esperar por nada. Más notícias ou tragédias vêm sem aviso prévio. O ódio das mídias sociais também não inclui um tempo em suspensão. Nesse sentido, esperar nos dias de hoje é um ato político, que implica algum tipo de otimismo e crença no melhor. E o que a boa literatura nos oferece senão esperar?

Aonde quero chegar com tudo isso? Não posso dar conta das profundezas desse tema. Nem tenho a densidade dos críticos literários e dos psicanalistas. Meu objetivo é muito menor, de simples editor.

O que torna atraente o miolo do livro, na minha opinião, é justamente a maneira como o escritor manipula as várias janelas que durante a leitura são criadas. E em contrapartida o leitor oferece à espera proporcionada pelo autor um lugar na sua memória onde a criatividade do escritor será eternizada. A espera se perpetua como lembrança, e a relação entre escritor e leitor não se desfará enquanto a voz do narrador não for esquecida.

Middlesex de Jeffrey Eugenides é um bom exemplo para entendermos a confecção de um romance. Logo no início do livro, que conta a história de um hermafrodita, ficamos conhecendo o final: que o narrador acaba optando por assumir a identidade de gênero masculino. No decorrer da leitura, somos atraídos pela originalidade da voz narrativa, pela história pregressa da família de imigrantes gregos radicados nos Estados Unidos, pela riqueza das muitas vidas que desembocarão na do protagonista que nos guia e, claro está, no caminho do personagem até este chegar a se chamar Cal.

Em *Middlesex* o ponto-final aparece no começo, mas o que conta é o meio. O fundamental não é mais a abertura ou o desfecho do livro, mas as muitas outras revelações que o autor administra e oferece no transcorrer da história.

Para assegurar o interesse do leitor, o escritor o mantém constantemente esperando, e, para tal, opera com idas e vindas no tempo, abre assuntos que permanecem inconclusos, enquanto apresenta outras vozes e vidas. A cada janela aberta durante o texto, uma questão fica guardada na mente dos leitores e, mesmo que não lembremos que o assunto está lá, pendente, o ficcionista nos prende e guia enquanto seguimos outras histórias, até que ele resolva retomar o que deixou para trás.

Outro bom exemplo é a série Minha Luta, do norueguês Karl Ove Knausgård. Nesse grande romance de seis volumes, Knausgård transforma a sua vida absolutamente comum numa narrativa quase de suspense, manipulando o tempo e a ansiedade do leitor. No princípio do quarto volume, intitulado *Uma temporada no escuro*,[1] ficamos sabendo que o tema do livro é a busca do narrador, nos seus dezoito anos, pela iniciação sexual. Knausgård conta sobre quando se muda para o interior da Noruega e ocupa o seu primeiro posto profissional, como professor de um pequeno colégio numa cidade próxima aos lindos fiordes nórdicos.

A narrativa acompanha a ida de Knausgård para um lugarejo onde nada acontece mas para o qual o autor parte à procura de algo que lhe é vital. Logo nas primeiras páginas, o leitor toma conhecimento de que, antes de empreender a viagem, o garoto se despediu de uma namorada e de uma amiga, esta até mais amorosa com ele do que a sua companheira. No ônibus, o narrador vê uma menina bonita que o olha com curiosidade. E nessa atitude planta várias dúvidas que seguirão com o leitor. O que ocorrerá com os dois "amores" que ele deixou para trás? No que vai dar aquela troca de olhares durante a viagem de ônibus? Os acontecimentos que se sucederão no transcorrer do livro não são numerosos, tampouco especiais. Mas o escritor cria e manipula pequenas esperas, que talvez nem ele saiba dizer onde vão dar, ou que intensidade terão. Possivelmente serão abandonadas. Com elas, ao mesmo tempo prende o leitor e o guia em sua narrativa.

Há uma passagem desse livro que me parece emblemática para o meu argumento. Termino o capítulo com ela:

O que significava isso tudo? O que estávamos fazendo? Será que esperávamos por alguma coisa? Nesse caso, por que éramos tão pacientes? Nunca acontecia nada! Nada de novo aparecia! O que acontecia era sempre mais do mesmo! Num dia sim e no outro também! Na chuva e no vento, na neve e no gelo, no sol e na tempestade, fazíamos sempre a mesma coisa. Ficávamos sabendo de uma coisa qualquer, íamos até lá, voltávamos, sentávamos no quarto de Jan Vidar, ficávamos sabendo de uma outra coisa qualquer, tomávamos o ônibus, pegávamos nossas bicicletas, íamos a pé, nos sentávamos no quarto. Se fosse verão, tomávamos banho de mar. Fim.

O que significava isso tudo?

Nós dois éramos amigos, nada mais.

Quanto à espera, essa era a nossa vida.[2]

22. Jorge

"Luiz, o Itzhak Perlman vem para a inauguração de um teatro em São Paulo. Não sei se de fato poderei ir, mas compre um ingresso para mim. Caso eu não vá, dê para alguém outro." Foi isso que Jorge Zahar me disse antes de decidir passar uma semana em São Paulo, na qual não só foi ao concerto que inaugurou o Teatro Alfa, como almoçou comigo a cada dia num restaurante diferente. Além disso, treinou, todas as tardes com a Lili, os pontos do exame de livre-docência que ela teria pela frente. À noite fazia um lanche em nossa casa.

Eu o levei para comer couve-flor com tarator, no Arabia, prato que lhe trazia lembranças da infância, boeuf bourguignon no Freddy, acompanhado por um vinho da Borgonha, e cordeiro no Fasano, degustando a garrafa de um bordeaux de que ele tanto gostava. Foi nossa semana de despedida. Parecia que Jorge sabia que viria a falecer dali a poucos dias, por conta de uma infecção na válvula do coração, logo ao voltar para o Rio.

A morte de Zahar, meu segundo pai, com quem convivi intensamente por apenas quinze anos, foi causada pela mesma doença que levou meu pai, André, oito anos depois: endocardite.

Há uma carta linda do Jorge para os meus pais falando com modéstia de si próprio enquanto me elogiava como editor. Já havia feito isso numa missiva endereçada a mim, no aniversário de oito anos da Companhia das Letras, ao qual não pôde comparecer. Nesta, se referia ao nosso relacionamento com extrema humildade. Naquelas linhas ao André e à Mirta, o orgulho de um pai postiço era expresso diretamente ao meu pai natural.

Quando fui apresentado pelo Caio Graco ao Jorge, na última Feira de Frankfurt à qual compareci pela Brasiliense, senti que algo forte nos uniria. Além do gosto pela boa comida e bebida. Caio acertou mais uma com sua intuição. Sem imaginar o quanto a minha vida se uniria à do Jorge.

Assim começou, mais que uma simples amizade, um amor que marcaria para sempre a minha existência. Quando resolvi deixar aquela editora, Zahar propôs que trabalhássemos juntos, mas achei que não daria certo. A cautela que o caracterizava e a minha ansiedade não comporiam bem. Combinamos, no entanto, que a Zahar distribuiria os livros da Companhia das Letras no Rio de Janeiro. Mais para a frente, a Companhia viria a fazer o mesmo com as obras da editora dele, em São Paulo. Dessa forma, tínhamos assunto para todo dia. Não tenho dúvidas de que, afora as viagens e os fins de semana, falamos cotidianamente durante os breves quinze anos da nossa amizade. Os conselhos que dele recebia foram preciosos e vinham sempre precedidos da expressão "meu filho". Sei que Jorge tratava muitos jovens assim, ou até pessoas não tão próximas, como o ascensorista de seu prédio. Imodestamente, creio que para mim o "meu filho" era para valer.

Muitas vezes, no início da Companhia das Letras, eu ficava furioso com a inveja de outros editores, ou com resenhas injustas sobre livros publicados por nós. Eu as tomava a ferro e fogo, mais que os próprios autores. Com o tempo, aprendi que não devia me incomodar daquela maneira. Antes disso, eu respondia as cartas e as enviava para as redações e para os meus desafetos. Localizei algumas delas, que hoje soam hilárias. Sempre telefonava para o Jorge Zahar e lia o que escrevera. Quando eu acabava, ele me dizia: "Muito bem, agora que está escrita, coloque-a na gaveta e nunca a envie".

Jorge recebia um exemplar de cada publicação nossa. Quando saíam livros bons, que eram ou volumosos ou sofisticados demais, ele de pronto me ligava e dizia: "Meu filho, que maravilha você editar essa obra, que orgulho eu tenho de você, mas que pena, não vai vender nada".

Sim, ele era bastante contraditório. Um editor pioneiro, desbravador e ao mesmo tempo muito pessimista. Como isso era possível no Brasil? Para formar leitores, no que a Zahar foi fundamental, era necessária uma boa dose de otimismo, que, com seu jeito cauteloso e precavido, ele não demonstrava possuir.

Passei a ir para o Rio com frequência, principalmente para vê-lo. Em duas ocasiões fomos juntos a festas, momentos nos quais não podíamos ter comportamentos mais contrastantes. Numa recepção em homenagem à agente literária Carmen Balcells, na casa de Alfredo Machado, Jorge começou a se embebedar de uísque com Ênio Silveira. O bufê era farto, mas, nessas horas, ele deixava a comida de lado e se concentrava no malte escocês.

Depois que a homenageada e todos os convidados foram embora, eu tentei tirá-los da casa do editor da Record, mas não havia jeito. Passava da uma da manhã, e Glória, a anfitriã, descalçou os sapatos e esticou as pernas sobre um banquinho. Porém, nem assim os dois amigos abriram mão dos copos altos e cheios. Só aceitaram ir embora quando Ênio resolveu se sentar numa mesa de centro de vidro e se esborrachou, enchendo a sala de estar com milhares de cacos. Na saída, insisti, mas Jorge não me deixou dirigir seu Monza. E no trajeto me xingou, disse até que eu nunca seria um bom editor, pois não gostava de uísque.

A outra festa em que o vi assim foi oferecida em homenagem a John Updike. Lá estavam João Ubaldo Ribeiro, Ana Miranda, Rubem Fonseca e vários outros escritores. Nessa ocasião, Jorge também foi o último a sair. A recepção ocorreu no apartamento de Fernando Moreira Salles. Antes de ir embora, Zahar, ébrio, não perdeu a oportunidade e brindou Fernando e seus três irmãos com uma declaração inesperada. Disse-lhes que gostava muito deles, que eram pessoas maravilhosas, uns amores, mas que "em hospital, delegacia e banco, se pudesse, não poria os pés". Depois da surpresa, houve um minuto de silêncio, após o qual todos, levando na esportiva, gargalharam com ele.

Seus porres eram muito eventuais, mas deles Jorge não sentia remorso. No dia a dia era um homem compreensivo e calmo, que exercia com galhardia o papel de "pai de todos". Fui uma vez a seu sítio em Secretário e o vi praticar sinuca com maestria. Minha baixa destreza no tablado verde era, para ele, mais uma falha quase inaceitável.

Além disso, Jorge gostava de ouvir discos com poemas em francês e também de recitá-los. Seu conhecimento de literatura clássica era admirável, embora, como editor, tenha se especializado em não ficção.

Quando fiz quarenta anos, a Lili planejou com Zahar uma festa-surpresa. O combinado era que ele me pedisse para ir vê-lo no Rio. Obedeci prontamente. Durante nosso encontro, no meio da tarde, Jorge saiu duas vezes, eu não entendia por quê. Dava uma desculpa esfarrapada e me deixava esperando. Creio que ia a um orelhão ligar para a Lili, o que fazia morrendo de rir. Comentava que eu estava caindo como um patinho. Antes disso, inventara que voltaria comigo para São Paulo, para um encontro, no dia seguinte, com um grupo de psicanalistas lacanianos. Ele era o editor das obras do mestre francês.

Eu deveria ter sacado que havia algo de errado quando, depois de me pedir para ir ao seu escritório, disse que voltaria no mesmo voo que eu. O patinho não apenas caía, se esborrachava no solo. Só ele poderia fazer isso comigo.

Chegando a São Paulo, fomos para o hotel onde ele pernoitaria, e onde passou a me enrolar, até que desse tempo para que os convidados chegassem a minha casa. Eram amigos e autores próximos, alguns vindos do Rio, num voo anterior ao nosso, especialmente para a festa.

De repente, Jorge disse que queria jantar comigo em algum restaurante bom, e que devíamos ir até minha casa apanhar a Lili. Por dentro, ria sozinho. Não reparei no olhar sacana que ele mal conseguia esconder.

Caio Graco me ensinou boa parte do que eu precisava para ser um editor: honestidade de propósitos, cuidado ao ler um original, dedicação e sinceridade ao tratar com os autores, além da criatividade ao colocar um livro no mundo. Com ele também vivi os tempos áureos da retomada das edições no país. Foi justamente quando os jovens e muitos outros brasileiros lutavam contra a ditadura militar, para depois usufruírem da democracia que se iniciou.

Com Jorge Zahar tive aulas de generosidade e dignidade que me engrandeceram como pessoa e profissional. Entendi melhor o alcance das palavras, e que devemos olhar para o mundo com aspirações e simplicidade ao mesmo tempo. Foram ensinamentos de edição e de vida que partiam da alma de um fabuloso professor. Me acostumei a ser tratado como um dos seus filhos afetivos, numa lição de carinho irrestrito.

Com os dois reforcei minha vontade de aproveitar a vida, sentimento do qual me esqueci algumas vezes, quando eles não estavam mais entre nós. Com Jorge e Caio tive relações profundas, que ajudaram a fazer de mim o que sou.

Paralelamente, encontrei pelo caminho tantos outros amigos e pais postiços a ponto de não saber mais distinguir entre o que já fazia parte de mim e aquilo que incorporei nessas vivências.

Escrever um ensaio de memória pressupõe certa vaidade, de modo que nunca me senti totalmente à vontade nessa tarefa. Acredito que as pessoas que obtêm algum sucesso tendem a exagerar seus feitos em oposição a dois fatores tão ou mais importantes: a influência do acaso e de outras pessoas em nossa vida. Assim, como forma de homenagear aqueles a quem muito devo, decidi rememorar nossa história em comum, deixando claro como a riqueza do convívio ou a generosidade alheia me foram vitais.

Embaralhei aqui o que pensei até hoje sobre a minha profissão, as lembranças dos meus dois mestres e o que vivi com tantas autoras e autores; e disso procurei tirar um livro.

Por tudo o que disse nestes capítulos, é fácil verificar o quanto defendo o aspecto alusivo das edições, o quanto penso no livro como algo vivo, objeto de uma criação coletiva, que adiciona os leitores aos criadores originais, na posição mais igualitária possível.

Leio os livros como todos os leitores, de forma pessoal e única, assim como viro uma página tentando assimilar dela o máximo que posso, acariciando o papel, mesmo que por um brevíssimo instante, antes de me despedir dele, e assim partir para o que me espera logo adiante.

Agradecimentos

Como já visto nas dedicatórias deste livro, devo à Lili muito além do incentivo e da compreensão durante a realização de *O primeiro leitor*. Sem seu apoio carinhoso e amoroso, em todos os momentos, o que seria da minha estabilidade e da minha alegria na vida?

Meus filhos Júlia e Pedro e minhas netas Zizi e Alice se unem à Lili nesse sentido, me trazendo felicidade a toda hora, e me dando um orgulho imenso. A ele e elas agradeço por serem quem são. Joias que a vida me proporcionou. Lais Myrrha e Luiz Henrique Ligabue fazem parte da nossa vida familiar e são importantes apoios para todos nós.

Mirta, minha mãe, me enche de carinhos desde que nasci. A ela vai meu agradecimento por tudo que me proporcionou e pela relação luminosa que mantemos.

Otávio Marques da Costa foi um editor amigo e extremamente profissional. Salvou o livro de um caminho equivocado. Fez o que eu espero de um grande editor.

Lucila Lombardi, Márcia Copola, Érico Melo e Lara Salgado fizeram com que este livro melhorasse tanto que mereceriam todos os créditos imagináveis.

Alceu Nunes captou o espírito do livro e fez uma capa no estilo que mais gosto. Com o livro recém-escrito, graças a ele nasceu a capa perfeita.

Alice Sant'Anna e Ricardo Teperman leram os originais e deram sugestões de grande valia.

Matinas Suzuki Jr., Mariana Figueiredo, Renata Moritz, Sérgio Rodrigues e Juliana Leite fizeram leituras generosas das primeiras versões e me presentearam com um incentivo muito importante, em momentos de dúvida sobre a minha capacidade como escritor, que me são tão comuns.

Grandes amigos como Drauzio Varella e Andrew Solomon representam muito na minha breve carreira de escritor. Suas palavras são mais uma garantia para que as minhas cheguem ao papel.

Eduardo Giannetti e Pérsio Arida reclamaram que meu livro anterior, *O ar que me falta*, não trazia o aspecto profissional da minha vida. Plantaram uma semente para este livro.

Eliane Trombini é meu anjo da guarda no dia a dia. Sem ela não teria a tranquilidade para escrever meus livros.

Edgar e Bandi, entre todos os meus oito cachorros, foram os que acompanharam, mais de perto, uma boa parte das frases que escrevi. Um em São Paulo e o outro na serra da Mantiqueira, ficavam deitados ao meu lado, descansando ao som das teclas do meu computador, e da música que ouço sempre que escrevo. Que serenidade eles me passaram enquanto eu escolhia o que dizer.

A todos os colegas e autores repito a dedicatória do livro, sem vocês nada do que escrevi faria sentido.

Notas

INTRODUÇÃO: O ÚLTIMO E O PRIMEIRO [pp. 11-6]

1. Ricardo Piglia, *O último leitor*. Trad. Heloisa Jahn. São Paulo: Companhia das Letras, 2006.

1. O LIVRO DOS ACASOS [pp. 17-32]

1. Estes dados e outros que constam deste texto foram retirados do excelente ensaio introdutório, publicado no livro de celebração dos cem anos da Knopf, da autoria de Charles McGrath, ex-editor do *New York Times Book Review* e jornalista da *New Yorker*.
2. Bennett Cerf, *At Random: The Reminiscences of Bennett Cerf*. Nova York: Random House, 1977.

5. A QUEM PERTENCE ESTE LIVRO? [pp. 78-83]

1. Sigmund Freud, *Freud (1906-1909)*, Obras Completas, v. 8, trad. Paulo César de Souza, pp. 325-38.

6. ZÉ PAULO [pp. 84-91]

1. José Paulo Paes, "Nana para Glaura", *Prosas seguidas de odes mínimas*, p. 37.
2. Fernando Pessoa, *Livro do desassossego*, p. 441.

7. SUA MAJESTADE, O SILÊNCIO [pp. 92-9]

1. *As entrevistas da Paris Review*, v. 1, trad. Sérgio Alcides e Christian Schwartz, p. 25.

2. As citações de Faulkner e Simenon foram retiradas das entrevistas concedidas por eles à *Paris Review*. Foram reunidas em livro sob o título de *Os escritores: As históricas entrevistas da* Paris Review — a entrevista com Faulkner também está no livro *As entrevistas da* Paris Review, v. 1.

3. Marcílio França Castro, *O último dos copistas*, p. 27.

4. Karl Kraus, *Aforismos*, trad. Renato Zwick, p. 66.

9. O COMEÇO DE TUDO [pp. 114-24]

1. *Os escritores: As históricas entrevistas da Paris Review*, trad. Alberto Alexandre Martins e Beth Vieira, p. 29.

2. José Saramago, *Cadernos de Lanzarote I*, p. 238.

3. Ibid., p. 498.

4. Ibid., p. 287.

5. *Os escritores: As históricas entrevistas da Paris Review*, p. 166.

6. *As entrevistas da Paris Review*, v. 1, p. 81.

7. Ricardo Piglia, *Anos de formação: Os diários de Emilio Renzi*, trad. Sérgio Molina, p. 272.

8. Edward W. Said, *Beginnings: Intention and Method*. Nova York: Columbia University Press, 1985.

9. Amos Oz, *The Story Begins: Essays on Literature*. San Diego: Harcourt Brace, 1999. Publicado no Brasil pela Ediouro com o título *E a história começa*.

10. Franz Kafka, *A metamorfose*, trad. Modesto Carone, p. 7.

11. Tradução de Augusto de Campos.

12. Albert Camus, *Estado de sítio/ O estrangeiro*, trad. Maria Jacintha e Antonio Quadros, p. 155 e 238.

13. Liev Tolstói, *Anna Kariênina*, trad. Rubens Figueiredo, p. 14.

14. Julio Cortázar, *O jogo da amarelinha*, trad. Eric Nepomuceno, p. 13.

11. ATÉ ONDE PODEMOS IR [pp. 138-49]

1. Carlo Ginzburg, *Mitos, emblemas, sinais: Morfologia e história*. trad. Federico Carotti. São Paulo: Companhia das Letras, 1989.

2. Milan Kundera, *A arte do romance*, trad. Teresa Bulhões Carvalho da Fonseca, p. 13.

3. Ibid., p. 40.

4. A. Scott Berg, *Max Perkins: Um editor de gênios*. Trad. Regina Lyra. Rio de Janeiro: Intrínseca, 2014.

5. Raymond Carver, *Iniciantes*. Trad. Rubens Figueiredo. São Paulo: Companhia das Letras, 2009.

13. ORGULHO E PODER [pp. 179-89]

1. A. Scott Berg, *Max Perkins: Um editor de gênios*, p. 24.

2. Seu primeiríssimo texto, *Lenita*, foi escrito em coautoria e não é considerado pelo romancista baiano parte de sua obra.

3. Laurence Hallewell, *O livro no Brasil: Sua história*, trad. Maria da Penha Villalobos, Lólio Lourenço de Oliveira e Geraldo Gerson de Souza, p. 467.

4. A editora Ariel será o destino de vários autores insatisfeitos com Schmidt.

5. Uma reprodução da carta foi veiculada no artigo de Alison Flood, "'It Needs More Public-Spirited Pigs': TS Eliot's Rejection of Orwell's *Animal Farm*", no jornal *The Guardian*, 26 maio 2016. Disponível em: <https://www.theguard ian.com/books/2016/may/26/ts-eliot-rejection-george-orwell-animal-farm-british-library-online>.

6. Os trechos da carta foram disponibilizados no artigo "Famous Authors' Harshest Rejection Letters", no blog Flavorwire, 17 nov. 2011. Disponível em: <https://www.flavorwire.com/232203/famous-authors-harshest-rejection-letters>.

7. Judith Jones, na ocasião editora da Doubleday, foi a responsável por resgatar o original de Anne Frank da pilha de recusados, fazendo com que viesse a ser publicado em língua inglesa.

8. "Vladimir Nabokov: Lolita First Published in US 42 Years Ago". Reader's Almanac, Library of America, 18 ago. 2010. Disponível em: <https://blog.loa. org/2010/08/vladimir-nabokov-lolita-first-published.html>.

9. Alice Vincent, "The Rejection Letters: How Publishers Snubbed 11 Great Authors". *The Telegraph*, 5 jun. 2014. Disponível em: <https://www.telegraph. co.uk/culture/books/booknews/10877825/The-rejection-letters-how-publishers-snubbed-11-great-authors.html>.

10. Emily Temple. "'Perhaps We're Being Dense.' Rejection Letters Sent to Famous Writers". LitHub, 19 jun. 2019. Disponível em: <https://lithub.com/ perhaps-were-being-dense-rejection-letters-sent-to-famous-writers/>.

11. Ibid.

12. A carta do editor Alfred C. Fifield para Gertrude Stein pode ser lida em "Gertrude Stein Gets a Snarky Rejection Letter from Publisher (1912)". Disponível em: <https://www.openculture.com/2013/06/gertrude_stein_a_snarky_rejection_letter_from_publisher_1912.html>.

14. AMOS [pp. 190-210]

1. Carl Seelig, *Passeios com Robert Walser*. Trad. Douglas Pompeu. Rio de Janeiro: Papéis Selvagens, 2021.

15. JAMES JOYCE ENCONTRA ADELAIDE CARRARO [pp. 211-25]

1. Bennett Cerf, *At Random: The Reminiscences of Bennett Cerf*. Nova York: Random House, 1977.

2. Para os que quiserem se aprofundar no assunto, recomendo o brilhante livro de Kevin Birmingham, *The Most Dangerous Book: The Battle for James Joyce's Ulysses*. Nova York: Penguin, 2014.

17. O ESCRITOR NO PALCO [pp. 233-44]

1. Fiódor Dostoiévski, *O idiota*, trad. Paulo Bezerra, p. 590.
2. Id., *Crime e castigo*, trad. Paulo Bezerra, p. 214.
3. Thomas Bernhard, *Origem*, trad. Sergio Tellaroli, p. 31.
4. Ibid., p. 241.
5. Ibid., p. 243.
6. Ibid., pp. 311-2.
7. Vassili Grossman, *Vida e destino*. Trad. de Irineu Franco Perpetuo. Rio de Janeiro: Alfaguara, 2014.
8. Ibid., p. 723.
9. Ibid., p. 9.

21. A ESPERA [pp. 277-87]

1. Karl Ove Knausgård, *Uma temporada no escuro*. Trad. de Guilherme da Silva Braga. São Paulo: Companhia das Letras, 2016.
2. Ibid., p. 182.

Referências bibliográficas

"FAMOUS Authors' Harshest Rejection Letters". Flavorwire, 17 nov. 2011. Disponível em: <https://www.flavorwire.com/232203/famous-authors-harshest-rejection-letters>.

"GERTRUDE Stein Gets a Snarky Rejection Letter from Publisher (1912)". Open Culture, 27 jun. 2013. Disponível em: <https://www.openculture.com/2013/06/gertrude_stein_a_snarky_rejection_letter_from_publisher_1912.html>.

"VLADIMIR Nabokov: Lolita First Published in US 42 Years Ago". Reader's Almanac, Library of America, 18 ago. 2010. Disponível em: <https://blog.loa.org/2010/08/vladimir-nabokov-lolita-first-published.html>.

AS ENTREVISTAS da Paris Review. v. 1. Trad. Sérgio Alcides e Christian Schwartz. São Paulo: Companhia das Letras, 2011.

BERG, A. Scott. Max Perkins: Um editor de gênios. Rio de Janeiro: Intrínseca, 2014.

BERNHARD, Thomas. Origem. Trad. Sergio Tellaroli. São Paulo: Companhia das Letras, 2006.

BIRMINGHAM, Kevin. The Most Dangerous Book: The Battle for James Joyce's Ulysses. Nova York: Penguin, 2014.

CAMUS, Albert. Estado de sítio/ O estrangeiro. Trad. Maria Jacintha e Antonio Quadros. São Paulo: Abril Cultural, 1979.

CARVER, Raymond. Iniciantes. Trad. Rubens Figueiredo. São Paulo: Companhia das Letras, 2009.

CASTRO, Marcílio França. O último dos copistas. São Paulo: Companhia das Letras, 2024.

CERF, Bennett. *At Random: The Reminiscences of Bennett Cerf*. Nova York: Random House, 1977.

CORTÁZAR, Julio. *O jogo da amarelinha*. Trad. Eric Nepomuceno. São Paulo: Companhia das Letras, 2019.

DOSTOIÉVSKI, Fiódor. *Crime e castigo*. Trad. Paulo Bezerra. São Paulo: Editora 34, 2001.

_____. *O idiota*. Trad. Paulo Bezerra. São Paulo: Editora 34, 2014.

FLOOD, Alison. "'It Needs More Public-Spirited Pigs': T. S. Eliot's Rejection of Orwell's Animal Farm". *The Guardian*, 26 maio 2016. Disponível em: <https://www.theguardian.com/books/2016/may/26/ts-eliot-rejection-george-orwell-animal-farm-british-library-online>.

FREUD, Sigmund. "O escritor e a fantasia". In: *Obras completas volume 8: O delírio e os sonhos na Gradiva e outros textos (1906-1909)*. Trad. Paulo César de Souza. São Paulo: Companhia das Letras, 2015. pp. 325-38.

GINZBURG, Carlo. *Mitos, emblemas, sinais: Morfologia e história*. Trad. Federico Carotti. São Paulo: Companhia das Letras, 1989.

GROSSMAN, Vassili. *Vida e destino*. Trad. Irineu Franco Perpetuo. Rio de Janeiro: Alfaguara, 2014.

HALLEWELL, Laurence. *O livro no Brasil: Sua história*. Trad. Maria da Penha Villalobos, Lólio Lourenço de Oliveira e Geraldo Gerson de Souza. São Paulo: Edusp, 2017.

KAFKA, Franz. *A metamorfose*. Trad. Modesto Carone. São Paulo: Companhia das Letras, 1997.

KNAUSGÅRD, Karl Ove. *Uma temporada no escuro*. Trad. Guilherme da Silva Braga. São Paulo: Companhia das Letras, 2016.

KRAUS, Karl. *Aforismos*. Trad. Renato Zwick. Porto Alegre: Arquipélago, 2019.

KUNDERA, Milan. *A arte do romance*. Trad. Teresa Bulhões Carvalho da Fonseca. São Paulo: Companhia das Letras, 2016.

MCGRATH, Charles. "Introduction". In: _____; MEHTA, Sonny (Eds.). *Alfred A. Knopf, 1915-2015: A Century of Publishing*. Nova York: Knopf, 2015. pp. 3-31.

OS ESCRITORES: *As históricas entrevistas da Paris Review*. Trad. Alberto Alexandre Martins e Beth Vieira. São Paulo: Companhia das Letras, 1988.

OZ, Amos. *The Story Begins: Essays on Literature*. San Diego: Harcourt Brace, 1999. [Ed. bras.: *E a história começa: Dez brilhantes inícios de clássicos da literatura universal*. Trad. Adriana Lisboa. Rio de Janeiro: Ediouro, 2007.]

PAES, José Paulo. *Prosas seguidas de odes mínimas*. São Paulo: Companhia das Letras, 1992.

PEREIRA, José Mario (Org.). *José Olympio: O editor e sua casa*. Rio de Janeiro: Sextante, 2008.

PESSOA, Fernando. *Livro do desassossego*. Org. Richard Zenith. São Paulo: Companhia das Letras, 1999.

PIGLIA, Ricardo. *Anos de formação: Os diários de Emilio Renzi.* Trad. Sérgio Molina. São Paulo: Todavia, 2017.

_____. *O último leitor.* Trad. Heloisa Jahn. São Paulo: Companhia das Letras, 2006.

SAID, Edward W. *Beginnings: Intention and Method.* Nova York: Columbia University Press, 1985.

SARAMAGO, José. *Cadernos de Lanzarote I.* São Paulo: Companhia das Letras, 1997.

SEELIG, Carl. *Passeios com Robert Walser.* Trad. Douglas Pompeu. Rio de Janeiro: Papéis Selvagens, 2021.

TEMPLE, Emily. "'Perhaps We're Being Dense': Rejection Letters Sent to Famous Writers". LitHub, 19 jun. 2019. Disponível em: <https://lithub.com/perhaps-were-being-dense-rejection-letters-sent-to-famous-writers/>.

TOLSTÓI, Liev. *Anna Kariênina.* Trad. Rubens Figueiredo. São Paulo: Companhia das Letras, 2017.

VINCENT, Alice. "The Rejection Letters: How Publishers Snubbed 11 Great Authors". *The Telegraph,* 5 jun. 2014. Disponível em: <https://www.telegraph.co.uk/culture/books/booknews/10877825/The-rejection-letters-how-publishers-snubbed-11-great-authors.html>.

1ª EDIÇÃO [2025] 2 reimpressões

ESTA OBRA FOI COMPOSTA POR OSMANE GARCIA FILHO EM MERIDIEN
E IMPRESSA PELA LIS GRÁFICA EM OFSETE SOBRE PAPEL PÓLEN BOLD DA
SUZANO S.A. PARA A EDITORA SCHWARCZ EM JULHO DE 2025

A marca FSC® é a garantia de que a madeira utilizada na fabricação do papel deste livro provém de florestas que foram gerenciadas de maneira ambientalmente correta, socialmente justa e economicamente viável, além de outras fontes de origem controlada.